全国高等教育自学考试指定教材

社会心理学

（含：社会心理学自学考试大纲） 课程代码 04265

（2024年版）

全国高等教育自学考试指导委员会 组编

主编 管 健

中国人民大学出版社

· 北京 ·

中国人民大学出版社自考数字教材配套数字资源使用指南

凡是购买正版教材的考生，可凭封面的兑换码免费兑换教材配套数字资源。

数字资源获取方法和使用说明如下：

（1）扫描并关注“人大社 e 自考”微信公众号。

（2）点击“课程中心”中的子菜单“兑换中心”。

（3）刮开本书所附卡片涂层，获取数字资源兑换码，即可兑换教材配套数字资源。

（4）在“课程中心”中的子菜单“我的课程”里找到已兑换的课程进行学习。

如兑换码有误或有其他问题，请关注“人大社 e 自考”微信公众号并留言。

组编前言

21 世纪是一个变幻莫测的世纪，是一个催人奋进的时代。科学技术飞速发展，知识更替日新月异。希望、困惑、机遇、挑战，随时随地都有可能出现在每一个社会成员的生活之中。抓住机遇，寻求发展，迎接挑战，适应变化的制胜法宝就是学习——依靠自己学习、终身学习。

作为我国高等教育组成部分的自学考试，其职责就是在高等教育这个水平上倡导自学、鼓励自学、帮助自学、推动自学，为每一个自学者铺就成才之路。组织编写供读者学习的教材就是履行这个职责的重要环节。毫无疑问，这种教材应当适合自学，应当有利于学习者掌握和了解新知识、新信息，有利于学习者增强创新意识，培养实践能力，形成自学能力，也有利于学习者学以致用，解决实际工作中所遇到的问题。具有如此特点的书，我们虽然沿用了“教材”这个概念，但它与那种仅供教师讲、学生听，教师不讲、学生不懂，以“教”为中心的教科书相比，已经在内容安排、编写体例、行文风格等方面都大不相同了。希望读者对此有所了解，以便从一开始就树立起依靠自己学习的坚定信念，不断探索适合自己的学习方法，充分利用自己已有的知识基础和实际工作经验，最大限度地发挥自己的潜能，达到学习的目标。

欢迎读者提出意见和建议。

祝每一位读者自学成功。

全国高等教育自学考试指导委员会

2023 年 1 月

目　录

全国高等教育自学考试

社会心理学
自学考试大纲

全国高等教育自学考试指导委员会　制定

大纲前言

为了适应社会主义现代化建设事业的需要，鼓励自学成才，我国在 20 世纪 80 年代初建立了高等教育自学考试制度。高等教育自学考试是个人自学、社会助学和国家考试相结合的一种高等教育形式。应考者通过规定的专业课程考试并经思想品德鉴定达到毕业要求的，可获得毕业证书；国家承认学历并按照规定享有与普通高等学校毕业生同等的有关待遇。经过 40 多年的发展，高等教育自学考试为国家培养造就了大批专门人才。

课程自学考试大纲是规范自学者学习范围、要求和考试标准的文件。它是按照专业考试计划的要求，具体指导个人自学、社会助学、国家考试及编写教材的依据。

为更新教育观念，深化教学内容方式、考试制度、质量评价制度改革，更好地提高自学考试人才培养的质量，全国考委各专业委员会按照专业考试计划的要求，组织编写了课程自学考试大纲。

新编写的大纲，在层次上，本科参照一般普通高校本科水平，专科参照一般普通高校专科或高职院校的水平；在内容上，及时反映学科的发展变化以及自然科学和社会科学近年来研究的成果，以更好地指导应考者学习使用。

全国高等教育自学考试指导委员会

2023 年 12 月

Ⅰ　课程性质与课程目标

一、课程性质和特点

“社会心理学”是全国高等教育自学考试社会学（专升本）、社会工作（专升本）等专业课程，是为培养和检验自学考试应考者的社会心理学基础理论、基本知识和基本技能而设置的。这门课程既是深入学习社会学类知识的基础性课程，也是了解和掌握公共管理中个体、群体、组织等的社会心理过程的一般知识、提高社会心理素养的普及性课程。

作为公共管理类的基础性课程，“社会心理学”可以使学习者比较全面地了解社会心理学学科体系，了解适用于公共管理、社会学、心理学、社会工作等多学科课程的一般社会心理理论，了解社会心理各基本议题的主要知识内容。学习这一基础性课程，将为进一步深入学习社会学、社会工作等专业的其他课程创造有利条件。

二、课程目标

本课程的目标是使学生能够：

1. 比较全面地了解社会心理学的发展历程与当代学科发展趋势，不同取向社会心理学的含义，社会心理学的研究目标、研究过程、具体研究方法等。

2. 比较全面地了解社会化的因素、社会化理论、社会角色分类、社会角色理论等。

3. 比较全面地了解自我概念、自我评价、自我呈现和自我实现预言等。

4. 了解和掌握社会认知、印象、归因、社会态度、态度测量、态度形成与改变过程、刻板印象与偏见等。

5. 基本掌握侵犯行为、亲社会行为、人际沟通、人际关系、人际吸引等。

6. 熟悉社会影响中他人在场、从众、服从、众从、去个性化，以及群体心理的本质和群体的动力性特征等。

三、与相关课程的联系与区别

“社会心理学”作为社会学、社会工作等专业的基础性导论课程，在整个专业人才培养的课程体系中发挥着关键作用，它的特点是内容体系几乎涵盖公共管理中社会心理过程和现象的全部内容，帮助学生深刻理解专业知识和案例。与其他公共管理、社会学或心理学专业课程相比，本课程所涉及的每一部分社会心理内容往往都是“点到为止”。“社会心理学”与其他相关专业课程相辅相成，在社会学、社会工作等专业人才培养中发挥不同的作用。

四、课程的重点与难点

本课程的重点为对社会心理学的历史与发展、社会心理学的研究方法、社会化、社会角色、自我、社会认知、社会态度、刻板印象与偏见、侵犯行为与亲社会行为、人际沟通、人际关系、人际吸引、社会影响、群体心理等主题中相关概念的把握和识记。

本课程的难点为对社会角色、自我、社会认知、社会态度、人际沟通、人际吸引、社会影响、群体心理等内容的理解和应用。另外，由于课程涉及社会心理的方方面面，多方面简单内容的组合构成了具有一定难度的课程。

Ⅱ　考核目标

本课程在考核目标中，按照识记、领会、简单应用和综合应用四个层次规定自学考试应考者应达到的能力层次要求。四个能力层次是递进关系，各能力层次的含义是：

识记（Ⅰ）：要求自学考试应考者能够识别和记忆本课程中有关社会心理学的核心概念、重要理论、经典实验的主要内容，并能够根据考核的不同要求，做出正确的表述、选择和判断。

领会（Ⅱ）：要求自学考试应考者能够领悟和理解本课程中有关社会心理学的概念、理论、方法的含义与内容，理解相关社会心理学知识的区别与联系，并能够根据考核的不同要求对社会问题、社会心理问题进行逻辑推理和论证，做出正确的判断、解释和说明。

简单应用（Ⅲ）：要求自学考试应考者能够根据典型的社会现象，对社会问题应用某个社会心理学专业领域的概念和理论进行分析与论证，得出正确的结论或做出专业的说明。

综合应用（Ⅳ）：要求自学考试应考者能够根据典型的社会现象，对社会问题应用多个社会心理学专业领域的知识和内容进行综合分析与论证，得出解决问题的综合方案。

Ⅲ　课程内容与考核要求

第一章　社会心理学的历史与发展

一、学习目的与要求

通过本章的学习，掌握社会心理学的概念和研究对象，了解社会心理学的形成和发展历程，掌握心理学取向的社会心理学和社会学取向的社会心理学各自的特点，掌握社会心理学的发展现状和未来发展趋势。

二、课程内容

第一节　社会心理学的定义

（一）什么是社会心理学

（二）社会心理学定义的要求

第二节　社会心理学的发展历程

（一）社会心理学的孕育时期

（二）社会心理学的形成时期

第三节　两种取向的社会心理学

（一）心理学取向的社会心理学

（二）社会学取向的社会心理学

（三）两种取向的社会心理学的比较

第四节　社会心理学的当代发展

（一）美国社会心理学的发展

（二）欧洲社会心理学的发展

（三）中国社会心理学的发展

三、考核知识点与考核要求

（一）社会心理学的定义

1. 识记：社会心理学的概念。

2. 领会：社会心理学和其他学科的关系。

3. 简单应用：社会心理学的研究对象范围。

（二）社会心理学的发展历程

领会：（1）社会心理学孕育时期的基本脉络；（2）社会心理学形成时期各发展阶段的特征。

（三）两种取向的社会心理学

1. 识记：（1）心理学取向的社会心理学的概念；（2）社会学取向的社会心理学的概念。

2. 领会：（1）两种取向的社会心理学的特征；（2）两种取向的社会心理学的差异；（3）两种取向的社会心理学的优势与不足。

3. 简单应用：（1）两种取向的社会心理学的异同；（2）两种取向的社会心理学的优势与不足。

（四）社会心理学的当代发展

1. 识记：（1）美国社会心理学的发展历史；（2）欧洲社会心理学的发展历史；（3）中国社会心理学的发展历史。

2. 领会：（1）不同地区社会心理学发展特点；（2）不同地区社会心理学的现状与特征。

3. 简单应用：不同地区社会心理学的发展特点与未来趋势。

四、本章重点与难点

本章重点：社会心理学的基本概念和研究对象；社会心理学发展历程的两个时期，以及社会心理学形成时期的五个阶段的特征；社会学取向的社会心理学与心理学取向的社会心理学的特点，两种取向的社会心理学的差异与各自优势；美国社会心理学、欧洲社会心理学和中国社会心理学的发展历史与现状。

本章难点：社会心理学发展历程中不同时期和阶段的特征；两种取向的社会心理学的差异；美国社会心理学、欧洲社会心理学和中国社会心理学的发展现状与未来趋势。

第二章　社会心理学的研究方法

一、学习目的与要求

通过本章的学习，掌握社会心理学的研究目标和研究过程，掌握社会心理学的具体研究方法，了解社会心理学的研究偏向问题及伦理道德问题。

二、课程内容

第一节　社会心理学的研究目标和研究过程

（一）研究目标

（二）研究过程

第二节　社会心理学的具体研究方法

（一）观察法

（二）实验法

（三）自我报告法

（四）档案法

第三节　社会心理学研究中的潜在问题

（一）研究偏向问题

（二）伦理道德问题

三、考核知识点与考核要求

（一）社会心理学的研究目标和研究过程

1. 识记：(1) 理论建构的概念；(2) 应用研究的概念；(3) 研究设计的定义。

2. 领会：(1) 社会心理学的研究目标；(2) 社会心理学研究的步骤；(3) 研究报告的组成。

3. 简单应用：(1) 开展社会心理学研究的目标和价值；(2) 社会心理学研究的基本程序。

（二）社会心理学的具体研究方法

1. 识记：(1) 观察法的定义；(2) 观察法的类型；(3) 实验法的定义；(4) 自变量的定义；(5) 因变量的定义；(6) 区分真实验和准实验的方法；(7) 问卷调查法的定义；(8) 心理测验法的含义。

2. 领会：(1) 观察法的优点与局限；(2) 自变量、因变量及额外变量的区别与联系；(3) 真实验与准实验的优点与缺点；(4) 自我报告法的类型；(5) 档案法的优点与局限。

3. 简单应用：(1) 自然观察法与实验室观察法的特征与区别；(2) 实验研究中随机分配参与者的原因；(3) 真实验与准实验的区别；(4) 问卷调查法、心理测验法、访谈法的特点。

4. 综合应用：(1) 区分研究设计中的自变量、因变量及额外变量；(2) 识别研究设计中使用的具体研究方法。

（三）社会心理学研究中的潜在问题

1. 识记：(1) 研究偏向的概念；(2) 自愿参加原则的定义；(3) 知情同意的概念。

2. 领会：(1) 研究偏向的类型；(2) 社会心理学研究的基本原则；(3) 社会心理学研究中的制度保障；(4) 知情同意的设置意义。

3. 简单应用：(1) 减少研究者偏向和被研究者偏向的方法；(2) 社会心理学研究中基本原则的内容；(3) 社会心理学研究中正式许可的内容。

4. 综合应用：（1）识别社会心理学研究中可能的研究偏向问题；（2）理解部分社会心理学研究中的潜在危害。

四、本章重点与难点

本章重点：社会心理学的研究目标、研究过程，研究报告的组成；社会心理学的具体研究方法；自变量、因变量与额外变量的概念及相互间的联系；随机分配的作用；真实验与准实验的概念；自我报告法的类型；社会心理学研究偏向类型；社会心理学研究的伦理道德问题；社会心理学研究的三个基本原则；知情同意的内涵。

本章难点：社会心理学的研究过程，社会心理学的具体研究方法，社会心理学的研究偏向问题。

第三章　社会化

一、学习目的与要求

通过本章的学习，掌握社会化的概念、社会化的内容，了解社会化的历程及各阶段的特点，理解社会化方式及主要机制，掌握社会化的因素和社会化理论。

二、课程内容

第一节　社会化的含义

（一）社会化定义

（二）社会化内容

（三）生命历程中的社会化

（四）社会化方式

第二节　社会化的因素

（一）遗传因素

（二）社会环境因素

第三节　社会化理论

（一）精神分析学说的观点

（二）认知发展论的观点

（三）社会学习理论

（四）解释理论

（五）正常成熟论

（六）群体社会化理论

三、考核知识点与考核要求

（一）社会化的含义

1. 识记：（1）社会化的概念；（2）道德社会化的定义；（3）道德发展的阶段模型；（4）政治社会化的概念；（5）法律社会化的概念；（6）性别角色社会化的定义；（7）基本社会化的定义；（8）预期社会化的概念；（9）初级社会化的定义；（10）再社会化的概念。

2. 领会：（1）社会化的内容；（2）道德发展阶段论；（3）法律社会化发展阶段论；（4）各发展阶段社会化的内容与特点；（5）社会化的方式。

3. 简单应用：（1）在生命历程中，各阶段社会化（基本社会化、预期社会化、初级社会化、再社会化）的内容；（2）社会化的方式以及三种主要机制。

4. 综合应用：（1）社会化在道德、政治、法律及性别角色方面的重要作用；（2）不同阶段社会化的内容与目标；（3）社会化方式中三种主要机制及其表现。

（二）社会化的因素

1. 识记：同辈群体的含义。

2. 领会：（1）社会化的影响因素；（2）社会环境因素的具体内容；（3）家庭教养方式四种风格的特征。

3. 简单应用：社会化的现实意义。

（三）社会化理论

1. 识记：（1）本我的定义；（2）超我的定义；（3）自我的定义；（4）感知运算阶段的特点；（5）前运算阶段的特点；（6）具体运算阶段的特点；（7）形式运算阶段的特点。

2. 领会：（1）精神分析学说中，人格的三个组成部分；（2）埃里克森自我发展的八个阶段；（3）皮亚杰认知发展水平的四个阶段；（4）科尔伯格道德发展的三个水平；（5）社会学习理论；（6）解释理论；（7）正常成熟论；（8）群体社会化理论。

3. 简单应用：（1）埃里克森自我发展八个阶段面临的认同危机；（2）皮亚杰认知发展水平的四个阶段及其特征。

4. 综合应用：社会心理学领域内，社会化理论中的观点及其内容。

四、本章重点与难点

本章重点：社会化的定义与内涵，社会化在道德、政治、法律、性别角色等方面的内容，生命历程中各阶段社会化（基本社会化、预期社会化、初级社会化、再社会化）的内容与特点，社会化的方式及主要机制；社会化的影响因素，五种社会环境因素的具体内容，四种家庭教养方式对儿童社会化的影响；社会心理学领域内，社会化理论的五大派别及其代表性理论。

本章难点：社会化对道德、政治、法律、性别角色等方面的影响；社会化理论中五大派别的特征及代表性理论和内容。

第四章　社会角色

一、学习目的与要求

通过本章的学习，掌握社会角色的定义，了解不同分类标准下社会角色的类型，理解角色学习的内容，掌握角色扮演的含义，理解角色冲突的类型及缓解冲突的办法，掌握社会角色理论。

二、课程内容

第一节　社会角色的定义与分类

（一）社会角色的含义

（二）社会角色的分类

第二节　角色学习、角色扮演与角色冲突

（一）角色学习

（二）角色扮演

（三）角色紧张、角色冲突与角色转换

第三节　社会角色理论

（一）结构角色论

（二）过程角色论

三、考核知识点与考核要求

（一）社会角色的定义与分类

1. 识记：（1）角色的定义；（2）社会角色的概念；（3）理想角色的概念；（4）领悟角色的定义；（5）实践角色的定义；（6）先赋角色的概念；（7）自致角色的概念。

2. 领会：社会角色的分类。

3. 简单应用：不同分类标准下社会角色的类型。

（二）角色学习、角色扮演与角色冲突

1. 识记：（1）角色学习的定义；（2）角色观念的形成；（3）角色扮演的定义；（4）角色冲突的定义。

2. 领会：（1）角色冲突的表现形式；（2）缓解角色冲突的方法；（3）角色转换的类型；（4）角色边界的特征。

3. 简单应用：（1）戈夫曼“戏剧理论”和角色扮演的内容；（2）角色丛与角色紧张的关系；（3）角色冲突的表现形式及缓解冲突的方法；（4）角色转换与角色边界的关系。

4. 综合应用：(1) 社会角色的行为模式；(2) 角色冲突的表现形式和缓解办法。

(三) 社会角色理论

1. 识记：(1) 结构角色论的定义；(2) 过程角色论的定义。

2. 领会：(1) 结构角色论的内容；(2) 过程角色论的内容。

3. 简单应用：社会角色理论的两种取向及其内容。

四、本章重点与难点

本章重点：社会角色的概念与内涵，不同分类标准下社会角色的类型；角色学习的内容，角色观念的内容，结合“戏剧理论”认识角色扮演，角色丛如何导致角色紧张，角色冲突的两种表现形式及三种缓解角色冲突的方法，角色转化与角色边界的关系；社会角色两种取向（结构角色论、过程角色论）的内容。

本章难点：不同类型社会角色的含义与实例，借助“戏剧理论”理解角色扮演，角色冲突的表现形式与缓解方法。

第五章　自我

一、学习目的与要求

通过本章的学习，掌握自我概念的定义、自我概念的形成过程，理解不同文化中自我的差异化表现，掌握自尊、自我评价、自我服务偏差的含义与表现形式，掌握自我呈现的概念与主要策略、自我实现预言。

二、课程内容

第一节　自我概念

(一) 什么是自我概念

(二) 自我概念的形成与发展

(三) 跨文化的自我透视

第二节　自我评价

第三节　自我服务偏差

(一) 自我服务偏差的含义

(二) 自我服务偏差的产生

(三) 自我服务偏差的表现形式

第四节　自我呈现

(一) 自我呈现的概念

(二) 自我呈现策略

第五节　自我实现预言

三、考核知识点与考核要求

（一）自我概念

1. 识记：（1）自我概念的含义；（2）图式的定义；（3）自我图式的含义；（4）社会比较的意义；（5）独立性自我与互依性自我的区别和联系。

2. 领会：东西方文化中自我差异化的表现。

3. 简单应用：（1）影响自我概念形成与发展的主要因素；（2）不同文化背景下自我差异化的表现。

（二）自我评价

1. 识记：（1）自我评价的概念；（2）自尊的概念；（3）现实自我、理想自我、应该自我的区别。

2. 领会：（1）社会比较对自尊的影响；（2）自我差异理论中三类自我图式（现实自我、理想自我、应该自我）的内容及关系。

（三）自我服务偏差

1. 识记：自我服务偏差的含义。

2. 领会：（1）自我服务偏差的成因；（2）自我服务偏差的内容。

3. 简单应用：自我服务偏差的表现形式。

（四）自我呈现

1. 识记：自我呈现的定义。

2. 领会：（1）需要进行自我呈现的情形；（2）自我呈现的主要策略。

3. 简单应用：个体进行自我呈现的常见情形。

4. 综合应用：个体进行自我呈现的目的。

（五）自我实现预言

1. 识记：自我实现预言的定义。

2. 领会：罗森塔尔实验的内容。

四、本章重点与难点

本章重点：自我概念的定义、形成与发展，不同社会文化中自我的差异化表现；自我评价的定义、自尊的定义、社会比较与自尊的关系、自我差异理论中三类自我图式（现实自我、理想自我、应该自我）的内容与联系；自我服务偏差的含义、成因、内容及表现形式；自我呈现的概念、自我呈现策略的主要内容及表现；自我实现预言的概念。

本章难点：自我概念的形成与发展，跨文化视域下自我的差异化表现，自我服务偏差的表现形式，自我呈现的策略。

第六章　社会认知

一、学习目的与要求

通过本章的学习，掌握社会认知的概念、基本内容与影响因素，掌握常见的认知偏差类型，掌握社会信念的含义，理解社会判断的内容和印象形成的基本原则和模式，掌握归因理论和归因偏差。

二、课程内容

第一节　社会认知概述

（一）社会认知的含义

（二）社会认知的影响因素

第二节　社会信念

（一）信念固着

（二）记忆建构

第三节　社会判断

（一）直觉判断

（二）过度自信

（三）启发式思维

（四）反事实思维

（五）心境与判断

第四节　印象与印象形成

（一）印象

（二）印象形成

第五节　归因理论与归因偏差

（一）归因理论

（二）归因应用

（三）归因偏差

三、考核知识点与考核要求

（一）社会认知概述

1. 识记：（1）社会认知的定义；（2）光环作用的概念；（3）正性偏差的定义；（4）负性效应的概念。

2. 领会：（1）社会认知的基本特性；（2）社会认知的影响因素。

3. 简单应用：(1) 常见的认知偏见类型；(2) 影响社会认知的认知者因素。

(二) 社会信念

1. 识记：(1) 社会信念的概念；(2) 信念固着的定义。

2. 领会：影响记忆建构的因素。

(三) 社会判断

1. 识记：(1) 直觉判断的概念；(2) 过度自信的定义。

2. 领会：(1) 启发式思维的含义；(2) 反事实思维的含义；(3) 反事实思维的归类策略。

3. 简单应用：(1) 直觉的三种类型；(2) 反事实思维的类型；(3) 反事实思维的理论解释；(4) 反事实思维的归类策略。

(四) 印象与印象形成

1. 识记：(1) 印象的定义；(2) 一致性规则的概念；(3) 评价中心性的概念。

2. 领会：(1) 印象形成的基本规则；(2) 印象形成的三种模式。

3. 简单应用：(1) 印象形成的基本规则在现实中的应用；(2) 印象形成的三种模式在生活中的使用场景。

(五) 归因理论与归因偏差

1. 识记：(1) 归因的定义；(2) 归因偏差的定义。

2. 领会：(1) 归因理论的含义；(2) 朴素归因论的内容；(3) 一致性推断理论的内容；(4) 协变完形论的内容；(5) 动机归因论的内容；(6) 基本归因偏差的含义。

3. 简单应用：(1) 凯利的协变完形论中归因的三种形式；(2) 维纳的动机归因论中三个维度的内容。

4. 综合应用：理解归因在实践领域的应用。

四、本章重点与难点

本章重点：社会认知的定义、基本特征及影响因素，常见的认知偏见类型；社会信念的定义，信念固着的含义；社会判断的内容，反事实思维的含义、类型及归类策略；印象的概念，印象形成基本规则（一致性规则、评价中心性）的内容，整体印象形成三种模式（平均模式、累加模式、平均加权模式）的内容；归因的含义，归因理论的含义，四种归因理论（朴素归因论、一致性推断理论、协变完形论、动机归因论）的内容，基本归因偏差和利己主义归因偏差。

本章难点：社会认知的影响因素，常见认知偏见类型，反事实思维的类型，印象形成的三种模式，四种归因理论。

第七章　社会态度

一、学习目的与要求

通过本章的学习，掌握态度的基本概念，理解态度的特性和组成成分，掌握态度的理论和态度的测量方法，理解态度与行为的关系，掌握态度形成与改变的过程。

二、课程内容

第一节　态度本质

（一）态度的定义与特性

（二）态度的维度

第二节　态度理论

（一）强化论观点的态度研究

（二）认知论观点的态度研究

（三）功能理论

（四）态度改变阶段理论

第三节　态度测量

（一）量表法

（二）问卷法

（三）投射法

（四）行为观察法

（五）生理反应测量法

（六）内隐联想测验

第四节　态度与行为的交互作用

（一）态度对行为的预测

（二）态度何时预测行为

（三）态度如何预测行为

（四）行为对态度的影响

第五节　态度形成与改变

（一）态度的形成

（二）态度的改变

三、考核知识点与考核要求

（一）态度本质

1. 识记：态度的定义。

2. 领会：（1）态度的基本构成要素；（2）态度的特性；（3）态度的三维模型。

3. 简单应用：态度三维模型在现实中的应用。

（二）态度理论

1. 识记：（1）认知失调的定义；（2）服从的概念；（3）认同的概念；（4）内化的定义。

2. 领会：(1) 认知失调理论的内容；(2) 态度的功能；(3) 态度改变的三个阶段。

3. 简单应用：(1) 态度的相关理论及其内容；(2) 消除认知失调的四种办法；(3) 功能理论中态度的四种功能。

4. 综合应用：解决认知失调的方法。

(三) 态度测量

1. 识记：(1) 量表法的定义；(2) 等距量表的定义；(3) 总加量表的定义；(4) 语义分化量表的定义；(5) 问卷法的概念；(6) 投射法的概念；(7) 行为观察法的概念；(8) 生理反应测量法的定义；(9) 内隐联想测验的定义。

2. 领会：(1) 态度测量的常用方法；(2) 态度量表的类型；(3) 态度问卷的类型。

3. 简单应用：(1) 态度测量的常用方法及其特征；(2) 不同类型态度问卷的特征与区别。

(四) 态度与行为的交互作用

1. 识记：计划行为理论的内容。

2. 领会：(1) 影响行为意向的因素；(2) 登门槛现象的内容。

3. 简单应用：态度预测行为的条件。

(五) 态度形成与改变

1. 识记：(1) 联想学习的概念；(2) 强化学习的概念；(3) 观察学习的概念；(4) 单方面传播与双方面传播的区别；(5) 首因效应与近因效应的区别与联系。

2. 领会：(1) 态度形成的影响因素；(2) 态度习得的学习形式；(3) 态度改变的方法；(4) 劝说宣传法中传播者因素。

3. 简单应用：(1) 影响态度形成的环境因素；(2) 改变态度的方法。

4. 综合应用：态度改变方法中劝说宣传法的具体内容。

四、本章重点与难点

本章重点：态度的基本概念、基本构成要素、特性，以及态度三维模型（认知、情感、行为）的具体内容；态度相关理论及其内容，认知失调理论以及消除认知失调的三种方法，态度改变阶段理论的具体内容；态度测量的常用方法，三种态度量表的特征；态度与行为的交互作用；态度形成的影响因素，态度习得的三种形式（联想学习、强化学习、观察学习）和具体理论内容，改变态度的四种方法。

本章难点：态度相关理论、态度的测量方法以及态度形成过程和态度改变过程的影响因素。

第八章　刻板印象与偏见

一、学习目的与要求

通过本章的学习，掌握刻板印象的含义，理解刻板印象的形成过程，掌握刻板印象的内容模型，理解图式的概念以及图式化处理信息的优缺点，掌握偏见的产生原因和消除偏见的措施。

二、课程内容

第一节　刻板印象

（一）刻板印象的概念

（二）图式与刻板印象

（三）种族刻板印象

（四）性别与刻板印象

第二节　偏见

（一）偏见产生的原因

（二）偏见造成的后果

（三）偏见的消除

三、考核知识点与考核要求

（一）刻板印象

1. 识记：（1）刻板印象的定义；（2）刻板印象内容模型的概念；（3）图式的定义；（4）人的图式的概念；（5）自我图式的概念；（6）群体图式的概念；（7）角色图式的概念。

2. 领会：（1）图式的类型；（2）图式化刻板信息加工的优缺点；（3）性别刻板印象的内容。

3. 简单应用：图式化刻板信息加工的优点与缺点。

4. 综合应用：克服刻板印象的负面影响。

（二）偏见

1. 识记：（1）偏见的定义；（2）歧视的概念。

2. 领会：（1）偏见与歧视的区别；（2）偏见产生的原因；（3）偏见造成的后果。

3. 简单应用：消除偏见的具体措施。

四、本章重点与难点

本章重点：刻板印象的概念与形成，刻板印象内容模型，图式的定义与类型，图式化处理信息的优点和缺点；偏见的含义，偏见与歧视的区别，偏见产生的原因和结果，消除偏见的四种措施。

本章难点：图式与刻板印象的关系，图式化处理信息的优点和缺点，偏见产生的原因和结果，消除偏见的具体措施。

第九章　侵犯行为

一、学习目的与要求

通过本章的学习，掌握侵犯行为的概念，理解侵犯行为的类型，掌握侵犯行为的理论和成因、侵犯行为的预防与控制方法。

二、课程内容

第一节　侵犯行为的概念与种类

（一）侵犯行为的定义
（二）侵犯行为的种类

第二节　侵犯行为的理论解释

（一）侵犯行为的生物学理论
（二）侵犯行为的社会学习理论
（三）媒介暴力对侵犯行为的影响
（四）A 型行为模式与侵犯行为
（五）侵犯行为的情境性因素

第三节　侵犯行为的预防与控制

（一）惩罚
（二）宣泄
（三）认知干预
（四）社会技巧熟练
（五）社会公平

三、考核知识点与考核要求

（一）侵犯行为的概念与种类

1. 识记：（1）侵犯行为的定义；（2）反社会的侵犯行为的概念；（3）亲社会的侵犯行为的概念；（4）社会认可的侵犯行为的概念；（5）直接侵犯的定义；（6）间接侵犯的定义；（7）敌意性侵犯的概念；（8）工具性侵犯的概念。

2. 领会：（1）从性质上划分三种侵犯行为；（2）侵犯行为的种类。

3. 简单应用：（1）根据性质划分的三种侵犯行为的含义和区别；（2）不同分类标准（表现形式、动机）下，侵犯行为的种类。

（二）侵犯行为的理论解释

1. 识记：（1）A 型行为模式的定义；（2）去个性化的定义。

2. 领会：挫折-侵犯理论的内容。

3. 简单应用：个体从观察他人的侵犯行为到表现自己的侵犯行为的必要条件。

4. 综合应用：（1）不同理论背景下，侵犯行为的成因；（2）影响个体出现侵犯行为的情境性因素与内容。

（三）侵犯行为的预防与控制

1. 识记：（1）惩罚的概念；（2）宣泄的概念。

2. 领会：侵犯反应的信息加工过程。

3. 简单应用：预防与控制侵犯行为的途径。

四、本章重点与难点

本章重点：侵犯行为的概念，不同分类标准下侵犯行为的种类及其特征；不同侵犯行为理论主张的行为成因，影响侵犯行为发生的直接原因（人的因素和情境因素），侵犯行为的情境性因素；预防和控制侵犯行为的途径。

本章难点：侵犯行为的种类，侵犯行为成因，侵犯行为的情境性因素，预防和控制侵犯行为的途径。

第十章　亲社会行为

一、学习目的与要求

通过本章的学习，掌握亲社会行为的概念，理解亲社会行为的特征，掌握亲社会行为的类型和影响亲社会行为的因素，掌握亲社会行为的理论解释。

二、课程内容

第一节　亲社会行为的定义

第二节　影响亲社会行为的因素

（一）情境因素

（二）助人者的特点和当时的心境

（三）求助者的特点

第三节　亲社会行为的理论解释

（一）社会生物学

（二）社会进化论

（三）学习理论

（四）决策理论

三、考核知识点与考核要求

（一）亲社会行为的定义

1. 识记：（1）亲社会行为的定义；（2）自我利他主义取向的定义；（3）纯利他主义取向的定义。

2. 领会：(1) 亲社会行为的特征；(2) 亲社会行为的类型。

3. 简单应用：亲社会行为两种取向（自我利他主义取向、纯利他主义取向）的内容和区别。

(二) 影响亲社会行为的因素

1. 识记：移情的概念。

2. 领会：亲社会行为的影响因素。

3. 简单应用：影响亲社会行为的情境因素。

4. 综合应用：影响亲社会行为的因素。

(三) 亲社会行为的理论解释

1. 识记：(1) 社会责任规范的概念；(2) 互惠规范的定义；(3) 社会公平规范的定义。

2. 领会：亲社会行为相关的社会规范类型。

3. 简单应用：亲社会行为发生的理论解释。

四、本章重点与难点

本章重点：亲社会行为的概念与特征，亲社会行为的类型，亲社会行为两种取向（自我利他主义取向、纯利他主义取向）的内容和区别；亲社会行为影响因素（情境、助人者、求助者）；亲社会行为发生的几种理论解释。

本章难点：亲社会行为两种取向的区别，亲社会行为的影响因素以及如何促进亲社会行为，亲社会行为发生的理论解释。

第十一章　人际沟通

一、学习目的与要求

通过本章的学习，全面了解人际沟通，重点掌握人际沟通的含义与功能、结构与种类、非语言沟通系统的构成、沟通障碍的来源及沟通改善的策略等内容。

二、课程内容

第一节　沟通的本质

(一) 沟通的功能

(二) 沟通的结构

(三) 沟通的种类

第二节　非言语沟通

(一) 无声的非语言沟通系统

(二) 有声的非语言沟通系统

第三节　沟通的改善

(一) 沟通的障碍

（二）沟通改善的策略

三、考核知识点与考核要求

（一）沟通的本质

1. 识记：（1）人际沟通的定义；（2）单向沟通的定义；（3）双向沟通的定义；（4）上行沟通的概念；（5）下行沟通的概念；（6）平行沟通的定义；（7）假相倚沟通的定义；（8）非对称性相倚沟通的定义；（9）反应性相倚沟通的定义；（10）彼此相倚沟通的定义；（11）工具式沟通的概念；（12）正式沟通的定义；（13）非正式沟通的定义。

2. 领会：（1）人际沟通的功能；（2）人际沟通的结构；（3）人际沟通的种类；（4）沟通网络的分类及其形态。

3. 简单应用：（1）人际沟通四种功能的具体内容；（2）人际沟通的种类。

4. 综合应用：沟通网络中的不同形态。

（二）非言语沟通

1. 识记：（1）语言符号系统的定义；（2）非语言符号系统的定义；（3）辅助语言的作用；（4）类语言的作用。

2. 领会：（1）无声的非语言沟通系统的含义；（2）有声的非语言沟通系统的含义；（3）人际空间距离的种类。

3. 简单应用：非语言沟通系统的构成内容。

（三）沟通的改善

1. 识记：印象整饰的定义。

2. 领会：沟通障碍的来源。

3. 简单应用：促进沟通改善的策略。

四、本章重点与难点

本章重点：人际沟通的本质、功能与结构，不同分类标准下人际沟通的种类，两种沟通网络（正式的沟通网络、非正式的沟通网络）的具体形态；两种非语言沟通系统（无声的非语言沟通系统、有声的非语言沟通系统）的含义和内容，人际空间距离种类的划分；人际沟通障碍的来源，改善人际沟通的策略。

本章难点：不同分类标准下人际沟通的种类，沟通网络的具体形态，人际沟通障碍的来源，改善人际沟通的策略。

第十二章　人际关系

一、学习目的与要求

通过本章的学习，掌握人际沟通的含义、人际关系的维度和类型，理解人际关系的文化差异，掌握人际关系的测量方法和改善人际关系的理论与方法。

二、课程内容

第一节　人际关系的本质

第二节　人际关系的维度与类型

第三节　人际关系的文化差异

第四节　人际关系的测量

（一）社会测量法

（二）参照测量法

第五节　人际关系的改善

（一）海德的平衡理论

（二）纽科姆的沟通活动理论

（三）T 小组训练法

三、考核知识点与考核要求

（一）人际关系的本质

1. 识记：（1）人际关系的定义；（2）轻度卷入、中度卷入、深度卷入的差别。

2. 领会：（1）社会交往的动机类型；（2）根据情感融合程度划分的人际关系类型。

3. 简单应用：根据情感融合程度划分的人际关系类型的内容。

（二）人际关系的维度与类型

1. 识记：（1）人际关系的三维理论；（2）主从型人际关系；（3）合作型人际关系；（4）竞争型人际关系。

2. 领会：（1）人际关系的三维理论的内容；（2）人际关系类型。

3. 简单应用：人际关系八种类型的内容和特征。

（三）人际关系的文化差异

综合应用：理解人际关系的文化差异。

（四）人际关系的测量

1. 识记：（1）社会测量法的定义；（2）社会测量矩阵的定义；（3）社会测量图的定义；（4）参照测量法的定义。

2. 领会：（1）社会测量法实施步骤；（2）社会测量法结果整理的方式；（3）参照测量法的内容。

3. 简单应用：（1）社会测量法的内容与实施步骤；（2）社会测量法两种整理结果方式（列表法、图示法）的内容。

4. 综合应用：人际关系的社会测量法。

（五）人际关系的改善

1. 识记：（1）认知平衡的 P-O-X 模型的定义；（2）“A-B-X”模式的定义。

2. 领会：(1) 认知平衡 P-O-X 模型的内容；(2) “A-B-X” 模式的内容；(3) T 小组训练法的训练方式。

3. 简单应用：(1) 海德的平衡理论；(2) 纽科姆的沟通活动理论；(3) T 小组训练法的应用。

四、本章重点与难点

本章重点：人际关系的含义，根据情感融合程度划分的人际关系三种类型（轻度卷入、中度卷入、深度卷入）；人际关系的三维理论，人际关系的八种类型；不同文化背景下人际关系的特征；人际关系的两种测量方法（社会测量法、参照测量法）的内容；改善人际关系的两种理论（平衡理论、沟通活动理论）的内容，以及 T 小组训练法的内容。

本章难点：八种人际关系类型的内容与特征，人际关系测量方法的内容，改善人际关系的理论和具体方法。

第十三章　人际吸引

一、学习目的与要求

通过本章的学习，掌握人际吸引的含义、规则及友谊的含义、自我表露的类型与原因，理解爱情和爱情三角理论的内容、亲密关系的维持与解体。

二、课程内容

第一节　人际吸引的规则

（一）接近性

（二）外表吸引力

（三）相似性与互补性

（四）互惠性

第二节　友谊

第三节　爱情

第四节　亲密关系的维持与解体

三、考核知识点与考核要求

（一）人际吸引的规则

1. 识记：(1) 曝光效应的概念；(2) 互惠原则的定义。

2. 领会：(1) 人际吸引的含义；(2) 人际吸引的规则；(3) 相似性与互补性的关系。

3. 简单应用：人际吸引原则中，相似性与互补性的区别和联系。

（二）友谊

1. 识记：(1) 友谊的定义；(2) 自我表露的含义；(3) 描述性表露的概念；(4) 评价性表露的概念。

2. 领会：(1) 自我表露的类型；(2) 自我表露的原因。

3. 简单应用：自我表露的含义、类型、原因和风险。

（三）爱情

1. 识记：爱情的含义。

2. 领会：爱情的类型。

3. 简单应用：爱情三角理论的内容、成分及类型。

（四）亲密关系的维持与解体

1. 识记：(1) 亲密关系的定义；(2) 依恋理论的概念；(3) 安全型依恋的定义；(4) 回避型依恋的定义；(5) 焦虑型依恋的定义。

2. 领会：亲密关系的解体过程。

3. 简单应用：依恋理论的内容。

四、本章重点与难点

本章重点：人际吸引的含义，人际吸引的五个基本规则（接近性、外表吸引力、相似性、互补性、互惠性）的内容，以及相似性与互补性的关系；友谊的含义与发展，自我表露的含义与类型，自我表露的原因与风险；爱情的含义，爱情三角理论三种成分（激情、亲密、承诺）的内容以及依此理论划分的爱情类型；亲密关系的含义、维持及解体过程，依恋理论的内容。

本章难点：人际吸引的基本规则，爱情三角理论，亲密关系发生、维持和解体过程。

第十四章　社会影响

一、学习目的与要求

通过本章的学习，掌握社会促进与社会抑制的含义，理解社会促进与社会抑制的理论解释，掌握从众的含义与类型、从众的基本原因和影响因素，掌握服从的含义和米尔格拉姆的服从实验，理解众从的含义与影响因素，掌握去个性化的含义与原因。

二、课程内容

第一节　他人在场

（一）社会促进

（二）社会抑制

（三）社会促进与社会抑制的解释

第二节　从众

（一）从众的定义

（二）从众的经典研究

（三）从众的基本原因

（四）从众力量强弱因素

（五）从众的价值

第三节　服从

第四节　众从

（一）众从的概念

（二）影响众从的因素

第五节　去个性化

三、考核知识点与考核要求

（一）他人在场

1. 识记：（1）社会促进的定义；（2）结伴效应的概念；（3）社会抑制的定义；（4）社会惰性的定义。

2. 领会：（1）社会惰性的影响因素；（2）影响社会促进和社会抑制的因素。

3. 简单应用：社会抑制和社会促进的含义、表现与理论解释。

（二）从众

1. 识记：（1）从众的定义；（2）真从众的定义；（3）权宜从众的定义；（4）不从众的定义。

2. 领会：（1）从众的类型；（2）从众的基本原因。

3. 简单应用：（1）影响从众力量强弱的因素；（2）从众行为的积极意义和消极意义。

（三）服从

1. 识记：服从的含义。

2. 领会：米尔格拉姆的服从实验。

3. 简单应用：结合米尔格拉姆的服从实验理解个体服从的影响因素。

（四）众从

1. 识记：众从的概念。

2. 领会：影响众从的因素。

3. 简单应用：发生众从行为时，多数派与少数派群体的特征。

（五）去个性化

1. 识记：去个性化的含义。

2. 领会：去个性化的原因。

3. 简单应用：在现实生活中如何避免去个性化。

四、本章重点与难点

本章重点：社会促进和社会抑制的含义、理论解释和影响因素，社会惰性的影响因素；从众的含义与类型，发生从众现象的基本原因，影响从众力量强弱的因素，从众行为的积极意义和消极意义；服从的含义，米尔格拉姆服从实验的内容；众从的含义，影响众从的因素；去个性化现象的表现、发生原因。

本章难点：社会促进和社会抑制的影响因素，影响从众力量强弱的因素，米尔格拉姆服从实验的内容，去个性化现象的原因。

第十五章　群体心理

一、学习目的与要求

通过本章的学习，掌握群体的含义和分类，理解群体形成的原因和过程，掌握群体规范的含义与功能，理解群体压力与群体凝聚力，理解群体绩效、群体决策和群体思维的含义。

二、课程内容

第一节　群体心理的本质

（一）群体的概念与分类

（二）群体的形成

（三）群体的结构性特征

第二节　群体的动力性特征

（一）群体压力

（二）群体凝聚力

（三）群体有效性和群体绩效

（四）群体决策

三、考核知识点与考核要求

（一）群体心理的本质

1. 识记：（1）群体的定义；（2）群体认同感的概念；（3）正式群体与非正式群体的区别与联系；（4）成员群体与参照群体的区别与联系；（5）大群体与小群体的区别与联系；（6）假设群体与实际群体的区别与联系；（7）群体规范的定义。

2. 领会：（1）群体的分类；（2）群体形成的原因；（3）群体形成过程；（4）构成群体的维度。

3. 简单应用：（1）群体心理对个体的作用；（2）群体形成的阶段；（3）群体规范的功能。

（二）群体的动力性特征

1. 识记：（1）群体压力的定义；（2）群体凝聚力的定义；（3）群体绩效的概念；（4）群体决策的定义；（5）群体极化的定义；（6）群体思维的定义。

2. 领会：（1）群体压力的形成过程；（2）影响群体绩效的群体特征；（3）影响群体决策的因素；（4）提高群体决策有效性的措施。

3. 简单应用：（1）影响群体凝聚力的因素；（2）有效群体的特征；（3）群体决策的特点。

4. 综合应用：（1）如何增强群体凝聚力；（2）如何打造有效的群体；（3）如何提高群体决策的有效性。

四、本章重点与难点

本章重点：群体的含义与特征，群体分类，群体形成的原因与过程，构成群体的结构性特征，群体规范的含义与功能；群体压力的含义与形成过程，群体凝聚力的概念与影响因素，如何维持群体凝聚力，有效群体的特征，群体绩效的含义和影响因素，群体决策的特点和影响因素，提高群体决策有效性的举措。

本章难点：群体的形成，群体的结构性特征，如何维持群体凝聚力，群体决策的特点以及提升有效性的举措。

Ⅳ　关于大纲的说明与考核实施要求

一、课程自学考试大纲的目的和作用

课程自学考试大纲是根据专业考试计划的要求，结合自学考试的特点而确定的。其目的是对个人自学、社会助学和课程考试命题进行指导和规定。

本课程自学考试大纲明确了课程学习的内容及其深度和广度，规定了课程自学考试的范围和标准。因此，它是编写本课程自学考试教材和辅导书的依据，是社会助学组织进行自学辅导的依据，是自学者学习教材、掌握课程内容知识范围和程度的依据，也是进行自学考试命题的依据。

二、课程自学考试大纲与教材的关系

课程自学考试大纲是进行学习和考核的依据，教材的内容是大纲所规定的课程知识和内容的扩展与发挥。课程内容在教材中可以体现一定的深度或难度，但在大纲中对考核的要求一定要适当。

大纲与教材所体现的课程内容应基本一致。大纲里面的课程内容和考核知识点，教材里一般也要有；反过来，教材里有的内容，大纲里就不一定体现。如果教材是推荐选用的，其中有的内容与大纲要求不一致的地方，应以大纲规定为准。

三、关于自学教材

《社会心理学》，全国高等教育自学考试指导委员会组编，管健主编，中国人民大学出版社，2024 年版。

四、关于自学要求和自学方法的指导

本大纲的考核要求是依据专业考试计划和专业培养目标而确定的。它不仅明确了课程的基本内容，而且明确了对基本内容掌握的程度。考核要求中的知识点构成了课程内容的主体部分。因此，课程基本内容掌握程度、课程考核知识点是高等教育自学考试考核的主要内容。

为了有效地指导个人自学和社会助学，本大纲已指明了课程的重点与难点，在每章的考核要求中也指明了本章内容的重点与难点。

本课程共 6 学分。

根据学习对象为成人、在职、业余、自学等情况，建议学习本课程的自学考试应考者充分利用自身理解能力强的优势，结合自己的社会阅历和生活经历来理解《社会心理学》全书十五章内容，全面系统地掌握当今社会心理学的基本概念与经典理论，切忌在没有全面系统学习教材的情况下孤立地抓重点。具体建议有以下几点：

1. 首先按照课程章节进行快速泛读，全面了解《社会心理学》各章节内容之间的逻辑关系，初步构建知识框架和思维体系。然后对各章节进行深入、系统的学习，注重了解和掌握社会心理学基本概念、基本理论和基本知识，初步掌握社会心理学中各个专业主题的核心概念、经典研究、基本理论与内容。在理解的基础上，记忆应当识记的基本概念，并掌握一些重要的研究方法，包括调查方法、测量分析方法等。

2. “社会心理学”虽然是一门基础性的课程，但作为阐释人类社会心理和行为规律的专业课程，它具有很强的实践性。因此，自学考试应考者在学习中应把课程内容与我国社会现实、现状和现象相结合，特别要关注我国社会生活存在的问题以及未来社会发展的趋势，在研究分析社会议题的过程中加深领会教材的内容，将知识转化为能力，加强培养自己正确认识、分析与解决问题的能力。

五、对考核内容的说明

1. 本课程要求自学考试应考者学习和掌握的知识点均作为考核的内容。课程中各章的内容均由若干知识点组成，在自学考试中成为考核知识点。因此，课程自学考试大纲所规定的考试内容是以分解为考核知识点的方式给出的。由于各知识点在课程中的地位、作用以及知识点自身的特点不同，自学考试对各知识点分别按照识记、领会、简单应用和综合应用四个能力层次确定其考核要求。

2. 在考试之日起 6 个月前，由全国人民代表大会和国务院制定或修订的法律法规都将列入相应课程的考试范围。凡大纲、教材内容与现行法律法规不符的，应以现行法律法规为准。

六、关于考试方式和试卷结构的说明

1. 本课程考试采用闭卷考试的方式，满分 100 分，60 分及格。考试时间为 150 分钟。

2. 本课程试卷中对不同能力层次要求的分数比例大致为：识记占 20%，领会占 30%，简单应用占 30%，综合应用占 20%。

3. 试题的难易程度要合理。试题的难度可分为易、较易、较难、难四个等级。每份试卷中不同难度试题分值比例一般为 2∶3∶3∶2。必须注意，试题的难易程度与能力层次不是一个概念，在各个能力层次中都会有不同难度的试题，切勿混淆。

4. 本课程考试试卷采用的主要题型有单项选择题、多项选择题、简答题、论述题、案例分析题等。

附录　题型举例

一、单项选择题（在每小题列出的备选项中只有一项是最符合题目要求的，请将其选出）

1. 以下不属于常用的自我报告法的是

A. 问卷调查　　B. 心理测验　　C. 半开放式访谈　　D. 个人档案法

2. 以下关于真实验和准实验的说法，正确的是

A. 真实验内部效度高、外部效度低

B. 准实验内部效度高、外部效度低

C. 真实验内部效度低、外部效度高

D. 准实验内部效度低、外部效度低

二、多项选择题（在每小题列出的备选项中至少有两项是符合题目要求的，请将其选出，错选、多选或少选均无分）

1. 以下属于研究伦理问题的基本原则的有

A. 自愿参加原则　　B. 匿名和保密原则

C. 风险最小化原则　　D. 获得正式的许可原则

E. 平等原则

2. 弗洛伊德关于社会化的理论离不开人格，他的人格结构三部论包括

A. 超我　　B. 本我　　C. 无我　　D. 自我

E. 真我

三、简答题

1. 简述社会心理学的研究目标。

2. 简述科尔伯格的道德发展阶段论的基本内容。

四、论述题

1. 论述社会心理学的两种研究取向及其各自特点。

2. 论述社会心理学研究的基本程序。

五、案例分析题

2023 年 3 月 15 日《人民日报》记者走进浙江义乌国际商贸城，不同商铺的货架上各色商品琳琅满目。义乌小商品市场汇聚了 70 多个党组织，构建发展共同体，形成了高凝聚力、高效运转力的服务和管理体系。义乌中国小商品城每天有 20 多万人从事传统批发零售业务，经营 26 个大类、210 万个单品，还有约 24 万家网商在这里从事电子商务。义

乌国际商贸城的线下商铺达到7.5万家，常驻外商1.5万多名，关联着全国210万家中小微企业、3 200万产业工人。党建组织如同一根红线，串起了商户，也赢得了客户。40多年来，从“鸡毛换糖”到“世界超市”，义乌书写了中国县域经济发展的传奇，创造了具有“无中生有”等创新精神的义乌经验。从一个区域性市场成长为全球性市场，义乌依靠的是组织强大的凝聚力。

问题：

1. 试论述群体凝聚力的形成过程。
2. 以义乌国际商贸城为例，试论述影响群体凝聚力的因素。

大纲后记

《社会心理学自学考试大纲》是根据《高等教育自学考试专业基本规范（2021 年）》的要求，由全国高等教育自学考试指导委员会公共管理类专业委员会组织制定的。

全国高等教育自学考试指导委员会公共管理类专业委员会对本大纲组织审稿，根据审稿会意见由编者做了修改，最后由公共管理类专业委员会定稿。

本大纲由南开大学管健教授编写；参加审稿并提出修改意见的有福州大学汪新建教授、南京大学彭华民教授、中山大学佐斌教授、南开大学吕小康教授、南开大学陈浩教授。

对参与本大纲编写和审稿的各位专家表示感谢。

全国高等教育自学考试指导委员会
公共管理类专业委员会
2023 年 12 月

全国高等教育自学考试指定教材

社会心理学

全国高等教育自学考试指导委员会　组编

编者的话

社会心理学是一门研究与社会有关的心理学问题的学科。人的心理是自然的产物，也是社会的产物，所有的社会现象中都蕴含着心理的问题，而人们的一切心理活动又受到社会因素的影响，因此社会心理学的研究范围极为广泛。我国社会心理学科正在努力构建具有中国特色的社会心理学学科体系、学术体系和话语体系，因此也希望读者通过对社会心理学的学习，能够坚持全球视野，立足中国实践，不断加强科研创新和现实应用。

“社会心理学”是全国高等教育自学考试社会学（专升本）、社会工作（专升本）等专业课程，是为培养和检验自学考试应考者的社会心理学基础理论、基本知识和基本技能而设置的。这门课程既是深入学习社会学类专业知识的基础性课程，也是了解和掌握公共管理中个体、群体、组织等的社会心理过程的一般知识、提高社会心理素养的普及性课程。

本书囊括了自学考试应考者应掌握的社会心理学的经典研究成果和基础理论，同时加入引导案例，使其既具有对当今世界发生的种种现实性问题的社会心理学透析，又提供了科学的理解方法和框架体系。总体来说，本书具有如下特点：

（1）知识结构的完整性、基础性和前沿性。作为一本概论性教材，本书在内容结构方面首先是注重知识的完整性和系统性，全书内容全面覆盖了社会心理学相关理论和知识；其次是重视对于基础理论和基本概念的介绍和阐述，帮助读者打好专业学习的基础；最后是力求在书中反映前沿性理论的研究成果和新鲜观点，引导读者在学习过程中了解社会心理学学科的前沿发展。

（2）内容安排的针对性和应用性。本书根据公共管理专业人才的培养需求，在内容安排上注重理论学习与实践应用的紧密结合。

（3）案例选择的生动性和多样性。本书结合基础理论和相关知识点，选择了大量鲜活的社会心理学案例帮助读者理解和掌握教学内容，所选取的案例大多为本领域的前沿内容，在生动体现本书知识点的同时，提升读者融会贯通、举一反三的能力。

本书共十五章，由管健负责统一全书的框架并进行审读和校对。具体编写分工为：管健编写第一章、第二章、第三章，程婕婷编写第四章、第五章、第六章、第七章，郭倩琳编写第八章、第九章、第十章、第十一章，荣杨编写第十二章、第十三章、第十四章、第十五章。

本书在编写过程中，参考了许多专家、学者和互联网上未署名者的相关研究成果，吸收了许多观点，在此致以诚挚的谢意。

本书在策划、编写和出版过程中，得到了全国高等教育自学考试指导委员会公共管理类专业委员会的大力支持和帮助，谨表深切谢意。

由于时间、精力和水平有限，书中恐有疏漏之处，欢迎广大读者和考生批评指正。

主编　管健

2023 年 12 月

第一章　社会心理学的历史与发展

本章提要

社会心理学是阐述人类社会心理与行为规律的现代知识体系。它作为与人类最为相关的心理与行为研究的现代科学，在社会学和心理学的交叉融合中成为独立学科，并旨在对人类社会心理与社会行为的发生、发展、变化的规律做出科学的解释，使社会心理学在描述、阐释、预测、控制中，不断揭示社会行为的基本规律并探寻社会心理的变迁轨迹。

引导案例

14 所高校为普通中国人的诚信做一次实验

2019 年 6 月，世界权威学术期刊之一《科学》杂志刊登了论文《全球公民诚信度》，论文中提到，研究人员于 2013 年至 2016 年在全球 40 个国家的 355 个大型城市开展了一场“丢钱包”的实验。结果显示，中国排名最末。

此结论一出，迅速引发广泛争议。为了驳斥对方的结论，中国 14 所高校的教师按照原实验流程，在国内进行了一场扩展性的复制实验，重新衡量国人的诚信度。2023 年 7 月，这场实验的研究结果发表在另一国际重要刊物《美国科学院院刊》上。研究显示，虽然在中国丢失钱包的“电子邮件回复率”是 27.4%，但“钱包回收率”却达到 77.8%。这说明，个人主义文化倾向于优先考虑实现目标的自我导向行动，比如，向钱包所有者发送电子邮件，这在个人主义文化中是一种典型的代理行为。而集体主义文化则倾向于考虑他人并反映群体归属感的行动，保管钱包就是集体主义文化的典型特征。

案例思考：

1. 社会心理学的研究价值和研究意义何在？
2. 你认为中国人的诚信水平如何？
3. 社会心理学的知识体系对于现实生活有什么样的引导作用？

第一节　社会心理学的定义

一、什么是社会心理学

为了界定社会心理学的研究对象，心理学家和社会学家仁者见仁、智者见智，提出了许多不同观点。学者普遍认为，社会心理学是研究人们如何认识自己，如何影响他人并与他人如何相互关联的学问①。这门学科重视个体内在的心理因素，重视个体所处的社会情境，也重视社会与个体之间的相互作用。总之，社会心理学研究社会生活和群体中的人际互动，关注人类如何在社会情境或因素的影响下产生各种心理及行为问题。

二、社会心理学定义的要求

一般来说，学科定义有以下几方面的要求：

第一，学科定义必须能正确描述一门学科在整个科学体系中的位置，能勾画该学科的体系，促进该学科的研究和人们对该学科的注意，能与该学科已经积累的知识和所讨论的问题相对应。

第二，学科的界定是相对的，一门学科的界定具有相对性和时代特征，而学科的对象范围会随学科自身及有关学科的发展而变化。

第三，学科定义的真正意义不在于为一门学科确定绝对的界限，而在于勾画学科的中心和轮廓。

综上所述，社会心理学的研究对象范围是由其在科学体系中所占位置客观决定的。在整个研究人类心理与行为的科学体系中，不同学科有明显不同的分工，分析层次也有明显的差异。生理学着眼于从生理状态解释人的经验与行为，普通心理学的兴趣集中于人的心理活动过程与心理状态，社会学侧重于从群体角度和人的社会与文化属性解释人的社会行为，社会心理学则试图从人与人之间的相互作用来解释人的社会心理与行为规律。因此，社会心理学是研究人们如何看待彼此、如何互相影响、如何互相联系的科学，其关注的核心问题是人们如何构建社会世界，以及人们的社会行为如何受自己、他人和社会情境的影响。

第二节　社会心理学的发展历程

作为一门科学，社会心理学的产生和发展，经历了从哲学思辨到经验描述，再到科学实验的过程。

一、社会心理学的孕育时期

社会心理学的孕育时期是哲学的思辨阶段，这也是社会心理学思想产生的阶段和史前思想积累的阶段。这一阶段可以追溯至古希腊时期，并延续至19世纪上半叶。

社会心理学作为一门学科，在其诞生之前经历了漫长的准备阶段。美国社会心理学家霍兰德（C. I. Hovland）在《社会心理学的原则与方法》一书中将其称为“社会哲学阶段”，这是社会心理学形成前的准备时期，也是自古希腊开始并延续到19世纪上半叶的西欧思辨哲学阶段。与其后的几个时期相比，社会心理学的孕育时期跨度较长，而且由于这一时期中的社会心理学思想同一般的心理学思想的见解和观点紧密相连，因此很

① 周晓虹．现代社会心理学：多维视野中的社会行为研究．上海：上海人民出版社，1997.

难把纯粹的社会心理学理论观点加以清晰划分。尽管如此，这一时期中的系统化和条理化的理论体系直接为其后社会心理学各个理论流派的形成奠定了坚实的理论基础。

社会心理学孕育时期可以梳理出两条基本脉络①。

第一，源于古希腊的苏格拉底（Socrates）和柏拉图（Plato）。他们认为，人性虽然不能完全摆脱生物遗传的影响，但是却可以受到环境和教育的深刻影响。苏格拉底认为人性是由社会决定的。柏拉图认为孩子能够由适当的教育加以适当的塑造。这些观点在之后的社会哲学家康德、歌德和卢梭的学说中均被继承下来。卢梭认为，改变人性的前提在于改变社会。他的观点成为美国新行为主义心理学家斯金纳（B. F. Skinner）的观点起源。

第二，源于古希腊的亚里士多德。他认为，社会源于人的自然本性，而人性又是由生物或本能的力量所决定的，因此改变人之本性的主张是无法实现的。作为古希腊哲学的集大成者，亚里士多德的许多著述为后期心理学直接开辟了诸多研究领域，他的“宣泄论”观点直接影响了弗洛伊德（S. Freud）的“心理动力学”，并进而影响到当代社会心理学对人类侵犯行为的研究。

正是由于这两条脉络的存在，美国社会心理学家奥尔波特（G. W. Allport）才提出，柏拉图和亚里士多德是在哲学知识内部建立了社会心理学主题思想的创始人。诚然，社会哲学的缺陷也在于其无法借用经验的方法来证明其中的假设，这也导致了社会心理学和社会哲学不可避免在当时受到一定程度的诟病。总而言之，史前思想的积累对社会心理学的产生具有准备作用，当然，这个准备过程经历了相当漫长的时间。

二、社会心理学的形成时期

经历了漫长的思想积累后，经过从 19 世纪中叶到 20 世纪 20 年代的各种努力，社会心理学作为学科宣布独立，并最终成为以实证方法为主流研究范式的科学门类。

（一）社会心理学的初创阶段

社会心理学的初创阶段属于经验描述阶段，它强调根据经验来描述社会行为。

事实上，19 世纪下半叶到 20 世纪初期也是人类社会发生重大历史变革的时期。伴随着整个资本主义世界的相对稳定，许多学科都取得了长足的发展和进步，其中包括很多与社会生活各个过程直接相关的学科。社会学、心理学、文化人类学及其他与社会相关的邻近学科都取得了快速的发展。社会心理学是在社会学和心理学分别脱离哲学母体后，又从这两门学科中汲取营养并应运而生的交叉性学科。社会心理学之所以能在当时成为独立的学科，其原因在于当时已有的学科均无法解决社会发展中的某些现实问题，由此也直接产生了建立新学科的必要。当时，资本主义的经济变革所导致的大动荡促使人们使用人口统计来考察出生率、死亡率、家庭收入、生活状况、犯罪类型等社会性问题，在这些调查中已经涉及大量的社会心理学研究问题。

其间，社会学领域也开始出现心理学派。法国实证主义哲学家孔德（A. Comte）的《实证哲学教程》宣布了社会学作为独立学科的诞生。之后，社会学就力图从其他知识领

---

① 《社会心理学概论》编写组．社会心理学概论．北京：高等教育出版社，2021.

域吸收知识养分解释社会事实，并将其认定为生物还原主义。这一观点影响了之后的社会学家斯宾塞（H. Spencer）的社会有机论。然而，生物还原论依然无法回应对现实问题的解决，亟须运用心理学对社会加以解释，该时期为社会学注入心理学的思考范式打下了基础。

与此同时，心理学对于社会心理学的兴趣形成于精神病学和变态心理学。精神病学实践的发展，揭示了个体的心理调节依赖于另一个体的事实，从而推动了社会心理学的研究。之后，布雷德（J. Braid）进行的催眠术实验，成为解释社会心理现象的基础。1890年，冯特（W. Wundt）的“民族心理学”将心理机制归因于社会行为。

以上呈现的社会心理学形成路径恰恰说明，社会心理学在形成伊始就受到社会学和心理学这两种不同学科的影响，这一影响一直持续到现在，使得社会心理学中的理论范式一直带有社会学或心理学的取向与色彩。因此，苏联社会心理学家安德烈耶娃（G. M. Andreeva）将社会学和心理学比作社会心理学的“双亲”[①]。

（二）社会心理学的社会经验论阶段

社会心理学的社会经验论阶段始于19世纪下半叶，以1859年拉扎勒斯（M. Lazarus）和斯坦达尔（H. Steinthal）创办《民族心理学和语言学》杂志为序幕。1875年，舍夫勒（A. E. Schaffle）首先在现代意义上使用了“社会心理学”一词，之后他在《社会躯体的结构及其生活》一书中论述了社会生活中的心理状况和民族意识的一般现象。1894年，斯莫尔（A. W. Small）和文森特（G. E. Vincent）也在美国率先使用“社会心理学”一词，并将其列为《社会研究导论》一书的主要章节。1897年，鲍德温（J. M. Baldwin）在《心理发展的社会和伦理解释》一书中描述了个人是个体化的社会我，是社会的一部分，也是社会的结果这一社会心理学的典型命题。同年，特里普利特（N. Triplett）在《美国心理学杂志》上首次发表了一份社会心理学的实验报告，对骑行自行车的单独行驶、陪伴行驶和竞赛行驶进行测量。1898年，塔尔德（G. Tarde）出版了《社会心理学研究》一书，用模仿概念来解释社会行为。社会心理学作为一个学科的起点，一般认为是1908年，这一年美国社会学家罗斯（E. Ross）和英国心理学家麦独孤（W. McDougall）分别出版了《社会心理学》和《社会心理学导论》，其象征意义在于社会心理学由此终于从促使其诞生的社会学和心理学土壤中脱生出来，并走向独立。

在社会心理学的初创时期，主要包括四种理论形态：德国的民族心理学、法国的群众心理学、英国的本能心理学和美国的工业心理学。

（1）德国的民族心理学。民族心理学是社会心理学理论的最初形态之一，于19世纪中叶在德国形成，是心理学的社会心理学理论发展的最早线索。1807年，黑格尔（G. W. F. Hegel）在《精神现象学》一书中曾论及不同于个体精神的绝对精神。一个世纪后，心理学家冯特深受黑格尔的影响，在其生命的最后开始写作《民族心理学》。虽然这部多达10卷本的著作远不如他的个体心理学体系影响深远，但却成为社会心理学的来源之一。

① 安德烈耶娃．社会心理学．南开大学社会学系，译．天津：南开大学出版社，1984.

（2）法国的群众心理学。法国群众心理学的代表人物是塔尔德、杜尔凯姆（E. Durkheim）和古斯塔夫·勒庞（Gustave Le Bon）。塔尔德主要从事法理学和犯罪学研究，他在社会心理学方面值得一提的是《模仿律》中首创的模仿理论。作为早期最杰出的社会学家之一，杜尔凯姆始终从集体行动研究个体行为，诸如集体中的自杀问题、宗教问题和公德问题。勒庞对群众心理学的观点和杜尔凯姆的理论不谋而合，他对感染、暗示的论述受到塔尔德的影响，而杜尔凯姆和勒庞的观点恰巧都在社会学家罗斯那里得到继承与发展。

（3）英国的本能心理学。1908 年麦独孤在《社会心理学导论》一书中，沿着达尔文进化论的线索，探讨了个体行为的动力问题。他认为本能是一切社会行为的基础，而作为人类社会行为的基础，本能又有相应的情绪和后天形成的情操相伴随。本能可以衍生出全部社会生活和社会心理现象。

（4）美国的工业心理学。此时的工业心理学对社会心理学的形成具有一定的推动作用。工业心理学是当代管理心理学的前身，在美国被统称为工业社会心理学。虽然它可以被视为社会心理学的应用学科，但无论是从时间的先后，还是从最初研究的内容来看，工业心理学都对社会心理学的形成和发展产生了重要影响，尤其是对于群体心理学的研究更是如此。罗斯在《社会心理学》一书中，主张社会心理学要研究人与人之间的相互作用及其对行为的影响。

在这一时期，社会心理学这门新兴的学科虽然尚不能被称为“科学”，但已经开始在学科发展和规范性的道路上做出了进一步的努力。

（三）社会心理学的实证阶段

一般认为，科学实验是社会心理学科学化的重要标志，实验使社会心理学的发展出现质的飞跃。社会心理学在其形成的初期，尚缺乏促进其不断繁荣的实验手段作为实证研究的基础，因此在社会经验论阶段尽管已经宣告了作为一门独立学科的社会心理学的诞生，但这门学科仍带有明显的思辨风格和抽象性质，仍然是一门描述性较强的学科。这一风向从 20 世纪 20 年代起开始转变，即伴随着实验方法的使用，社会心理学完成了在其整个发展历程中具有革命意义的转折，大踏步地走向科学的道路。

这一阶段也是社会心理学的确立时期，或者被认为是社会心理学的社会分析学阶段，其基本特征为，社会心理学已经从描述转变为实验，从定性转变为定量，从理论转变为应用，从普遍论转变为特殊论。基于以上转变，社会心理学开始了空前的发展。与此同时，社会大变革也使得社会心理学从盘踞欧洲开始向美国移居，而带有实用主义倾向的美国土壤也为社会心理学的进一步发展提供了必要的实验场。这一时期，在同社会心理学的发展有着密切联系的相关学科中也同样开始了类似的转变，心理学从强调本能到强调习得，行为主义势头迅猛，经验研究日益突出，这一朝向的转变明确指向了实际的社会需求，其实验方法和实验成果都具有划时代的研究意义。例如，特里普利特的他人在场和竞争对个人行为的影响（1897 年）、莫德（W. Morde）的群体对个人行为的社会促进（1913 年）等实验成果都被写进 1924 年出版的《社会心理学》一书，被人们视为实验社会心理学诞生的标志。

（四）社会心理学的快速发展阶段

社会心理学的实验取向在20世纪20年代后获得了迅速发展，且研究课题也越来越广泛。20世纪30年代，面对世界经济萧条和社会动荡不安，社会心理学家重点研究领导、舆论、谣言、种族关系、价值冲突等社会问题。20世纪40年代，受到第二次世界大战的影响，社会心理学研究课题倾向于信仰、偏见、劝导、宣传等社会问题。20世纪50年代，社会心理学研究范围扩展到社会交往形式和各种人格特征对社会行为与人际关系的影响。20世纪60年代，社会心理学获得充分发展，研究范围几乎涉及人们社会行为的各个方面，形成比较完整的科学体系和众多分支学科，并在学术界占有一席之地。整体上看，社会心理学的发展受到整个心理学发展趋势的影响，在心理学的行为主义统治心理学半个世纪后，20世纪60年代后的认知心理学浪潮使社会心理学的研究产生了相应的变化。认知社会心理学在原来的基础上得到发展。

（五）认知社会心理学阶段

认知社会心理学从20世纪80年代一直到21世纪，受到了第二次认知革命的影响，第二次认知革命导致社会建构论产生。认知社会心理学源于格式塔心理学和勒温（K. Lewin）的场动力理论，此后出现了许多认知社会心理学理论。1955年奥斯古德（C. E. Osgood）和坦南鲍姆（P. H. Tannenbaum）提出了一致性理论，20世纪50年代麦奎尔（W. J. McGuire）提出了认知相符的概念，1957年费斯廷格（L. Festinger）提出认知失调理论，1958年海德（F. Heider）提出平衡理论，1967年凯利（H. H. Kelley）提出归因理论。这些认知派理论强调认知活动或认知过程在社会心理与社会行为中的作用，而较少关注情感、意向和动机因素。与此同时，社会建构论强调社会心理学家应该关注话语的作用，并应以话语分析作为心理学的基本方法。社会心理学通过对特定文化历史条件下的话语分析，找出特定心理形式产生的社会原因，并进行历史的和跨文化的分析，这为社会心理学解释人和世界提供了新的视角。

第三节　两种取向的社会心理学

社会心理学学科问世伊始，除了当时社会实践的需要外，更直接的动因在于社会学与心理学之间的交互作用[①]。在社会学和心理学的发展过程中，出现了一种彼此接近的取向，使得社会心理学形成之初便趋于两种分支：一支是心理学家的社会心理学，另一支是社会学家的社会心理学。

一、心理学取向的社会心理学

自1908年开始，心理学取向的社会心理学在整个社会心理学发展的总体格局中占据了优势地位，这种情形的出现在20世纪20年代前得益于达尔文进化论所取得的全面胜利。正是在这种时代背景下，从1908年到1921年的短短10余年中，麦独孤的《社会心

① 周晓虹．理论的邂逅：社会学与社会心理学的路径．北京：北京大学出版社，2014.

理学导论》一书就连续印刷了 14 版。在 20 世纪 20 年代后，随着行为主义的兴起而产生的实验社会心理学虽然不再执着于对本能的研究，但却继承了麦独孤注重个体的研究取向，进而把心理学取向的社会心理学推进到新的阶段。1924 年，奥尔波特出版《社会心理学》并提出“社会促进论”，被公认为实验社会心理学诞生的开篇事件①。直至 20 世纪 70 年代，心理学取向的社会心理学一直处于发展的高峰状态，主要表现为经典研究不断涌现、理论观点纷呈林立、应用研究层出不穷。1929 年瑟斯顿（L. L. Thurstone）和蔡夫（E. J. Chave）的态度测量、1932 年李科特（R. A. Likert）对态度量表的修订、1935 年谢里夫（M. Sherif）关于社会规范形成的实验研究、1939 年勒温的群体动力理论、1952 年阿希（S. E. Asch）的遵从行为实验、1963 年米尔格拉姆（S. Milgram）的服从实验等，都成为直至今日仍被广泛引用的经典范例。

当然，在心理学取向的社会心理学中，理论观点较为复杂，很难形成有统一理论基础的完整流派。此外，心理学取向的社会心理学的大部分工作是致力于实验室研究。然而，到了 20 世纪 40 年代以后，因为第二次世界大战的爆发使社会心理学不得不在一定程度上趋向现实社会生活，其中围绕信仰、偏见、说服、宣传及态度的形成与改变等问题的研究迫在眉睫，这使得在战后的 50、60 年代，应用研究主要涉及提高劳动生产率、关注大众传播媒介、改进组织管理方法等具有实用性的领域。

二、社会学取向的社会心理学

从罗斯开始的社会学取向的社会心理学，其发展的势态虽然没有心理学取向的社会心理学那样显赫，但依然形成了社会心理学学科体系的重要一支。

自 20 世纪 20 年代开始，当心理学取向的社会心理学通过一系列实验研究而蓬勃发展时，理论研究的兴趣却主要在社会学取向的社会心理学家们身上表现出来，产生了影响巨大的符号互动理论学派和社会交换理论学派。从 20 世纪初期开始，社会学取向的社会心理学所进行的经验研究或应用研究一直持续不断，比较有影响的如 20 世纪 30、40 年代对社区心理和社会流动方面的调查研究，其代表作有林德夫妇（Robert S. Lynd and Helen M. Lynd）的《中镇》和沃纳（W. L. Warner）的《杨基城》。20 世纪 30 年代，由于世界经济萧条和社会动荡所引起的对公众舆论、恐慌、流言和谣言等方面的研究也成为社会学取向的社会心理学的关注焦点，如美国社会学家盖洛姆（G. H. Gallup）运用分层抽样方法进行了科学的民意测验等。在此方面，代表著作也不断问世，如埃尔伍德（C. A. Ellwood）的《社会心理学导论》、兰德（S. A. Lind）的《社会心理学读本》、罗森伯格（M. Rosenberg）和特纳（R. Turner）的《社会心理学：社会学的透视》以及麦考尔（G. J. McCall）和西蒙斯（J. L. Simons）的《社会心理学：一种社会学的研究》等。正如美国社会心理学家埃尔伍德所阐述的那样，社会学取向的社会心理学研究，其宗旨是关于社会互动的研究，应立足群体生活，以群体所产生的人类反应类型、沟通类型和各种行动的解释为出发点。

① 周晓虹．现代社会心理学名著菁华．北京：社会科学文献出版社，2007.

三、两种取向的社会心理学的比较

历经百余年的发展，两种取向的社会心理学逐渐趋向合作，其相互间的积极互动正标识出社会心理学的未来之路。

（一）两种取向的社会心理学的差异

从社会心理学学科体系结构的角度来看，两种取向的社会心理学之间的差异性主要表现为研究对象、研究范围和研究方法上的差异。

第一，在研究对象上，心理学取向的社会心理学强调个体变量的重要性，而社会学取向的社会心理学则注重群体变量的意义。这种研究对象上侧重点的不同，是导致两种取向的社会心理学在研究范围、研究方法及成果应用等方面存在差异的基本原因。

第二，在研究范围上，心理学取向的社会心理学主要是通过了解个体在学习过程中所形成的个人特质以及特定社会情境中他人对个体的影响来解释人的社会行为，而社会学取向的社会心理学主要是通过考察人们在社会化过程中所获得的社会角色以及人们的社会互动作用来说明人的社会行为。

第三，在研究方法上，心理学取向的社会心理学倾向于把实验法作为主要的研究方法，认为实验室方法的社会心理学缺乏生态效度，建议在使用实验室方法的同时，采用现场实验、自然实验等；社会学取向的社会心理学主要采用的研究方法是社会学的基本调查方法，如问卷法、访谈法等。

以上方面只是从社会心理学学科体系的角度，对两种取向的社会心理学在结构上的差异进行了静态的分析比较。要想对两种取向的社会心理学在整个社会心理学学科中的地位与作用做出比较全面的评价，还必须从社会心理学的发展历程方面，对两种取向各自所表现出的功能状况进行动态的考察。

（二）两种取向的社会心理学的各自优势与不足

在社会心理学的发展中，社会学取向的社会心理学和心理学取向的社会心理学构成了社会心理学学科的两大脉络和基本框架，而社会心理学的基本理论问题无不与这两种取向的发展相联系。[①]

社会心理学中占据主导地位的理论流派主要来自两种取向，由社会学家所创立的主要有符号互动论，同时包括进一步演化出的社会角色理论、参照群体理论、戏剧理论、标签理论和社会交换理论；由心理学家所创立的主要有精神分析理论、社会学习理论、社会认知理论、人本主义心理学理论等。由于社会学取向注重群体变量的研究，心理学取向注重个体变量的分析，从而使社会心理学在理论特征上表现出一种集体主义研究视角与个体主义研究视角之间的鲜明差异。但是正是因为社会学的社会心理学范式更多体现了宏观的研究策略，对具体研究方法尚待精细化，而且在注重经验研究的方法中也略显不足，由此需要补充实验方法以使其致广大而尽精微。

从心理学取向的社会心理学来看，它对于促进整个社会心理学学科的进步作出了重要

① 墨菲，科瓦奇．近代心理学历史导引．林方，王景和，译．北京：商务印书馆，1980.

贡献，同时也体现了心理学取向的社会心理学所不能取代的独特优势。例如，作为心理学取向的社会心理学重要代表的实验社会心理学的兴起与发展，加速了刚刚诞生不久的社会心理学彻底摆脱思辨研究、经验描述的初级阶段而步入精确测试、定量分析的研究进程。心理学取向的小群体实验研究具有以往思辨研究和经验描述所不可比拟的先进性，能够对影响行为的因素进行严格控制与量化分析，易于找出精确的行为机制和规律，因此有利于建立假设、实施研究、检验理论、推出成果。此外，与社会学取向相比，心理学取向的社会心理学所具有的特殊优势表现在其注重个体变量的研究，以个体特质作为解释社会行为的基本依据。因此，心理学取向的社会心理学对微观社会心理层面的研究可以更为精细化。

当然，不可否认的是，心理学取向的社会心理学仍然存在着很多的不足之处，这表现在研究对象、研究方法和研究取向等方面。

第一，在研究对象方面，心理学取向的社会心理学以个体为研究重点，从而不可避免地在很大程度上忽视了对根本上决定社会心理的宏观社会结构的分析。

第二，在研究方法方面，心理学取向的社会心理学在研究方法论上主要接受新实证主义哲学的指导，把可证明性或可操作性原则当作唯一标准，容易使社会心理学在具体方法上有唯实验独尊而远离社会现实的倾向。

第三，在研究取向方面，心理学取向的社会心理学要求严格地建立假设与检验，注重完善的科学程序，讲究精确地收集资料，由此可能容易忽视对原创理论宏大问题的思考。

与此相对立的社会学取向的社会心理学的突出特征在于，它以群体变量为研究重点，以社会互动为主要研究内容，多采用能在较大范围内实施的研究方法，如观察法、问卷法、跨文化研究法等。因而，其优势是便于把握宏观的社会心理层面，灵敏反映现实生活中的心理问题，研究成果干预社会实际领域的能力较强。

基于两种取向的社会心理学各自的优势和不足，应该保持其对于社会问题的多元优势，只有两种取向有机结合，才能达到全方位、多维度地透视复杂社会心理现象的目的。

第四节　社会心理学的当代发展

了解社会心理学的现状和未来的发展趋势，可以在宏观上掌握社会心理学的整体性并进一步探寻其前沿性。

一、美国社会心理学的发展

美国和欧洲是科学社会心理学产生和发展的两大根据地，美国不仅是社会心理学策源地，而且一直占据该学科发展的领先位置。在美国心理学会中从事社会心理学或其他相关学科的会员占有相当大的比例，人格与社会心理学协会一直是美国心理学会中人数和规模最大的分会之一。其他的分会，诸如社会问题的心理研究协会、消费心理学协会、社区研究和行动协会：社区心理学分会等也都带有应用社会心理学的某种性质。在科学研究、教材出版、教学培训及博士学位授予方面，社会心理学在美国都是最重要也是最引人注目的心理学分支。美国社会心理学家除注重对社会认知、社会影响、人际交往、竞争合作等基本问题的研究外，还注重对吸引与交往、利他行为、态度改变、法律与犯罪心理问题等应用性问题的研究。近年来，有关自我概念、家庭教养对儿童的影响、养育方式、环境设计、成就动机、价值观等一系列应用性问题，也越来越多地受到社会心理学家的高度关注。目前，在美国社会心理学领域中占主导地位的仍然是实验社会心理学。社会心理学领域的权威期刊有《人格与社会心理学杂志》、《实验社会心理学进展》、《社会心理学季刊》和《美国社会学评论》等①。从趋势上看，美国社会心理学仍然过分注重认知，而对人与人的互动、群体与群际过程的关注有待加强。

二、欧洲社会心理学的发展

无论是社会心理学概念的使用，还是作为社会心理学学科直接来源的民族心理学、群众心理学和本能心理学的研究，这些均发生在欧洲。② 但是，随着美国成为世界经济政治的中心，社会心理学研究的大本营也逐渐转移到美国。经过20世纪初期和20世纪30、40年代社会心理学的思想中心不断从欧洲向美国迁移，社会心理学在欧洲日渐式微。尤其是在第二次世界大战期间，欧洲的许多社会心理学家为逃避战争迫害而纷纷逃亡美国，社会心理学思想中心和思想家的大量迁移，使得欧洲社会心理学逐渐失去生机。因此，当第二次世界大战结束之后，欧洲的社会心理学因美国的影响而重新建立时，从研究选题、内容到具体方法基本上都延续了美国社会心理学的风格和思路。这种情况一直持续到20世纪60年代。

1965年，欧洲社会心理学会的成立标志着欧洲社会心理学开始重建之路。欧洲社会心理学家莫斯科维奇（S. Moscovici）和泰弗尔（H. Tajfel）都曾经集中地批判了美国式社会心理学中的实证主义、实验主义和个体主义。这使得欧洲社会心理学界重新开始思考整个现代社会心理学知识体系的建构问题，并试图重建欧洲社会心理学知识体系。

在欧洲社会心理学的发展历程中，1945年之前是欧洲社会心理学思想的美国本土化阶段。社会心理学大多显现为实用主义和个体主义融合，导致个体主义、实验主义和功能主义在社会心理学领域日趋兴盛。随后，欧洲社会心理学开始进入学科制度化的阶段，试图建立欧洲社会心理学的科学共同体，推动各种合作与交流。欧洲实验社会心理学会相继创刊《欧洲社会心理学杂志》和《欧洲社会心理学评论》，并出版“欧洲社会心理学专著丛书”。在这套丛书中，《社会维度：社会心理学的欧洲发展》、《社会认同和群际关系》、《社会表征》和《少数人的影响》等已经成为社会心理学的经典著作，也是欧洲社会心理学理智复兴的主要标志。《个体内过程》、《人际过程》、《群体过程》和《群际过程》的出版，也进一步推动了欧洲社会心理学知识体系的建构。

三、中国社会心理学的发展

早在20世纪初，社会心理学就已传入我国。当时的中国学者翻译了多部国外的社会

---

① 方文．学科制度精英、符号霸权和社会遗忘：社会心理学主流历史话语的建构和再生产．社会学研究，2002（5）．

② 方文．欧洲社会心理学的成长历程．心理学报，2002（6）．

心理学著作，也自行撰写了社会心理学教材与著作，并开展了一系列社会心理学的专题研究，这些内容构成了中国社会心理学的早期研究成果。1945 年，吴江霖赴美留学，师从奥尔波特系统学习社会心理学[1]；1946 年，社会学家孙本文撰写了《社会心理学》一书，该著作具有典型的中国社会心理学特色[2]。在这一阶段，一些从欧美留学回来的学者开始从事社会心理学的教学和译述工作。新中国成立后，由于对社会心理学学科性质的理解有偏差，社会心理学学科被取消，直至改革开放后才得以重建和恢复。

1979 年，王极盛在《光明日报》上发表《建议开展社会心理学研究》一文，吹响了社会心理学重建的第一声号角。1982 年，中国社会心理学研究会（后更名为中国社会心理学会）成立，陈元晖任首任会长。同年，第五届全国人民代表大会第五次会议批准的第六个五年计划中将社会心理学列为“要加强研究”的学科之一，之后中国社会心理学研究者用较短时间完成了重建工作。重建伊始的中国社会心理学研究，主要集中在社会心理学理论体系建立、社会心理学基本理论探索、社会心理学理论研究等方面。自 20 世纪 80 年代开始，对各种社会心理学问题的研究取得了令人瞩目的成就，在社会心理学教学、论文与著作发表、人才培养等方面的发展尤其迅速。

伴随着中国社会的变迁，中国社会心理学一方面致力于解决重大社会现实问题，另一方面在此基础上建立起完备的学科体系与不可替代的学科地位，展现出基础研究和应用研究比翼齐飞的学科特点。社会心理学工作采用科学的研究方法展开对基本心理过程和规律的探讨，同时将研究成果与现实问题紧密结合，致力于建构中国特色的社会心理学知识体系。

在线自测

扫一扫　练一练

① 吴江霖．马克思主义社会心理学展望．广州师院学报，1982（2）．

② 孙本文．孙本文文集：第二卷．北京：社会科学文献出版社，2012.

第二章　社会心理学的研究方法

本章提要

社会心理学作为社会学与心理学的交叉学科，研究方法多元且复杂，各类研究方法相互融合并相互渗透，既需要关注其方法论体系，也需要关注具体的研究方法、研究技术手段和社会心理学独特的伦理规则。社会心理学研究方法是人们在社会心理学研究过程中通常使用的方法，包括观察法、实验法、自我报告法、档案法等，当前各种大数据方法、计算社会科学方法也融入其中。同时，社会心理学的研究对象是人，因此需要关注隐私权和道德伦理等问题。

引导案例

计算社会科学助推社会心理学研究范式创新

2009年，大卫·拉泽（D. Lazer）等十多位学者在《科学》杂志上联合发文，首次正式提出计算社会科学（Computational Social Science）这一学术概念。计算社会科学虽然发展历程短暂，但其发展势头迅猛，对人文社会科学，尤其是社会心理学的理论及应用产生了广泛而深远的影响，引起了学界的高度关注与深层思考。

作为新兴交叉学科，当前计算社会科学主要包括四大研究方法：自动信息提取（Automated Information Extraction）、社会网络分析（Social Network Analysis）、社会复杂系统分析（Social Complexity）和社会仿真建模（Social Simulation Modeling）。计算社会科学基于大量数据、采用计算机运算方法，通过建立模型以模拟和分析社会复杂现象，目前已经拓展到史学、语言学、教育学、军事学、文艺学、民族学、宗教学、伦理学、人类学、社会心理学等。该研究范式的核心内容是关于人类社会发展的各类信息的自动化处理，专注于透过行为分析、媒体分析、网络分析和对现实社会的典型化事实的分析，借助代码、算法、程序、建模、模拟等数字化手段，更深入地观察探讨心理与行为特征和社会运行规律及二者的互动关系。社会计算的方法论以社会科学理论为导引，并结合大数据与人工智能算法来解决社会问题。[①] 计算科学及大数据、云计算、AI、机器学习、5G、VR＋等具有鲜明时代特征的新一轮科技革命成果在社会心理学中的引入和应用，将助推新时代中国特色社会心理学的创新发展。

---

① 周涛，高馨，罗家德．社会计算驱动的社会科学研究方法．社会学研究，2022（5）．

案例思考：

1. 计算社会科学会对社会心理学的研究范式产生怎样的影响？
2. 探讨计算社会科学在社会心理学中的具体应用实例。
3. 如何处理新兴技术与传统社会心理学的研究方法之间的关系？

第一节　社会心理学的研究目标和研究过程

社会心理学的目标在于描述、解释、预测和控制。描述，是指从仔细观察开始去叙述行为；解释，在于为行为的发生提供实证知识的分析说明；预测，是对尚未发生的事件所做的预见；控制，致力于改变行为。社会心理学目标的达成，需要科学而严谨的方法。

一、研究目标

社会心理学研究需要有明确的目标，包括描述行为、探求因果关系、理论建构和应用研究。

（一）描述行为

社会心理学家从事研究的一个目标是对各种社会现象进行详尽而系统的描述与说明。例如，经常玩暴力电子游戏会增加儿童的攻击性行为吗？如果是的话，其影响的具体方面有哪些？是暴力电子游戏激活了儿童的攻击性，还是具有攻击性人格的儿童主动选择暴力电子游戏？儿童选择暴力电子游戏是因为感兴趣，还是受同辈群体的影响？所有这些研究问题需要从观察与描述开始。因此，描述是社会心理学科学研究的基石，可以为进一步的研究奠定基础。

（二）探求因果关系

社会心理学从事研究的第二个目标是致力于对各种社会现象做出因果解释。例如，在探讨暴力电子游戏与儿童攻击性行为的关系时，即便人们知道暴力电子游戏是儿童攻击性行为的起因，研究者也需要解释这种关系，是由于模仿还是对他人玩游戏的崇拜心理？是暴力导致的信念改变还是潜意识的正常反应？所以进一步研究是必要的，必须加以清楚解释。社会心理学研究不能只停留在描述层面，对人类社会心理与社会行为的理解在很大程度上取决于人们对其因果关系的解释。

（三）理论建构

社会心理学研究的第三个目标是形成和发展有关特定社会现象的理论。理论是一组相互关联的概念和命题，它通过对有关现象相互关系的系统和具体说明，用以描述、解释和预测各种社会现象。例如，暴力电子游戏与儿童攻击性的形成是否有理论可以说明？如果是儿童的攻击性人格或者暴力信念，这些社会性行为是简单的现象表征还是背后蕴含了一定的理论建构？社会心理学各个领域有各种不同的理论，理论可以把人们对社会心理现象的理解有机地组织起来，做出新的预测，并在进一步的研究中接受检验。

（四）应用研究

社会心理学研究的第四个目标是应用社会心理学知识来解决现实问题。社会心理学不仅可以使人们认识自己、了解他人和理解自己与社会的联系，而且有助于解决社会生活中的各种实际问题。社会心理学的很多研究是围绕着解决实际问题而展开的，这些问题的解决既具有实际应用的价值，又能对理论有所建树。社会心理学对解决生态环保、健康生活、青少年教育、网络传媒、司法公正等全球性社会问题正在发挥着日益重要的作用。

当然，一项具体的社会心理学研究不可能同时涉及这几个目标。通常一项研究只关注部分目标的实现。在选取研究目标时，既要考虑到个人的研究兴趣，也要考虑到研究问题的目前进展。如果所研究的问题是一个新的领域，那么研究目标就要从描述开始。如果所研究的问题已经有较为成熟的理论，那么研究目标可能就是应用已有的理论来解决现实问题①。

二、研究过程

一项社会心理学研究通常包含六个具体的研究步骤：提出问题、文献检索与阅读、研究设计、研究实施、数据分析、研究报告。

（一）提出问题

进行社会心理学研究首先要提出问题，也就是确定所要研究的具体对象和问题是什么，问题越具体、越明确越好。提出问题的时候，一定要考虑研究的理论意义和现实意义。在社会心理学研究中，研究的问题可以有各种不同的来源，研究者通常从三个方面提出拟研究的问题。

第一，从已有的理论或文献中演绎出要研究的问题，通常这种研究的主要目的在于评价和发展已有的理论。例如，马尔库斯（H. R. Markus）和北山忍（S. Kitayama）根据自我与他人的关系，提出两种自我观来说明东方人和西方人在自我中的不同。其中，独立自我以个人的身体为边界，自我与他人之间的界限相对清楚，并以个人内在属性与特质来定义自我；互依自我中通常包括他人，他人与自我之间的界限比较模糊，并强调外在的角色、地位、关系等内容。按照这一观念，不同的文化有不同的自我构念，如西方文化是独立自我且崇尚个人主义；东方文化是互依自我且崇尚集体主义。按照这一假设可以推断，中国人更重视重要他人对自己的评价，那么现实情况是这样的吗？这就是所提出的问题。

第二，从实践中针对现实生活的问题来选择并确定要研究的问题。例如，各个组织中，员工对组织的认同感是不同的，那么可以根据这一现实问题提出相应的假设，如哪些因素影响员工的组织认同，以及如何提高员工的组织认同等。纵观社会心理学的发展历史，大部分社会心理学研究课题都是针对现实生活问题的研究，这也是社会心理学可以服务国家战略和政治经济生活的例证。

第三，结合个人的生活经历来选择并确定要研究的问题。例如，当前一些年轻人的社交欲望并不强烈，不少年轻人认为自己是“社恐”，为何年轻人的社交变得越来越难？如何理解一些年轻人回避社交？这些现实中的问题可以经由现实观察而形成研究兴趣和确定相应主题。

---

① 哈里·莱斯．社会与人格心理学研究方法手册．张建新，译．北京：中国人民大学出版社，2011.

（二）文献检索与阅读

在进行社会心理学项目研究之前，研究者有必要对前人的研究结果进行文献查阅和梳理，对过去研究的回顾将有助于研究者阐明研究思想和进行研究设计。在这个研究步骤中，重要的是要知道怎样去收集有关的文献，以及怎样去阅读相关的研究报告。

（三）研究设计

在选定研究题目后，通过文献研究，基本上确定了所要研究的内容，为了保证研究的有序推进，在实施正式研究之前，有必要对整个研究进行设计。研究设计包括提出研究假设和选择研究策略。研究假设是对有关变量之间的相互关系所作的推测性判断或设想，它是对所研究问题的尝试性解答。例如，“进行暴力电子游戏会提高儿童的攻击性行为”就是研究假设。这个研究假设是针对“进行暴力电子游戏”与“攻击性行为”之间的相互关系的一种尝试性的理论解答，该研究假设还有待通过进一步研究来加以检验。研究假设虽然是由研究者提出的，但它不是凭空臆造的。一个好的研究假设往往是在前人的理论与文献基础上，由研究者结合个人的实践经验，并经过初步观察与思考所得出的。一旦形成了明确的研究假设，就要考虑研究是在实验室里进行还是在现场进行，是采用相关设计还是实验设计，这些问题就是研究策略的选择。

（四）研究实施

研究实施是研究的正式部分，它主要包括选取参与者和收集数据。在社会心理学研究中，参与者就是被观察、被调查或参与实验的对象。在选取参与者时，要考虑参与者的代表性，不适当的取样会对结果产生影响。在选取了参与者后，就要按照研究计划收集数据，收集数据的方式包括自我报告法、观察法和档案分析法等。

（五）数据分析

在收集到数据之后，通常需要采用描述统计和推理统计等方法对数据进行分析。这是对已经得到的数据和资料进行数据加工的过程，因此使用什么样的数据统计分析方法对于从数据中得出有价值的研究结果至关重要，不同的方法决定着对数据发掘的不同深度。对于同样的数据，不同的研究者由于使用的统计分析方法不同，其研究价值可能差异很大。在数据统计分析的基础上，研究者可以从心理与行为的角度对实验和调查结果进行解释与分析。

（六）研究报告

一项研究在完成实验和数据统计分析后，要以研究报告或论文的形式将研究的过程和结果整理并记录。社会心理学研究是一项极富挑战性的工作，研究成果需要按照一定的形式来表达，研究报告是重要的表达手段之一。

社会心理学研究报告的写作形式与一般的心理学研究报告基本一样，主要由标题、摘要、引言、研究方法、结果与分析、讨论、参考文献等部分组成。

（1）标题。研究报告的标题应该简单明了地指出研究的主要问题，尽量让读者能够从中看出要研究什么问题。

（2）摘要。摘要部分是对研究的主要内容与结果的简短总结。

(3) 引言。引言部分应该阐明研究的理论框架以及同一课题之前的研究文献，使读者了解研究的目的，并说明先前的研究已经解决了哪些问题，哪些问题还有待解决，提出本研究的假设。

(4) 研究方法。研究方法部分应该详细地说明用以检验假设的设计和程序，使读者获得足够的信息，可以重复该研究。

(5) 结果与分析。结果与分析是利用有关的统计分析对研究数据所做的总结，它应该简要地说明每一个研究结果与研究假设的关系。

(6) 讨论。讨论部分的内容是对研究结果的含义和意义的评价，应说明结果是否支持研究假设，并阐述研究的效度以及本研究的理论与实际意义。讨论部分还要指出本研究的局限和需要进一步研究的问题。

(7) 参考文献。在研究报告的末尾，应该列出报告中所引用资料的来源。

第二节 社会心理学的具体研究方法

社会心理学家在确定了研究策略之后，通常用什么样的手段来收集数据就涉及具体的研究方法的问题。

一、观察法

研究者直接观察记录个体或群体在自然状态下的活动，从而分析其与有关因素之间关系的方法称为观察法。如果人们对某一特定的社会行为感兴趣，最简便的数据收集方法是观察。在观察中，可以将录制视频、录音、拍照等作为辅助手段，以期得到更为客观而准确的数据。

观察法是描述心理与行为的一种古老的方法，它是对心理与行为过程质的研究，可以分为自然观察法和实验室观察法。

(一) 自然观察法

自然观察法是现场式的观察方法，研究者在一种完全自然的状态下对参与者进行观察。该方法的优点是找到参与者在完全自然的状态下的心理与行为。自然观察法又可以分为“参与式观察法”和“隐蔽式观察法”。

(1) 参与式观察法。参与式观察法是研究者参与到被观察者的活动中去，与他们一起活动，成为他们活动中的一个角色。

(2) 隐蔽式观察法。隐蔽式观察法是为了不让被观察者发现有人在观察他们而使用的方法。研究者隐藏自己作为研究者的真实身份，装扮成被研究的靶团体的成员，从靶团体内部对与研究问题相关的社会行为进行系统的观察记录，常常可以获得更好的效果。美国斯坦福大学的罗森汉（D. Rosenhan）于 1973 年在《科学》杂志上发表了一篇文章，他提出，“一旦一个人被诊断反常，他所有的行为和特征都被贴上相应的标签”。这篇文章一经发表便引起轰动，也成为“反精神病运动”思潮的开端。这篇文章正是八名正常人在精神病院待四年的研究结果。罗森汉的这一研究采用的是非常经典的隐蔽式观察法。

（二）实验室观察法

实验室观察法也称为系统观察法，是将被观察者集中在特定的实验室中让其自由活动，或规定一些任务让其去完成，对一些行为进行仔细而系统的观察。实验室观察法有许多不同的种类，既有非正式的无结构性观察，也有正式的结构性观察。正式的结构性观察根据事先编制的分类系统对所观察到的社会行为进行编码和记分。

观察法有许多优点，通常可以在不被觉察的情况下观察参与者的行为，即使参与者意识到被研究，他们往往是全神贯注地从事自己的活动，他们对自己行为做出修正的机会比填写问卷或测验时有意误报的机会要少得多。

观察法的局限性在于，有些社会行为是不可能被直接观察的。例如，过去的行为或很难在非公共场所直接观察到的行为，以及许多社会心理学家感兴趣的问题，如人的社会认知、社会态度、社会信念等不可能直接观察。

二、实验法

实验法是在控制情境下，系统操纵自变量，观察和记录因变量的变化，从而验证预见性假设的研究方法。实验法是一种有控制的观察，是实验者人为地使心理与行为发生，对产生心理与行为的情境或影响因素加以操纵、变化与控制的观察。

（一）自变量、因变量与额外变量

实验研究是通过操纵一个或多个因素，同时控制其他因素，进而确定变量之间的因果关系的研究工作。实验的目的就是要发现自变量和因变量之间的因果联系。

在实验中，研究者要明确地区分三类不同的变量：自变量、因变量和额外变量。自变量是由研究者有意加以操纵的条件或因素。因变量是研究者要观察和记录的，随自变量的变化而变化的条件或因素。例如，人们想研究儿童参与暴力电子游戏对其攻击性行为的影响，即确定“参与暴力电子游戏”与“攻击性行为”之间的因果关系，“参与暴力电子游戏”是自变量，“攻击性行为”是因变量。在具体研究中，实验者还需要把对自变量和因变量的一般性定义转化为操作性定义。例如，人们可以把“参与暴力电子游戏”操作性界定为“参与暴力电子游戏的时长”，把“攻击性行为”操作性界定为“毁坏公共财物的程度”，等等。可见，操作性定义是研究变量与实际观察或活动之间的桥梁，它把变量的抽象化形式转化为可观察、测量和操作的具体形式。

除了自变量和因变量，在实验研究中还需要对额外变量进行控制。额外变量是除了自变量之外的能对因变量产生影响的条件和因素，这些条件和因素是研究者并不打算研究的，因此，需要对其进行控制。例如，研究儿童参与暴力电子游戏对其攻击性行为的影响，那么需要控制哪些条件和因素？需要控制的条件和因素有很多，既有参与者本身的特征，如儿童的性别、年龄、智力因素、人格特征、教养方式等，也有参与者参与暴力电子游戏的时长，还有实验情境的社会特征（是否有他人在场和同辈参与）等。这些条件和因素可能会影响参与者的攻击性行为，所以必须进行控制。

（二）随机分配

实验的另一个关键特征是参与者必须随机分配到不同实验条件中。例如，要研究儿童参与暴力电子游戏对其攻击性行为的影响，就可以把参与者随机分配到两种不同的实验条件下：实验组和控制组。让实验组参与者参与暴力电子游戏，让控制组参与者参与没有任何暴力性质的电子游戏，考察这两组参与者在攻击性行为上的差异。如果那些参与暴力电子游戏的儿童比未参与暴力电子游戏的儿童更具有攻击性，就可以假设，暴力电子游戏的参与是导致攻击性行为的一个原因。

随机分配参与者对于实验研究非常重要，因为这意味着各个实验条件下参与者的差异仅仅是由随机误差引起的。如果实验之前各组参与者之间就存在系统差异，研究者就不能认为其在因变量上的差异仅仅是由实验条件所导致的。此时，行为的差异可能是由于事先存在的因素所导致，而不是由自变量所引起。例如，当研究儿童参与暴力电子游戏对其攻击性行为的影响时，实验组主要由喜欢玩暴力电子游戏的儿童构成，而控制组主要由喜欢打游戏但是并不参与暴力电子游戏的儿童构成，当研究结果发现那些参与暴力电子游戏的儿童更具有攻击性时，则也可能是有攻击性的儿童更愿意选择暴力电子游戏造成的。

（三）真实验与准实验

进行实验研究时需要考虑的一个问题是把实验安排在哪里进行，在实验室里进行实验还是在现场进行实验，这涉及实验的两种不同亚类：真实验与准实验。

1. 真实验

真实验通常是在实验室里进行的。在真实验中，研究者完全随机地把参与者分配到不同的实验条件下，从而对自变量进行操纵，并能够对除自变量之外的条件进行严格的控制。

真实验设计的优点在于，可以很好地控制实验条件，有把握从观察到的自变量和因变量之间的关系中做出因果关系推论。因此，真实验的内部效度较高。

由于真实验通常不是在自然、真实的现场进行的，而是在对实验条件进行了控制的实验室中进行的，因此其外部效度较低。

2. 准实验

准实验通常是在自然、真实的现场（如学校、工作单位、公共场所）中进行的，考察自然条件下发生的行为。在准实验中，研究者根据参与者现有的状态把他们分配到不同的实验条件下，而不是随机地把参与者分配到不同的实验条件下。与真实验相比，准实验的情境真实性较高，但控制性较低。

准实验设计的最大优点是，它通常不是在人为的实验室中进行的，而是在真实的社会情境中进行。参与者是在这些场所随机抽取的，一般不会意识到是在进行实验或者充当参与者。尽管实验者对实验场所和参与者的身份、种族、年龄等是有意选择的，其实验的设计是按预定的方案来进行的，其结果也要经过统计学处理，但由于摆脱了实验室实验的人为性，通常不会引起参与者的怀疑。参与者的反应更加自然，实验者更少遇到实验室中常见的参与者对实验猜疑、故意迎合实验者或者有意的自我表现等情况，其研究结果可以被推广到其他情境和人群中。因此，准实验设计具有较高的外部效度。此外，准实验设计有时可以处理一些实验室中无法研究的真实问题。在现实生活中，有许多社会心理现象不允许对参与者进行随机分组，对此便可以采用准实验设计进行研究。

但是，准实验设计也有局限性。由于它没有很好地控制实验条件，参与者也没有随机分组，因此，所测量的因变量不一定由自变量引起，有其他隐藏变量存在的可能。也就是说，有时可能会受到其他未控制的因素的影响，这样就难以避免对因果关系的混淆。因此，准实验设计通常内部效度较低。

三、自我报告法

自我报告法是社会心理学研究中最为常用的收集数据的方法，通过参与者的言语报告来收集数据，通常包括问卷调查法、心理测验法、访谈法等。实验研究中也经常依赖于参与者的自我报告。

（一）问卷调查法

问卷调查法是采用书面问答形式来测量人们的行为和态度的一种测量方法。通过问卷调查，可以了解人们的社会行为与心理的状况和特点。我们熟知的民意测验就是典型的问卷调查，这种方法使人们可以迅速了解在特定时期的社会心态和对某种特定社会事件的反应。问卷调查不受时间、地点的限制，能在较大范围内进行，简便易行，可在很短时间内收集到大量数据。但参与者可能出于各种考虑，不愿如实回答，存在较强的社会赞许性动机。

（二）心理测验法

心理测验法是社会心理学研究的重要工具，与问卷调查法相比，心理测验法的主要特点就是标准化程度高。心理测验法是以心理测验为主要工具，测量个体的能力、人格方面的特征，从而分析与其他变量之间关系的方法。例如，研究智力与学习成绩之间的关系，智力可以通过智力测验来测量，学习成绩可以从学校获得，从而得出两者之间的关系。在社会心理学研究中，通常使用心理测验中的自陈量表作为测量工具。自陈量表是通过对自我的实际情况进行分析回答的一种测验方法，操作较为简单、易标准化，但容易受到文化程度、文化背景的影响。与问卷调查法一样，心理测验法简便易行，可以在很短时间内收集到大量数据。

（三）访谈法

访谈法也是社会心理学研究的重要手段。访谈法是在特定时间、特定地点，通过研究者与被研究者面对面双向沟通的形式来收集数据的一种方法。这种方法不受固定标准答题的限制，给研究者与被研究者充分的自由。访谈的内容可以是人们对一些事物的看法、态度和观念以及有关行为、态度和观点的理由。在访谈前，需要制定具体的访谈提纲。在访谈过程中，需要被访谈者的充分配合，双方建立相互信任的关系。访谈法的优点是灵活机动，可以收集到有关研究课题的具体而深入的信息。但是，相对于问卷调查法和心理测验法，访谈法耗时、经济成本高，需要对访谈者进行有关访谈技巧的训练。

四、档案法

档案法是依据一定的目的，收集大量现有文献资料，通过分析找出某些社会事实与社会心理之间关系的方法。可用于档案分析的资料包括个人作品、报刊、个人博客、电影、书籍、统计资料、法律法规、日记、各种事件记录及文献等。

在社会心理学领域，有不少基于档案法进行的研究。最有影响的档案分析是美国芝加哥学派的代表人物托马斯（W. I. Thomas）等的《身处欧美的波兰农民》。研究者通过分析个人传记和书信等个人文献资料，研究了移居他乡的波兰农民的社会适应问题，据此提出了个体对社会组织和社会组织对个体的依附性，并使用社会态度和社会价值来阐述这一问题，从而把态度这一术语引入社会心理学。

档案法的优点是使用非反应性测量，因此不存在参与者因意识到自己被研究而产生的心理干扰，也没有实验者与参与者之间的交互作用而产生的误差，可以对不同社会历史时期的社会心理现象变化趋势进行系统的研究和跨文化比较。

档案法的局限在于只能进行描述性研究，不能做出因果关系的推断，且工作量大，耗时耗资多。

第三节　社会心理学研究中的潜在问题

社会心理学的研究方法为开展社会心理学领域的研究提供了有利条件，推动该学科向前发展。然而，任何事物都有其两面性，发展的背后也存在着某些潜在的问题。

一、研究偏向问题

研究偏向是在具体的研究工作中，研究者和被研究者某些有意或无意的期望，而这些期望可能会导致实验结果产生偏差。研究偏向分为研究者偏向和被研究者偏向。

（一）研究者偏向

一般的研究工作中，研究者与被研究者之间需要互动，但是在互动过程中，研究者可能有意或无意地通过面部表情、身体姿势、语音语调等透露某些“线索”，导致被研究者按照这些“线索”来表现自己，使被研究者的行为与事实之间产生偏差。为了克服这种偏向，一方面可以在选择研究方法的时候采用参与式观察法，或者把实验指令写下来或用录音设备记录下来的方法，以减少该偏向；另一方面也可以利用实验助手协助研究，事先不告诉实验助手本研究的目的是什么，然后让实验助手操控实验过程，这样就不会影响参与者的行为。

（二）被研究者偏向

被研究者偏向主要是当被研究者知道了自己正在被研究之后，担心自己在研究中表现不好，不符合研究者的要求，因此希望尽量迎合研究者，结果反而表现失常；或者是当他们知道自己将要扮演的角色以后，就尽量按照自己理想中的角色应有的行为来表现自己，导致行为失真。减小被研究者偏向的方法有两个：一是尽量减轻被研究者的心理压力；二是采取比较隐蔽的研究方法，使被研究者在没有察觉的情况下接受研究。

二、伦理道德问题

社会心理学从 20 世纪 50 年代后期就开始关注对参与者进行研究过程中的伦理道德问

题，许多大学和研究机构设立“心理学伦理委员会”，负责监督检查使用人类被试的研究。各个国家的学术组织都分别制定了心理学家伦理道德守则，规定使用人类被试的研究必须遵守的伦理道德原则。

（一）潜在危害

（1）身体危害。如禁止被研究者吃饭、喝水，对被研究者进行电击、噪声刺激或剥夺其睡眠权利等。

（2）心理危害。如研究者使被研究者接受了关于自身的负面信息，如果研究者在研究结束后没有立即详细地解释清楚该研究给被研究者提供的信息是完全虚假的，则被研究者可能承受巨大的心理压力并影响后续的正常生活。

（3）泄露机密。对于越轨或犯罪等敏感性的研究，如果被研究者可能泄露重要性秘密，则需要更多关注。

（二）基本原则

（1）自愿参加原则。实验研究可能会干扰被研究者的正常学习、工作和生活。有时因研究内容涉及个人及各方面的利害关系，会使被研究者受到某种程度的伤害。因此必须遵循被研究者自愿参加的原则，这样会使被研究者对研究课题形成正确的认识，进而也会大大提高研究效率。

（2）匿名和保密原则。为了使被研究者不会因为披露某些资料而受到来自各方面的压力，一方面，研究者应当遵循匿名原则开展调查和研究工作，且针对不暴露姓名、不提供基本资料就无法开展的研究活动，应严格执行保密原则，从而保护被研究者的利益不受侵害；另一方面，应当避免研究者与被研究者之间有其他的社会关系，以免泄露机密。同时，应该将被研究者的身份信息同其他信息和记录相分离。

（3）风险最小化原则。为了使被研究者免于遭受不必要的痛苦、恐惧和压力的困扰，研究者在设计研究过程的时候应该尽量避免使被研究者面对风险。

（三）制度保障

除了要求研究者自觉遵循研究的基本原则以外，还应该为被研究者提供制度上的保障。这些保障包括：

第一，风险与利益分析。风险与利益分析是指在研究过程中，研究者和研究机构都对被研究者负责，有义务将风险最小化。具体做法一般是由评估委员会进行风险分析，衡量被研究者可能的风险和利益，以及研究结果的重要性，使风险和利益保持利弊平衡状态。

第二，获得正式的许可。研究者应征得所有参与研究的人、团体或组织的许可，该许可大致包括以下几个方面：

（1）向被研究者说明研究或调查的主体情况，提供研究的简单介绍、采取的步骤、调查研究的程序等方面的资料，同时也应该向被研究者说明研究者的基本情况。需要注意的是，虽然可以给被研究者提供上述内容的资料，但是不需要告诉被研究者研究的目的和假设，否则会影响被研究者的正常行为，进而影响研究结果。

（2）说明研究可能给被研究者造成的不适、风险及后果，同时说明对被研究者可能带来的好处和准备给予的报酬，保证被研究者自愿加入实验研究。

（3）若研究计划、研究内容等发生变化，必须及时同被研究者协商并征得其同意后方可继续进行研究。

（4）告知被研究者其信息会被匿名或保密，可能的话，给被研究者提供一份保证书。

（5）允诺为被研究者提供心理干预和心理咨询。如果研究导致对被研究者的伤害，必须提供医疗条件。

（6）研究者应保证随时随地向被研究者解答各种与研究有关的问题。

（7）告知被研究者有随时中止研究行为的权利。

结合当前现实的社会心理学研究情况，研究过程中更需要注重的是提高研究者的素质和水平，一方面要保证客观公正、实事求是地收集资料；另一方面也要保护被研究者的利益不受侵害，使社会心理学的研究工作能够顺利开展。

（四）知情同意

知情同意有两层内涵：知情和知情基础上的同意。

（1）知情，就是在参与者参加实验之前，研究者有义务尽可能多地把有关研究的信息告诉参与者，让参与者了解研究的目的，知道研究的步骤、潜在的风险或利益。

（2）知情基础上的同意，就是研究必须遵循参与者自愿参加的原则，允许参与者在得到足够信息的基础上为自己做出决定，参与者有权利同意或拒绝参加研究。同时，研究必须遵循自由终止原则。当参与者对研究出现不良反应，意识到研究对自己不利，或对研究不再有兴趣时，参与者有权利在任何时间退出实验而不受任何惩罚。

总之，在任何情况下，参与者都不应该在被迫的条件下参加研究。在知情同意的前提下，研究者需要与参与者签署“知情同意书”。知情同意是一项基本的伦理道德准则，但是，它有时会给社会心理学研究带来麻烦。为了避免被研究者偏差，研究者有时需要向参与者隐瞒研究的真正目的。一方面，研究者应该对参与者诚实；另一方面，研究者必须保证参与者不会因为了解到实验的真实目的和性质而影响他们在实验中的表现，这的确是一个两难问题。

（五）最小风险

最小风险是指在研究设计和研究过程中，研究者必须评估研究本身对参与者的可能伤害，且把这种潜在伤害降至最低，进而保护参与者不受心理和生理的伤害。最小风险意味着参与研究可能会遇到的风险不能比日常生活中遇到的风险更大。只有在最大限度地考虑了参与者个人利益时，一项研究才可以付诸实施。

在社会心理学研究中，参与者的隐私权必须受到尊重和保护，保证参与者匿名参与研究。在出版或发表研究成果时，不能透露任何参与者的个人身份和个人资料。在研究一些敏感问题时，例如性行为、隐私情况、宗教信仰等，研究者必须保证参与者有保留这些信息的权利，如果参与者自愿透露这些信息，研究者必须严格为其保密。

（六）事后说明

事后说明是在研究结束时，研究者有义务向参与者解释和说明研究目的和研究步骤的一些细节，必须给参与者提出问题并表达情感的机会，在必要的情况下需要做充分的说明，在以维护参与者的个人权利。

在线自测

扫一扫 练一练

第三章　社会化

本章提要

社会化是指个体在特定的社会文化环境中学习和掌握知识、技能、语言、规范、价值观等行为方式和人格特征，它是个体从自然人向社会人的转变过程。人们通过基本社会化、预期社会化、初级社会化、再社会化等，不断习得社会角色，内化价值标准，适应社会生活。同时，人们通过道德社会化、政治社会化、法律社会化、性别角色社会化等不断内化社会文化和社会规范，通过相应的角色习得和角色扮演成为良好公民。

引导案例

数字反哺社会化

反哺社会化是指由年轻一代将知识文化传递给他们的前辈的文化传承模式。文化反哺是对传统代际关系的一次前所未有的颠覆，它将社会中原本的教化者与被教化者的关系颠倒过来①。未成年人由于自幼身处信息化环境当中，接收和学习互联网新技能的能力天然强于长辈，因而，数字反哺在代际经常发生，在互联网使用过程中未成年人向长辈传授数字知识经验已成为普遍现象。

2023 年，我国 60 岁及以上老年网民规模达 1.2 亿，60 岁及以上老年人口互联网普及率达 45%。工信部启动“互联网应用适老化及无障碍改造专项行动”，推动涵盖新闻、社交、购物、旅游等多个方面的网站及软件进行适老化及无障碍改造。同期出台《移动互联网应用 App 适老化通用设计规范》，明确移动应用在兼顾使用场景与显示效果的同时将用户界面等进行适老化调整的通行规范。公众对于“数字反哺”的理解，多数停留于“技术反哺”层面，认为只要教会老人滑屏、点击、退出等操作即完成了帮助过程。事实上，数字时代，“数字原住民”需要帮助“数字遗民”实现文化层面的“再社会化”，例如帮助他们掌握操作的逻辑设计、共识的数字知识、流行语和表情包等“社交货币”，使老人在文化上有融入感、归属感。全社会都应共同构筑全场景的老人友好型社会，以使数字化真正成为福祉，让数字福祉与每位老人产生联结。

案例思考：

1. 如何形成全龄友好型社会，以达成数字反哺社会化的功效？
2. 如何理解不同代际的反哺社会化？

---

① 周晓虹．从颠覆、成长走向共生与契合：文化反哺的代际影响与社会意义．河北学刊，2015 (3)．

3. 社会心理学中的文化反哺现象带来哪些社会变迁？

第一节　社会化的含义

社会化属于心理学取向的社会心理学和社会学取向的社会心理学共同研究的课题。不同的是，由于研究者知识背景和研究角度的差异，社会学者多倾向于进行经验性分析，研究社会是怎样将个体培养成为社会成员的，而心理学者多倾向于采用实证的方法，从个体的角度对社会化予以定义和研究。

一、社会化定义

对于社会化（socialization）的定义，社会心理学家曾从不同的角度进行了界定。弗洛姆（E. Fromm）认为，社会化是引导社会成员去做那些要想使社会正常延续就必须做的事，是使社会和文化得到延续的手段。维特根斯坦（L. J. Wittgenstein）指出，没有任何一个儿童是在完全的真空状态中成长起来的。从出生起，个体就被各式各样的人物和事件所包围，而这些人和事可以塑造个体对世界的认知，个体意识到他所属的社会的各种价值并把它们都吸收的过程，一般就称为社会化。安德烈耶娃认为，社会化是一个两方面的过程，一方面是个体通过加入社会环境和社会关系进而系统掌握社会经验的过程，另一方面是个体对社会关系系统的积极再现过程。霍兰德在《社会心理学的原则与方法》一书中的解释是，一个婴儿是带着繁多的行为潜能来到人世间的，这些行为的发展有赖于各种复杂因素的相互联系，包括与他人的相互作用。儿童在人类社会成长的过程中，学会了抑制某些冲动，并被鼓励获得在特定社会环境中的人所具有的一切特征和价值，这一过程叫作社会化。社会化是作为获得特有的人类特征的手段而开始的，而这些特征的获得，仅仅存在于人们与他人的接触之中。因而，人类社会化的过程，也是人们适应社会生活，成为社会人的过程。

对于社会化的概念，我国社会心理学者也提出了相应的看法。一般认为，社会化是人在主客观因素相互作用中形成自己个性的过程，是人能动地参与社会生活，吸收社会价值文化，发展、丰富自己个性的过程。为此，社会心理学者从两种不同的角度对社会化进行了讨论。沈德灿从个体发展的角度指出，社会化是自然人变成社会人的过程；时蓉华从社会文化传承角度把社会化看成“文化的继承”，是使社会发挥维持与继承的作用；陈元晖提出“濡化”，认为社会化不是直接起作用的，而是以人类长期积累的文化为中介起作用的。

从上述观点可以看出：第一，社会化是个体学习技能、知识、价值、动机以及在社会群体中应该扮演的角色的过程，它使个体知道社会或群体对个人有哪些期待，规定了哪些行为规范；第二，社会化是使个体逐步具备实现这些期待的条件，并自觉地以社会或群体的行为规范来指导和约束自己的行为，使自然人变为一个社会人；第三，社会化是使社会和文化得以继承的手段。通过以上分析，可以把社会化定义为：社会化是个体通过与社会的交互作用，适应并吸收社会文化，成为一个合格的社会成员的过程。

二、社会化内容

社会化包括的内容相当广泛，如道德社会化、政治社会化、法律社会化和性别角色社会化等。

（一）道德社会化

道德是社会调整人们之间以及个人与社会之间关系和行为规范的总和，将特定社会所肯定的道德规范逐渐内化的过程就是道德社会化。社会心理学中有关道德社会化的理论研究很多，其中最广为人接受的是由皮亚杰（J. Piaget）提出，并由科尔伯格（L. Kohlberg）进一步发展的认知发展理论。

皮亚杰是发生认识论创始人，他的道德认知发展理论采用了谈话法，在观察和实验过程中向儿童提出一些事先设计好的问题，然后分析儿童所作的回答，尤其是错误的回答，从中找出规律性内容。皮亚杰着重从儿童对规则的理解和使用，依据儿童对关于过失、偷盗、谎言等假设的实例所作的道德判断来解释儿童道德判断的发展。他发现，3 岁之前的儿童，对问题的考虑多以自我为中心，不顾规则，按照自己的想象去对待规则，这一阶段称为前道德阶段；3～7 岁的儿童从行为的效果作判断，认为道德是绝对的、固定的，价值存在于外界，在善恶的价值判断上以外在和客观为标准，并不探求其动机，这一阶段被称为他律道德阶段；在 9～10 岁的时候，儿童开始认识到道德不是外在的东西，规则是人为制定的，是可以随着条件而变化的，并进一步理解在道德的背后有更大的根本原则，因此儿童常以背后的动机来判断行为的是非，知道善恶不是绝对的，开始进入道德主观论阶段。

科尔伯格在皮亚杰道德理论的基础上提出了“道德发展阶段论”，他把儿童道德发展划分为 3 个水平 6 个阶段。

（1）前习俗水平。可以分为两阶段：第一阶段是惩罚与服从的定向阶段，这一阶段的儿童认为规则是权威制定的，对规则无条件地服从，认为受到赞扬的行为就是好的，受到惩罚的行为就是坏的。第二阶段是朴素的工具享乐主义阶段，这一阶段的儿童意识到规则不是绝对的，在具体的个人主义意义上，所谓对错是相对的，正确的行为应该是满足自我需要和进而满足他人需要的行为。

（2）习俗水平。这一水平上的道德价值存在于扮演一定的社会角色，顺从现有的社会秩序，并且实现他人对自己的角色期望。与前习俗水平的不同在于，习俗水平的儿童更加关心社会赞许，关心对人、团体和权威的忠诚，关心他人和社会的福利。习俗水平可分为第三阶段和第四阶段，第三阶段是好孩子定向阶段，第四阶段是维护权威和社会秩序定向阶段。大多数青少年和成人处于第四阶段。

（3）后习俗水平。这一水平又可分为社会契约的定向阶段和普遍性的道德原则定向阶段。达到社会契约的定向阶段后，个体看待法律更加灵活，认为法律如果不符合人们的需求，可以通过共同协商的方式加以改变。而进入普遍性的道德原则定向阶段后，个体不仅倾向于实际上已经颁布的社会规则，而且涉及诉诸逻辑的普遍性和一致性的选择原则，即倾向于以良心作为一种评判力量，并相互尊重和信任。

在中国，传统道德社会化的主要途径是“家教”和“尚贤”。在传统社会中，家教既为个人一生的道德社会化打下了良好的基础，又贯穿于道德社会化的整个过程中。它的内容主要是以“孝”为核心，包括：尚勤俭、戒奢侈，尚谦逊、戒浮躁。家教从个体幼年就开始实施，注重习惯的培养，利用亲子关系加深道德情感，始于家庭，移于社会。“尚贤”是中国古代社会倡导和实施的一项整治措施，是指国家提倡尊重贤人，推举、选拔、任用贤人，实行贤人治国。它对中国传统道德社会化有着不可忽视的影响，对于明确社会成员的角色及其相应的权利义务和道德要求，利用社会舆论和奖惩措施实现社会尊师重教起着重要的作用。

（二）政治社会化

政治社会化是个体逐步接受与获取被现有政治制度所肯定和实行的政治行为取向与行为模式的发展过程，也是个体的政治态度和政治信念形成的过程。政治社会化是使自然人变成政治人的过程，其目的是将个人培养和训练成为遵守政府规定、服从国家法律、行使正当权利、承担应尽义务、促进政治稳定的合格公民。

政治社会化是一般社会化的核心。任何一个社会或政府都非常关注其成员政治社会化的程度，这关系到该社会或政府的稳定、巩固与发展。因此，社会心理学、社会学、政治学均对此十分关注，其中心理学家比较注重人的政治意识形成的心理过程、人的发展与政治行为之间的重要联系等。

国家意识或爱国情操的培养是公民的政治态度与政治意识发展的重要部分。一般而言，儿童的国家意识依赖于三个连续阶段的逐渐发展。第一个阶段是国家象征期，这一时期儿童以国旗、国歌或国家领袖为具体的国家象征，升国旗、唱国歌是培养儿童国家意识的途径；第二个阶段是抽象国家观念期，这一时期儿童以有关国家、政治群体的抽象观念作为爱国的根据，儿童通过他们自己或家庭所享有的公民权利、履行的社会责任、参加的各种社会活动来培养国家意识；第三个阶段是国际组织系统期，随着年龄增长，儿童逐渐知道世界由许多国家所组成，他们所在的国家是国际关系中的一员，其爱国观念扩展到自己所在国家在国际上所承担的职责中，不再局限于自己所在的国家。

当然，政治社会化的过程并不是单向的，而是双向的。个体在政治社会化的过程中会通过自己的主观能动作用，整合社会的各种政治观点，接受社会的政治改造，同时反作用于社会政治，这也是政治社会化的实质所在。

（三）法律社会化

法律社会化是关于法律信仰的形成、法律准则规范的内部化及法律遵从行为等方面问题的社会化过程。

关于法律社会化的研究最初是在政治社会化和道德社会化的研究领域里进行的。从20世纪60年代末开始，法律社会化的研究才逐渐从这两个领域里分化出来。对法律社会化研究最具代表性的人物要首推塔普（J. Tapp），他最先提出了“法律社会化”这一术语，并采用提出一组关于规则本质的开放式问题，对儿童和青少年的法律推理能力发展作了大量的研究，得出了法律社会化发展的三阶段结论。

第一阶段为先习俗阶段。这一阶段关键在于服从，其特征为法律防止具体的身体伤害并被视作限制行动的要求；遵从避免惩罚的原则，权力被看作最终的指针，法律被视为一成不变的。

第二阶段为习俗阶段。这一阶段关键在于维持规则，其特征为法律限制坏的，保护弱者，维持社会秩序；规则被视为促进社会秩序的整体系统，是行动的指南。

第三阶段为后习俗阶段。这一阶段关键在于制造规则，其特征为人们被看作是自我调节和管理的，法律不同于道德原则，法律的功能是达到社会福利的理性目的，服从是基于理性决定，并达到功利目的，行动由正义感引导，法律可以因为使用目的或不公正而被改变。

继塔普之后，霍根（R. Hogan）也根据自己的研究得出了与塔普相似的结论，认为法律社会化包括对规则的遵从、对社会期望的敏感和他人生活的关心、观念的成熟。

（四）性别角色社会化

社会角色是指社会群体对处于某一特定地位上的个人所规定的一套行为模式。性别差异不仅表现为不同的生理特征，而且表现为不同的社会特征。在不同的社会和文化背景中，人们对不同性别有着不同的角色期待，而个人学习自己所属文化所规定的性别角色的过程即为性别角色社会化。

对于性别角色及其差异，弗洛伊德的理论核心是无意识和本能过程，或者说是由于男女两性所具有的不同生理解剖结构而决定的心理成熟过程。文化人类学家米德（M. Mead）认为性别角色社会化基本是随文化而显示差异的。20 世纪 30 年代，米德对新几内亚的三个部落进行观察，写成了《三个原始部落的性别与气质》一书，并发现在阿沛什的部落中，男女都有一种一般人看来是属于女性特征的个性，他们性格温和，待人热情，强烈反对侵犯、竞争和占有欲，男女都照看孩子[①]。与此相反，邻近的一个部落里的男女凶暴，并富有攻击性，女人们很少表现出母亲的特征，她们害怕怀孕，不喜欢带孩子。第三个部落与前两个部落不同，这个部落里的男女性别角色差异明显，但与通常的性别角色行为截然相反。女人专横跋扈、不戴饰物、精力旺盛，是家庭经济的主要支柱；男人却喜爱艺术，富于情感和具有依赖性。由此米德指出，两性人格的许多方面极少与性别差异本身有关，就像社会在一定时期内所规定的男女的服饰、举止等与生理性别无关一样[②]。他认为，所谓男性气质与女性气质的观念是非常文化取向的，是通过各种文化中的性别行为模式的学习、模仿和认同后形成的，而并非无可抹灭的天性。可以发现，文化人类学家一般是用功能主义的观点来解释性别角色社会化，认为性别角色的社会化是为了保持某种特定的生活方式所不可缺少的。

心理学家们提出以“能动性”和“合群性”来解释性别角色社会化，认为“能动性”和“合群性”能代表所有的生存形态。“能动性”将有机体描述为一个在自我保护、自作主张和自我扩张中表现自己的个体。“合群性”将有机体描述为一个在与更大的集团关系中，在与别人的合作产生的感情中表现自己的个体。“合群性”是女性的特征，“能动性”则成了男性的特征。性别角色的分化就是迫使男孩子培养能动性品质，鼓励女孩子培养合群性品质。此外，以行为主义为基础的“性别定型说”和以发生认识论为基础的“自我归

① 玛格丽特·米德．三个原始部落的性别与气质．宋践，等译．杭州：浙江人民出版社，1988.

② 玛格丽特·米德．心灵、自我与社会．赵月瑟，译．上海：上海译文出版社，2008.

类说”认为，对男女两性的差异对待以及个体本身对符合自己的性别角色模式的归类认同是性别角色社会化的关键。

三、生命历程中的社会化

个体的社会化并不会在某个特定的年龄结束，而是展现毕生发展的特点，是持续终生的过程。根据人的发展周期以及各个发展阶段的特点，可以把这一历程分为儿童期、青春期与青年期、成年期。

（一）儿童期社会化

儿童期社会化也被称为基本社会化，是指个体在儿童期学习生活知识、语言，培养认知能力，掌握行为规范，建立感情联系，确立道德及价值判断标准的过程。

个体的社会化从出生就已经开始了。新生的婴儿生理机能并不完备，心理活动处于萌芽阶段，但在新生儿阶段，父母对其基本生物需求的满足已经响应了婴儿的情感需求。3月龄的婴儿就能辨认出人的面貌，此阶段他必须开始发出和接受强烈的情感信息。到12～18个月时，儿童对外部世界产生兴趣。随着语言的发展和对符号的理解，儿童的自我概念开始逐步发展，从此时开始的社会化过程对个体意义重大。3～6岁期间，儿童开始形成最初的人格倾向，这一时期的儿童心理活动带有明显的具体形象性，抽象概括能力还比较低。而到了学龄初期，儿童社会化发生了质的转变，学校使儿童的身心得到了家庭之外的集体锻炼，儿童社会化有更强的目的性和系统性，儿童的心理向更加抽象的逻辑思维过渡。

（二）青春期与青年期社会化

大量青少年期的社会化是以预期社会化的形式出现的，预期社会化是为未来角色及未来社会生活做准备的社会学习过程。尽管预期社会化跨越了整个生命周期，但预演未来的成人角色在青少年身上表现得特别明显。

青春期是一个敏感期，处于该阶段的个体在身体与思想方面都会发生戏剧般的变化，同时他们的社会地位和角色等也会有新的变化，个体需要努力地学习以适应这些变化。在现代社会中，这一时期的个体不仅受到家庭的影响，更多的影响是来自学校与同辈群体。与儿童期相比，该时期个体的抽象思维能力得到了充分的发展，同时个体也能在更大程度上采纳别人的意见，逐渐学会自觉地评价自己的人格，其自我意识得到进一步发展。但是个体的世界观依然是高度可变的，常常过分在意他人对自己的评价，容易在唯我主义和自卑之间徘徊。尽管青年期属于青春期与成人期之间一个不明朗的时期，但此阶段的个体生理上已经成熟，世界观初步形成，人格发展也接近定型，各方面的知识技能日趋完善，生活的范围更加扩大。不过也有研究表明，当前青年期个体越来越推迟了在心理上与经济上独立的时间。

（三）成年期的社会化

进入成年期以后，所谓的初级社会化，即在一个人的早期阶段为各种成人生活角色所作的基本准备（包括基本社会化和预期社会化）已经完成，个体的自我已经发展起来，但是个体的人格依然在成长变化。社会生活是不断发展变化的，个体将随环境和自身状况的变化继续学习社会知识、价值观念与行为规范，接受新的期待和要求，承担新的责任、义务和角色，以适应这些新的挑战。这一过程称为继续社会化或发展社会化。

在这一过程中，个体不断地选择、学习与尝试各种社会角色，对现行角色进行重新定义与再创造，其生活与事业将趋于稳定，心理上也更加成熟。而到了成人晚期或老年期，个体必须调整自己，以面对声望的降低、身体的衰老以及死亡等。这一时期，个体将不断调适自己与他人的关系、完善自己的人格、适应新的社会角色，并力求达到一个平和的心境，正确地面对自己的过去和将来，度过生命的维持期。

（四）再社会化

尽管社会化在整个生命周期都在进行，但人们所形成的人格大部分建立在初级社会化过程中所习得的未发生变化的价值观基础上，建立在当时确立的自我认同上。但是在某些情况下，青少年和成人经历着一种特殊的社会化形式，即再社会化。它使个体的生活环境或所担任的社会角色发生急剧变化。为了适应这种新的情况，个体有意将旧的价值观和行为模式等做重大调整甚至忘记，并接受新的价值观与行为。

一般来讲，再社会化有两种不同性质的基本形式：一是强制性的，即为了基本改造一个人的人格、价值观与自我认同，把个人置于管理人员的完全控制之下的地方，如监狱中对罪犯的全面改造；二是非强制性的，是个体为适应社会文化与生活方式的急剧变迁而主动进行的，如新兵入伍、移居海外等。

四、社会化方式

社会化方式可以分为有意识社会化与无意识社会化两种。有意识社会化是成年人为使儿童或青年接受某些规范与价值，依照预定的计划，采取适宜的步骤，直接教导他们。这种有意识安排的方式，通常是家长和老师分别在家庭、学校中来实现。无意识社会化是在自然的人际互动中进行的社会化，即父母、教师以及社会文化环境等对儿童或青少年潜移默化的影响。这种影响普遍存在于社会生活的各个方面，每时每刻都在发生，它对于儿童或青少年的社会化来说是必不可少的。关于社会化方式，社会交互作用观点有三种主要机制来说明。

（一）奖励与惩罚

对于人类的学习过程，桑代克（E. L. Thorndike）和斯金纳分别提出了效果律和强化理论来进行解释。桑代克认为，当某一刺激所引起的反应得到满足时，该反应联结便由此加强。反之，如果遇到的是阻挠，那么这种联结就会减弱，以后遇到相似的情境，便不容易再次出现或中止这种反应。斯金纳认为，无论是人的反应还是动物的反应，如果给予正面的强化，即某反应产生后给予奖励，则这种反应就会加强或多次出现；如果给予负面的强化，即反应产生后给予惩罚，则这种反应就会大大减弱以至停止反应。在社会化过程中，教师、家长应经常用奖励（正面强化）来肯定儿童和青少年的某些行为表现，而减少用惩罚（负面强化）来否定儿童和青少年的另一些行为表现。

（二）模仿

模仿是依据模式的示范而产生具体的行为反应。社会学家塔尔德提出社会模仿论，认为社会化的过程不外乎两个方面，即个人创造与个人同化。前者为发明，后者为模仿。塔尔德认为，社会就是由善于相互模仿的一群人组成的。班杜拉（A. Bandura）把模仿视为人类彼此间相互影响的重要方式，认为它是个体行为社会化的基本历程之一。模仿在社会生活中的必要性是毋庸置疑的。在人们的日常生活中，孩子们总是在刻意地模仿大人来讲话、穿着打扮或行动。当然，被模仿人和模仿人的特点以及模仿的模式等因素都会影响模仿行为的发生和效果。

（三）认同

认同和模仿较为相似，但是认同还包含了对于实在或象征对象的一种“视为一体”的感觉，它不受时间的限制。一般来说，认同是为了补偿心理上的不足。在成长过程中，个体发现自己在人格方面有某些欠缺，就会把周围或自己虚拟出来的人物形象作为自己的崇拜对象，在行为和思想上去模仿和趋近，并将这个人的人格特点加以吸收，成为自己的一部分。认同是将自己与另一个人或群体在感情上融为一体，它是人们社会交往活动中一种重要的心理历程。

第二节 社会化的因素

长期以来，是人类的天生本性还是后天所处的社会文化环境对于个体发展起决定性作用的争论一直备受人们的关注。尽管这场争论至今尚无定论，但是人们已经开始意识到，支配和影响个体行为发展的因素很多，而生物遗传因素以及社会文化环境因素是必不可少的。社会心理学就是从个人与社会的相互作用来研究个体行为发展的。

一、遗传因素

社会化为人类所独有，动物是谈不上社会化的。为什么人能社会化，而动物却不能呢？这是因为人类有社会化的基础，其中生物遗传是人们能成为社会人的基本前提。

遗传是父母的生理、心理特征经过受精作用传递给子女的一种生理变化的过程。它对个体的发展决定了以下三件事，即基本特征、男女性别、单胎还是复胎。具备人的遗传素质、人的生理结构、人的神经系统尤其是人脑，这是人的基本条件。没有这些因素，无论什么环境也不能培养出一个真正的社会人。克拉格（W. N. Kellogg）夫妇在 20 世纪 30 年代使一只 7 个月的黑猩猩同他们 9 个月的儿子生活在一起，使两者生活、学习环境完全相同，同样穿衣、喂食，同样练习站立、行走、开门、用杯、用匙、坐便盆，并给予同样的关心和爱护。历时 8 个月，当孩子已经学会说 20 多个单词的时候，黑猩猩只能听懂指示命令做出喝水、坐下、开门等 70 多个动作，却无法讲话。20 世纪 60 年代，加德纳（R. A. Gardner）夫妇教 1 岁的黑猩猩学习美国聋哑人所用手势语，3 年时间黑猩猩学会 85 个手势符号，然而始终未能学会像人那样用连贯的手势表达完整的意思。黑猩猩始终未能学会使用人类抽象语言符号的事实表明，无论什么样的环境教育也不能超出种族遗传所提供的范围。尽管很少有科学家认为人类的行为完全由遗传基因单独决定，但是许多社会生物学家却坚信，大量的人类行为是有机体的后果，人类基因包含了大量的信息，这些信息就是一种程式，它同时也规定了人类的社会行为。

相对于动物而言，人类具有较强的学习能力、逻辑推理能力和语言能力，这些因素使人类文化的传承和创新成为可能。同时人类还有较长的依赖生活期，这是人类能够接受广泛而深入的社会化的重要条件，也是个体与他人和社会总体建立终生的社会和情感联系的重要时期。毋庸置疑，遗传因素是人社会化的潜在基础和自然前提。从生物学的意义上讲，正是由于有一种由上代为下代提供的有利于人类从事社会活动的特殊遗传素质，才为人的社会化奠定了生物学上的基础。但是，只有这种生物学的基础，人是不能完成社会化的，人类社会化还受到社会环境因素的影响。

二、社会环境因素

研究者不同程度地说明了遗传因素对行为的作用，然而即使是遗传基因完全相同的同卵双生子间也存在行为差异，可见文化及环境因素对个体行为的影响也是不容置疑的事实。近现代以来，无数人类学家、社会学家、社会心理学家的研究都证明了社会文化和社会环境因素对个人成长的不可或缺性。

（一）社会文化

对文化的解释始于人类学，之后社会学和社会心理学也有涉足。对文化最早的定义来自 19 世纪末人类学家泰勒（E. B. Tylor）。他认为，文化或文明，从一般民族学的意义上看，是一个复合的整体，包括知识、信仰、艺术、道德、法律、风俗，以及社会成员的每一分子所获得的一切技能和习性。在泰勒之后，文化人类学家林顿（B. Linton）在《文化人类学入门》一书中把文化概括为“社会的全部生活方式”，并指出，一种文化是习得的行为和各种行为结果的综合体，构成文化的各种要素是为一定社会成员所共有的。林顿认为文化既是行为模式，又通过行为结果表现在文化遗产中。文化人类学家马林诺夫斯基（B. K. Malinowski）在《文化的科学理论》中认为，文化是完整的全部，其中包括具体物（使用的器皿和生活消费品）和无形的思想（信仰、习惯、制度等）。本尼迪克特（R. E. Benedict）在《文化的类型》中则直接把文化规定为“类型”，他认为一种文化正如一个人一样，是一种思想与行为都一致的类型或整体。

通过以上论述，可以看出，文化人类学把文化规定为人类行为的一种模式，一个思想与行为相一致的完整的综合体。而在社会心理学中，文化是一个广义的概念，它不仅包括文学、艺术、教育、科学等精神财富，而且包括社会的政治、经济、宗教、风俗、习惯、传统及生产力水平等，它是人们在长期的社会生活中凝聚起来的生活方式和行为方式的总体。

各个社会的文化是社会整体性的产物，其具有如下特征：

（1）文化具有普遍性和共享性。文化一经产生就陶冶每一个社会成员，渗透在人们的日常生活中，成为社会环境背后的一种深层力量，深刻地影响着该文化模式中的个体和群体，使人们的思想、观念、心理、行为与生活实践自然地符合它的要求与准则。

（2）文化是后天习得的。婴儿在出生时，并不具备社会行动所要求的文化价值、信仰和规范。这些内容均是在个体的成长过程中，经过不同方式的教与学才具备的。一个人生长在群体里，并从其中学习自己群体的文化。

(3) 文化是以象征符号为基础的。文化的传播需要一种浓缩了的表达方式，使之更容易为人们记忆和学习。这种表达方式被人类学家称为“象征”，文字就是这些象征符号中最典型的一种。象征是一种语言，也是一种浓缩了的历史和知识。

(4) 文化具有整合性。文化是一个民族的历史产物，是联结民族群体的社会纽带。文化带着它对一个民族的生存发展所作贡献而激发的情感因素，以价值观念形态积淀于民族心理意识之中，得以世代相传，并在实际生活中发挥程度不同、功能不一的社会效应。

（二）家庭

自有人类历史以来，最重要的社会化群体就是家庭。首先，儿童时期是人一生社会化的关键期。儿童时期的智力水平、个性特征、社会品质的形成和发展对后来的社会化有着举足轻重的影响。其次，儿童时期在生理和心理上对家庭的依赖是一生中最强烈的时期。父母是孩子的第一任老师，对儿童有着足够的权威和支配作用，这一时期儿童的绝大部分时间是在家庭中度过的。再次，家庭是社会结构中的一个基本单位，各种社会关系通过家庭这个中介反射到儿童身上。因为家庭是一个小的初级群体，其成员之间有大量的面对面的接触机会，父母的生活态度、行为方式及其他可能存在的与家庭相关的社会关系等都会在潜移默化中传授给儿童，构成儿童社会化内容的一部分。

家庭中影响个体社会化的因素很多。由于父母与子女的关系是一种以抚养为纽带的情感关系，家庭及父母在促使儿童社会化中发挥一种巨大的权威性影响作用，因此各种家庭因素，诸如父母的文化素养、家庭教养方式、家庭气氛、父母的表率等都不同程度地影响着儿童的社会化。

根据勒温的理论可以发现，家长不同的教养方式对儿童的人格、行为发展有不同的影响：(1) 宠爱型。这种教养方式下的儿童长大后在人格上多表现为依赖性强、遇事退缩、缺乏同情、情绪不稳定、自制能力和自信心差，易受别人意见的左右。(2) 放任型。采取这种教养方式不能使儿童形成是非观念，儿童缺乏教养，因而以后很难适应集体生活。(3) 专制型。这类家庭出身的儿童在性格上多表现为诚实、礼貌、细心、负责任，但在其他方面却表现出羞怯、自卑、敏感、对人趋从。(4) 民主型。这类家庭出身的儿童在性格上多表现为自立、自信，能主动解决自己的困难，情绪稳定，易理解他人。

家庭气氛对儿童个性的形成也具有重要影响。气氛宁静和谐的家庭，其成员之间互敬互爱、和睦相处，会使儿童感到安全愉快、信心十足，这是儿童顺利实现社会化的最好条件。而气氛紧张的家庭，则使儿童经常在激烈的冲突、无休止的争吵中生活，长期处于提心吊胆、极度不安的状态，容易形成忧郁、不信任感和情绪不安的个性特征。

虽然家庭在个体最初社会化过程中占据着主导地位，然而并不是所有的家庭都是有效的社会化主体。由于父母很少经过明确训练对孩子进行社会化，再加上现代社会的父母工作繁忙，与孩子面对面接触的时间大为减少，因此家庭以外的社会化主体影响巨大。

（三）学校

学校是家庭以外最主要的儿童社会化主体。学校是有计划、有组织、有目的地向社会成员传授知识、技能、价值标准、社会规范的专门机构。当儿童进入学龄期以后，学校的影响逐渐上升到首要地位，成为最重要的社会化因素。首先，学校作为一个重要的社会化机构，其首要作用是进行系统教育。除了传授各种知识、技能外，学校提供的信息、概念和各种活动对培养儿童的政治意识、政治态度也起着相当重要的作用。通过正规的学校教育，儿童获得在社会和文化传统中生活所需要的技能和态度。其次，学校的重要作用还表现在它具有独特的结构。儿童在入学以前，主要是与家人交往。步入学校后，儿童才真正初步接触到社会。因为每个学校实际上是一个小社会，有其独立的地位、亚文化、价值标准和规范。儿童在学校里扮演着学生、同学、朋友等社会角色，接受学校纪律的约束，学习各种规范，所有这些都为他们将来进入成人世界奠定基础。

（四）同辈群体

当儿童进入学校以后，他们就开始全面接触同辈群体。同辈群体是一个由地位、年龄、兴趣、爱好、价值观等大体相同或相近的人组成的关系亲密的非正式群体。

同辈群体是一个独特的、极其重要的社会化因素，尤其在个体进入青春期后，同辈群体的影响日趋重要，甚至在某些方面远远超过父母和家庭其他成员的影响，因为家庭里的成员资格是被归属的，而同辈群体的互动是自愿的。同辈群体给儿童提供了一个新的活动天地和适合他们心理适应及发展的小环境，对儿童身份多样化的发展贡献很大。儿童通过与同辈群体的互动学习到朋友的角色，这与自我有很大差别。同辈群体以及其他家庭以外的人际关系帮助儿童建立独立性，这都是由同辈群体和这一时期个体身心变化的特点所决定的。

同辈群体作为一种特殊的社会化因素具有以下几个特点：首先，同辈群体是一种非正式群体，它为个体提供了一个可以自由选择互动对象的场所。个体可以自由组合和自由选择，并在平等的基础上与同伴交往。这使其成员产生较高的心理认同感。其次，同辈群体成员之间在兴趣、爱好上相近，并根据自己的意愿来安排活动内容，极少带有强制的性质。再次，同辈群体有自己的一套行为规范、价值准则，群体成员有自己心目中的榜样，甚至在发式、服装上都有一致或相近的要求。由于同辈群体成员的年龄、兴趣、爱好相近，成员间的地位平等，他们可以相互倾吐不愿向成年人暴露的思想、看法、情感和观念。同时，每个成员在群体中可以自由充分地表现自己。这些都使其在心理上得到极大的满足。

（五）大众传媒

大众传媒是将信息传达到广大人群之中并对其产生影响的传播方式。在现代社会，大众传媒在社会化中起着极其重要的作用。在大众传媒出现之前，信息传递缓慢，主要依赖口头传达。随着网络世界的开启，大众传媒迅速地向人们提供有关社会事件和社会变革的信息，还向人们提供各种不同的角色模式、角色评价、价值标准和行为规范，对个体社会化起着潜移默化的作用。

在高度信息化的时代，网络作为一种特殊的大众传媒，以其特有的方式与丰富的内容向人们展示出一个全新的虚拟世界。网络所特有的广泛性、开放性与即时性对人们的教育、生活方式与价值观念产生了深刻影响，迅速拓展了原有社会化的环境空间。网络对个体社会化（主要是青少年社会化）的影响主要表现在：个体可通过网络学习文化知识，掌握生活技能，尤其是网校的开设为个体知识技能的提高提供了极大的便利；网络所创设的虚拟世界为青少年提供了扮演多种社会角色的实践空间，有助于其对不同角色的领悟与理解；网络的匿名性提高了个体接受社会化的自主性，有助于个体个性的培养以及独立自主意识的提高。

但是，网络同样是一把双刃剑，它在给社会化过程带来无数便利的同时，也给青少年的社会化带来了许多隐患。首先，网络中充斥着暴力与色情的垃圾信息，对青少年社会化产生极大威胁；其次，网络世界的非现实性会让一些青少年沉迷在这个虚拟的世界中，造成部分青少年对现实社会的认同危机；再次，网络传播信息的异质性容易导致青少年认知偏差，不利于青少年健康人格的培养。

第三节 社会化理论

社会化是社会学家和社会心理学家共同关注的课题，在关于社会化的理论构建中，社会学家和社会心理学家都作出了很大的贡献。就社会心理学领域来讲，可以把众多理论分为五大派别：一是从本能与动机的取向着手，即精神分析学说，由弗洛伊德首创，当代以埃里克森（E. H. Erikson）为代表；二是从认知取向着手，即认识发展论，以皮亚杰为首，当代以科尔伯格为代表；三是强调环境作用的行为主义观点，以华生（J. B. Watson）为首，当代以班杜拉为代表；四是强调互动本身的符号互动论观点，以米德为首，当代以科赛洛（W. A. Corsaro）为代表；五是强调先天遗传的生物因素的影响，其中主要包括正常成熟论及群体社会化理论。

一、精神分析学说的观点

（一）弗洛伊德的观点

弗洛伊德是心理分析的奠基人，是人类行为研究领域的一个关键人物。他强调个体与社会之间的冲突，强调生理基础与情感在个体社会化过程中的作用。弗洛伊德认为，人类大量的心理活动产生于无意识领域，这是意识与理性难以进入的区域。按照弗洛伊德的观点，人格是由称为本我（id）、自我（ego）、超我（superego）三个部分组成的整体，人的社会化过程就是由这三部分的交互作用所决定的。

（1）本我。本我是人格结构中最原始的部分，其成分是与生俱来的，自我与超我是由本我逐渐分化来的。本我包括一些本能性的冲动，其中又以性冲动和侵犯冲动为主。本我受“唯乐原则”支配，它所支配的行为不受道德规范的约束，甚至是在潜意识之中进行的。

（2）自我。自我是在本我发展过程中与周围的现实世界相互接触，从而在适应现实环境过程中形成的。它受“现实原则”支配。自我介于本我与超我之间，其主要功能包括获得基本需要的满足，以维持个体的生命；调节本我的需要，以符合现实环境的条件；管理不为超我所接受的冲动；调节本我与超我的冲突。

（3）超我。超我是个人在社会化的过程中将社会规范、道德标准、价值判断，即“应该如何”“必须如何”等内化的结果，也就是平常所说的“良心”“理性”。它遵循“道德原则”，评价是非善恶。其主要功能包括管制社会所不容的原始冲动；诱导自我，使其能以合乎社会规范的目标代替较低的现实目标；使个人向理想人格发展。

弗洛伊德认为，如果一个人要达到心理健康，那么人格的这三个部分必须是和谐的，而社会化过程就是促使人格的三个部分平衡发展。他认为，婴幼儿期的生活经验是构成个体人格的主要因素，也是社会化的最重要阶段。童年期的社会化奠定了个人一生发展的基础。

从理论观点来看，精神分析学说比较完整地解释了人格结构和人格发展。该理论确认了以往生活经验对以后行为的影响，因而重视行为的历史原因；同时它重视潜意识的过程，加深了对人类行为深层原因的探讨，扩大了心理学研究的范围。不过，该理论也受到不少批评，例如资料多根据个人的观察经验，缺乏实验性的量化研究；过分强调人类本能对行为的支配，忽视社会文化对个体发展的影响；强调儿童在早年社会化过程中形成的人格终其一生而不变等教条化思维等。

（二）埃里克森的观点

埃里克森深受弗洛伊德的影响，但是他修正了弗洛伊德的理论，他更关心理性的“自我”的世界。他把自我的发展分为八个阶段，每一个阶段是由“认同危机”来定义的。一个稳定的自我认同源自对这些认同危机的积极解决。

（1）婴儿期（1～1.5岁）。此阶段的危机是信任与不信任。婴儿的需求如果得到充分的满足，就会产生信任，即产生世界是安全的感受。但是如果对婴儿的照料不稳定或不充分，或者婴儿感到被拒绝，就孕育了一种基本的不信任，而这将在以后的人生发展阶段起作用。

（2）儿童早期（1.5～3岁）。此阶段要面临的是自主、怀疑和羞怯。自主意识是儿童运动技能和大脑智能发展的结果。如果父母认识到儿童需要做自己力所能及的事，并让儿童去做，这样儿童就会感到他们能够控制自我和周围的环境。此外，儿童有时会感到怀疑甚至害羞，当父母没有耐心而代替儿童去做那些他们自己能做的事情时，儿童就会强化这种怀疑意识，并且影响到他们在青春期与成人期自主意识的获得。

（3）学龄前期（3～6岁）。此阶段的儿童面临的是主动性与内疚性。儿童开始对发展其想象力与自由地参加活动感兴趣。儿童在这个时期能否发展主动性，克服内疚感，在很大程度上取决于他的父母对其主动性做出的反应。如果父母对儿童提出的问题能耐心倾听并做出回答，对他的建议给予适当的鼓励和妥善处理，儿童的主动性可得到加强。反之，如果父母对儿童提出的问题感到厌烦，或是禁止、讽刺，儿童则发展拘谨被动或内疚的人格。

（4）学龄期（6～12岁）。这时的儿童需要解决的是勤奋与自卑感。在这个时期，儿童追求各种活动成就感及由此得到的认可与赞扬。如果成年人对儿童的努力给予鼓励，儿童也从成年人那里学会学习的技巧，并经常获得成功，则有助于培养儿童进取与奋发的人格。

（5）青春期（12～18岁）。这一阶段面临的是认同与角色混淆。如何形成统一的自我、克服自我角色的混乱是这一时期所面临的任务。个体进入青春期以后，生理发生很大变化，性特征更加明显，看待世界和思考问题有了新的方法。但在这一时期个体还缺乏对世界的实际了解和自立能力，思想、情感常处于一种冲突和混乱之中。如果学校或家庭给予正确的引导，提供适当的工作或锻炼的机会，将有助于个体建立稳定的角色。反之，如果引导不当，锻炼不够，提供活动的内容和形式不当，则导致个体的自我混淆。

(6) 青年时期（18～30 岁）。这个阶段主要解决的是亲密与孤独，包括求爱和建立家庭。埃里克森指出，亲密是指个体在无须顾虑自我认同丧失的情况下去爱另一个人和关心另一个人的能力。如果一个人不能与他人亲近，他就会生活在孤独之中。

(7) 中年期（30～60 岁）。这一时期主要面临的是代际关怀与自我沉浸。中年期的人已有了丰富的人生阅历，他们的关怀开始超出自己的家庭，更加关心未来一代的成长，关心下一代将要生活于其中的社会状况，埃里克森把这种关怀称为代际关怀。

(8) 老年期（60 岁至生命终止）。这一时期的主要危机是完美与绝望。在这个最后阶段，个人的主要活动接近尾声，有了更多的时间来思考。完美的感觉来自一个人对自己一生的满足；而另一个极端是认为因自己的过去失去了一系列机会或走错了路，那么就会陷入一种悲观和失望感中，甚至感到绝望。

埃里克森认为人格的发展贯穿于人的一生，他注意到主体的自我作用与社会文化的影响，同时对人格发展的每一阶段都提出了一个具体的心理社会问题，具有很大的现实意义。然而，埃里克森的发展模型其立论多从经验观察而得，缺乏客观的科学实验根据，因而其模型很难进行实验研究。

二、认知发展论的观点

（一）皮亚杰的道德发展理论

皮亚杰提出的认知发展论关心的是人格发展的局部，即主要从认知发展角度研究人的社会化，他的贡献在于描述了儿童在不同发展阶段是如何思考的。他强调，个体在认知过程中具有一定的认知结构，在认知活动中表现出同化和顺应两种功能。同化是把环境因素加以过滤和改变而纳入现有的认知结构之中；顺应则是在现有认知结构不能同化客体时，改变或调整原有的结构而去吸收、掌握新的经验。因此，认知的发展就表现为主体和环境积极互动的过程。社会化不能理解为规范和价值从上一代向下一代简单地传递，个体本身也是他所在社会的道德法则的积极加工者。

皮亚杰特别强调儿童的道德发展，他认为，儿童的道德发展和认知发展水平是平行的，即儿童的道德判断能力随着其认知结构的变化和认知水平的提高而提高。皮亚杰把人的认知发展水平划分为四个阶段，在感知运算阶段（1.5～2 岁），儿童对世界的了解是完全通过他们的感觉器官完成的；在前运算阶段（2～7 岁），儿童学会使用和理解符号，并且第一次有了描摹客体的企图；在具体运算阶段（7～11 岁），儿童懂得如何去构想一个具体的客体，或者以不止一种方式来认识客体的类属，能够形成关于事物之间联系的概念，也开始发展从他人的位置来想象自我的能力；在形式运算阶段（11～15 岁），儿童发展了高度抽象思考的能力，可以对现实的可能性进行思考，建构理想，以及对未来进行实际的推理。

在认知发展水平研究的基础上，皮亚杰认为儿童的道德判断要经历两个发展阶段。在第一个阶段，儿童根据行为的现实后果来判断是非，道德判断服从权威，以成年人的观点为标准；在第二个阶段，儿童根据行为者的意图来判断行为是非，并且以自己的观点为道德判断的标准。皮亚杰的研究在发展心理学中形成了一个主要的思想流派，但也有人批评他的研究不系统、不科学，很难重复他的研究过程并得出相同的结论。

（二）科尔伯格的道德发展理论

科尔伯格关于人的道德发展的学说是当前最有影响的学说。他设计了两难故事来测定儿童的道德判断水平。

在科尔伯格设计的两难故事中，最为典型的就是“海因茨偷药”的故事：海因茨的妻子患了癌症，生命垂危，医生认为只有一种药能救她，那就是城里一位药剂师发明的一种新药。但制造这种药要花很多钱，并且药剂师索价为成本的十倍。海因茨四处借钱，才只够药费的一半。他恳求药剂师便宜一点卖给他，或者允许赊账，但药剂师都不同意。海因茨走投无路，不得已只能去撬开了店门，为妻子偷来了药。由此，询问儿童，海因茨是否应该这么做？为什么说应该，为什么说不应该？

在这些两难故事的测试中，科尔伯格真正关心的不是对这个故事的回答，而是支持回答的推理或理由。科尔伯格认为皮亚杰道德发展的阶段划分过于笼统、简单，他在皮亚杰研究成果的基础上，把人的道德发展过程分为前习俗、习俗、后习俗三个水平共六个阶段。科尔伯格指出，这六个阶段依照次序进展，不能超越，但也并不是所有人都能达到最高水平。他认为，道德判断能力的发展除成熟因素外，还依赖于智力的发展和社会经验的获得。各个阶段之间的先后不是必然的，在前三个阶段是按顺序的，但后面三个阶段可能是平行的。

三、社会学习理论

1913 年，华生的《行为主义者心目中的心理学》一文开辟了心理学研究的新纪元。心理学研究开始将注重人的内在心理的传统转到了研究外显行为的新航道上来。社会学习理论就是在行为主义的直接影响下形成的一种社会心理学理论。

班杜拉是当代社会学习理论最著名的代表人物。他认为，儿童学会的许多行为模式都不是按照早期行为主义提出的强化与惩罚方式学到的，而是通过观察与模仿学会的。1961 年，班杜拉及其助手在斯坦福大学完成了一项著名的玩偶娃娃实验，它阐述了儿童是怎样习得攻击行为的。观察学习是班杜拉理论的核心部分，观察学习是通过观察他人（榜样）的行为而进行的简单学习。班杜拉认为，观察学习有四个过程，即注意过程、保持过程、行为再现过程、强化和动机过程。人们能够通过观察获得新知识，但不一定对这些模式进行操作，操作是由奖励和惩罚控制的。对模仿的操作除了受到强化的影响，还受到个体的自我调整控制，即人们为了达到目的，还有一种内在的自我激励机制。社会学习论者把模仿的概念引进社会化研究中。强化和惩罚都可以影响儿童的模仿行为，社会化的过程正是有机体和环境交互作用的过程。

四、解释理论

符号互动论是社会学家在社会心理学领域进行的理论研究，其创立者米德通过“角色借用”的概念分析个体自我概念的发展，并进而来论述个体的社会化过程。

继米德之后，科塞洛运用符号互动论来说明个体的社会化过程。科塞洛的解释理论着眼于互动本身，认为儿童的任务就是发现社会群体（如家庭等）的共同意义。这一发现过程需要与父母、其他成人以及儿童进行交流，尤其重要的是让儿童参与到社会文化常规中去。因为这些文化常规是反复发生并且可以预测的，是日常社会生活的基础。例如打招呼的礼节、常规游戏、用餐时的礼仪等。这些社会日常惯例是人们生活的细枝末节，但是这些惯例却必不可少，它们为个体提供了安全保障感及群体归属感。

根据解释理论，个体的社会化或发展是一个再生的过程，儿童不仅学习文化，而且在日常互动中使用他们学习或发现的语言和解释技巧。当他们更熟练地进行交流并且对家庭等社会群体的共同意义理解得更多以后，他们就更深入地理解了文化。儿童就是通过互动来获得和再生文化的。因为当儿童在学校游戏或与他人交流时，他们不仅仅模仿习得的文化，并且运用已有的知识创造属于他们自己的独特的同辈群体文化。

五、正常成熟论

该理论是由美国心理学家格塞尔（B. Gessell）等提出来的，他认为，人的社会化并不单纯是由社会规范、社会压力等外部力量塑造的，而是一个相对独立的自然成熟过程。成熟是由基因引起并指导器官形成与动作模式有序扩展的过程。人类的生命从单个的极小细胞开始，细胞集中起来形成有机体的不同部分，它们遵循一种规则有秩序地发展。当然，格塞尔并未完全否定环境的作用。他提出儿童需要一个好的环境以保证其天赋的顺利实现，不过，当环境因素支持、改变和控制成长时，它并不导致发展的根本进步，这些进步来自内部。格塞尔认为儿童是按阶段和自然的程序成熟的，人的能力包括道德都受成长规律支配。正常成熟论非常推崇遗传因素，因而也受到人们的批评，认为其常模包含太多的一致性，人们无法知道在任何特定年龄到底可以期待有多少差异，同时可能缺乏对文化因素的考量。

六、群体社会化理论

在儿童社会化研究领域中，人们一向认为，家庭是儿童社会化的重要动因。20 世纪 80 年代初，心理学家麦科比（E. Maccoby）以翔实的研究资料为依据，提出“父母对孩子的影响可能很小”，但这一观点当时并未引起人们的注意。1995 年，哈里斯（J. R. Harris）首次提出“群体社会化理论”，并否定家庭环境影响的重要性，而主要描述家庭外的社会化过程。他认为，影响个体发展的因素可以简化为：遗传＋环境，只不过这里的遗传因素可以解释成人之间人格差异的 50％左右的原因，其余的可以由社会环境，即哈里斯所特指的儿童期与青春期的同辈群体来解释。

哈里斯的群体社会化理论的一个中心假设是：社会化是一种高度依赖背景的学习形式，儿童分别学习如何在家庭内与家庭外行为表现。家庭外社会化主要是一种群体过程，发生于儿童期与青春期的同辈群体中。群体内的同化作用传递了文化规范，使儿童与他们的同辈更加相似。同时，群体内的分化作用又使得个体间的差异增长。不仅儿童之间互相影响，成人之间也互相影响，文化传递的模式不是个人对个人，而是群体对群体。哈里斯提出的群体社会化理论无疑为人类的认知与社会发展提供了一种崭新的审视角度。然而，由于他的理论在很大程度上与后天教育论针锋相对，且其理论尚处于被证实之中，因而受到了来自各方的批驳。

在线自测

扫一扫　练一练

第四章　社会角色

本章提要

社会角色是社会系统中的个体与其相匹配的社会位置相关联的行为模式，也是个体被赋予了在群体中的社会身份和基于该身份应该发挥的社会功能。每个社会角色都代表了一系列相关的社会标准，这些社会标准形成了个体应该扮演的角色，正是因为这些社会角色，人类才能完成相应的社会期望。

引导案例

角色扮演科学家能提高女孩对科学的坚持吗?

2022 年，《心理科学》发表了莎希娜（R. Shachnai）、库什尼尔（T. Kushnir）和边琳的一篇文章。研究者认为，角色扮演游戏是儿童发展的标志，儿童穿上超级英雄的斗篷、公主的裙子或科学家的白色实验外套，都能使他们开始探索各种“可能的自我”。现实生活中，儿童从 6 岁开始就已经慢慢在形成关于科学家的刻板印象，且科学家形象常常以男性为多。这些刻板印象是不利于女孩子从小形成科学梦想且把成为科学家作为自己毕生的追求的。那么，早期的角色扮演干预是否可以缩小这些科学领域的性别差距呢？这一研究将 240 名儿童（男女各半）划分为对照组和角色扮演组，发现儿童在 4～7 岁通过对积极承担榜样身份的角色扮演，可以有效提高女孩在科学领域的自我效能感，使其从儿童期建构起对女性科学家角色的渴望和期待，也使得女孩能够坚持对科学的追求。同时，塑造那些女性科学家形象有助于女孩形成早期的性别积极认同和科学追求，能够促进其追随女性科学榜样的成长之路。

案例思考：

1. 角色榜样是否真的可以改变人们的态度？
2. 角色榜样如何塑造其可得性目标？
3. 除了以上性别的角色扮演，你还能想到哪些角色扮演有助于提升积极的心理品质？

第一节　社会角色的定义与分类

人们很早就发现社会与戏剧舞台之间的内在联系，即舞台上演出的戏剧正是人类社会生活的缩影，正所谓“舞台小天地，天地大舞台”。人们发现，把社会比作舞台，把社会中的人比作舞台上的演员，不仅生动形象，而且为研究和解释人类的行为、分析社会关系和解剖社会结构提供了一种独具风格的研究方法。它使纷繁复杂、不可捉摸的社会在人们的心目中豁然清晰。将“角色”的概念从戏剧舞台用语中借用过来，引入社会心理学研究，社会角色理论于是成为社会心理学理论中的一个重要组成部分。

一、社会角色的含义

角色（role）最初是由拉丁语 rotula 派生出来的，这一概念最初在学术论著中出现是在 20 世纪 20 年代社会学家齐美尔（G. Simmel）的《论表演哲学》一文中，当时他就提到了“角色扮演”的问题。但直到 20 世纪 30 年代，“角色”一词才被专门用来谈论角色问题。在此之前，角色一直是戏剧舞台中的用语，是指演员在戏剧舞台上按照剧本的规定所扮演的某一特定人物，但人们发现现实社会和戏剧舞台之间是有内在联系的，即舞台上上演的戏剧是人类现时社会生活的缩影。莎士比亚（W. Shakespeare）在《皆大欢喜》中这样写道：“全世界是一个舞台，所有的男男女女不过是一些演员；他们都有下场的时候，也都有上场的时候，一个人一生中扮演着好几个角色。”

什么是社会角色？这个问题看似简单，但是从社会角色理论产生之日起，却一直困扰着人们。很多社会学家和社会心理学家对此都进行过专门研究，并提出了自己的看法。林顿认为“角色是地位的动力方面，个体在社会中占有与他人地位相联系的一定地位，当个体根据他在社会中所处的地位而实现自己的权利和义务时，他就扮演着相应的角色”。安德烈耶娃把角色要素分为三个方面：社会角色是社会中存在的对个体行为的期待系统，这个个体在与其他个体的相互作用中占有一定的地位；角色是占有一定地位的个体对自身的特殊期待系统，也就是说，角色是个体与其他个体相互作用的一种特殊的行为方式；角色是占有一定地位的个体的外显行为。

一般意义上，人们认为社会角色包含了角色扮演者、社会关系体系、社会地位、社会期望和行为模式五种要素，社会角色是个人在社会关系体系中处于特定社会地位并符合社会要素的一套个人行为模式。如果把角色加以划分的话，可以分为群体性角色与关系性角色。群体性角色可以是观察家庭内的各个位置与家庭群体的整体关系时的概念，关系性角色可以是从家庭关系角色来观察各个位置时的概念，如妻子与丈夫、儿子与母亲等。

因此，社会角色主要包括三重含义：社会角色是一套社会行为模式；社会角色是由人的社会地位和身份所决定的，而非自定的；社会角色是符合社会期望（社会规范、责任、义务等）的。因此，对于任何一种角色行为，只要符合上述三个特征，都可以被认为是社会角色。

二、社会角色的分类

社会上的角色是多种多样、千万变化的，有的人在某一时期内可能同时扮演着许多角色。怎样对如此纷繁复杂的社会角色进行分类呢？许多社会学家、社会心理学家从不同的角度，根据不同的标准对社会角色进行了各种各样的划分。

（一）理想角色、领悟角色和实践角色

根据角色存在形态的不同，可把角色分为理想角色、领悟角色和实践角色。

(1) 理想角色。理想角色也叫期望角色，是社会或团体对某一特定社会角色所设定的理想的规范和公认的行为模式。理想角色总是尽善尽美的，它是一种“应该如何”的观点。如教师应该为人师表，身教重于言教；医生应该救死扶伤，具有人道主义精神。理想角色可以是明文规定的，许多规章制度都体现了理想角色的本质及要求；理想角色也可以是不成文的、约定俗成的，表现于社会公德、社会习俗和社会传统等对人的各种要求和期待之中。理想角色属于社会观念形态。

(2) 领悟角色。领悟角色是个体对其所扮演的社会角色的行为模式的理解。理解角色是领悟角色的基础，但是，由于个体所处的环境不同、认识水平不同、价值观念不同、思想观念不同，不同的人对同一个角色的规范、行为模式的理解是不完全相同的。如对学生角色的理解，可以认为学生以学习为主，要博览群书，形成完备的知识体系；也可以认为学习的目的是为以后参加社会工作打好基础，提高实际能力，因此把主要精力放在参加社会实践上。所以，领悟角色属于个体观念形态。

(3) 实践角色。实践角色是个体根据自己对角色的理解而在执行角色规范的过程中所表现出来的实际行为。领悟角色是实践角色的前提和基础。但是，由于每个人的自身条件和环境条件不尽相同，因而，即使对角色有相同的理解，落实到行为时也未必相同。实践角色属于客观现实形态。

(二) 先赋角色和自致角色

凯利根据角色所占据的社会地位的取得是否经过角色扮演者主观的努力，把角色分为先赋角色和自致角色。

(1) 先赋角色。先赋角色是个人与生俱来或在成长过程中自然获得的角色，它通常建立在遗传、血缘等先天的或生物的基础之上，如性别角色以及由父子关系产生的父亲角色或儿子角色等。还有一些角色是由社会规定的，如封建社会中通过世袭制继承所形成的皇帝、公爵等角色，也属先赋角色。

(2) 自致角色。自致角色是个人通过自己的努力和活动而获得的角色。自致角色体现了个人的自主选择性。在现代社会中，一个人一生中扮演的多数角色都是自致角色，包括职业角色、家庭角色等，这些都是个人凭借自己的努力而达到的。如学生、战士、教师等都属于自致角色。

(三) 规定性角色和开放性角色

根据角色扮演者受角色规范的制约程度的不同，可将角色分为规定性角色和开放性角色。

(1) 规定性角色。规定性角色也称正式角色，是角色扮演者的行为方式和规范都有明确的规定，角色不能按照自己的理解自行其是。他们在正式场合的言谈举止、责任、权利、义务以及办事的程序都有明确的规定，应该做什么和不应该做什么都必须按照规定办。如外交官、法官等即属此类。规定性角色要求理想角色和实践角色是高度一致的。

(2) 开放性角色。开放性角色也称非正式角色，个人可以根据对自己地位和社会期望的理解，自由地履行角色行为。如父亲、朋友、非正式群体的自然领袖等都属于开放性角色。这类角色的角色行为者有很大的行为自由，有利于适应不断变化发展的社会生活。

（四）支配角色和受支配角色

根据角色和角色之间的权力与地位关系，可把角色分为支配角色和受支配角色。

具有支配他人的权力的角色是支配角色，而受他人支配的角色是受支配角色。在现实社会中，这两种角色具有下列特征：第一，在每一个受权力关系支配的群体内，作为支配角色的人和作为被支配角色的人必将形成针锋相对的非正式阵营。一般来说，作为支配角色的人总是极力维持现状以维护其既得的权力，而作为受支配角色的人必将设法改善受人约束和限制的现状以获得自己的权力。第二，这两种角色必然要建立符合自己利益的群体，各有自己的计划和目标。总之，这两种角色始终处于动态变化发展的关系之中。

（五）功利性角色和表现性角色

根据角色扮演者的最终意图，可把角色分为功利性角色和表现性角色。

（1）功利性角色。该角色行为是计算成本、讲究报酬、注重实际效益的。这种角色的价值在于利益的获得，在于行为的经济效果。生产行为和商业行为就属于此类。一个公司经理的角色行为，在于能为所属公司带来经济效益。功利性角色对社会的发展有重要的意义。

（2）表现性角色。该角色行为是不计报酬的，或虽有报酬，但不是从获得报酬出发而采取的行为模式。表现性角色，其目的不是报酬的获得，而是个人表现的满足。如艺术家表演是“自我实现”的愿望所驱使的角色行为，是对个人地位的责任感、义务感的实现。很显然，对于真正的艺术家来说，观众的掌声比票房收入更能使他获得满足感。

（六）角色的参与程度分类法

处于相同社会地位、扮演同样社会角色的个体，有的人全力以赴，竭尽所能扮演好自己的角色。戈夫曼（E. Goffman）用“角色投入”，萨宾（I. R. Sarbin）用“角色参与”来表示个体为扮演好角色所付出努力的程度。他们认为母亲为照顾孩子所表现出的献身精神令人吃惊，即便是再软弱无能的妇女，一旦她扮演母亲角色时，都会表现出不同寻常的能力。戈夫曼把这种情况称为角色的“全盘投入”，即母亲为了扮演好这个角色，全力照顾好自己的孩子；萨宾则称为“生物性参与”，即像母亲全心全意抚育子女这样的行为是生物本能使然。他认为，除了母亲角色以外，“全盘投入”或“生物性参与”还在诸如献身事业的学者、热恋中的恋人、沉迷赌博的赌徒身上出现。

第二节　角色学习、角色扮演与角色冲突

角色是处于一定社会地位的个体，依据社会的客观期望，借助自己的主观能力适应社会环境所表现出来的行为模式。从这样的角度出发能够想见，这种行为模式一方面取决于个体所处的社会地位的性质，另一方面又受到个体的心理特征和主观表演能力的影响。如果仔细探讨这种行为模式的形成能够发现，个体进入或占据一定的社会位置的过程，其实

就是相应的社会角色学习、扮演和冲突的过程。

一、角色学习

角色学习是角色扮演的基础和前提，它包括形成角色观念和学习角色技能。

（一）形成角色观念

角色观念是个体在特定的社会关系中对自己所扮演的角色的认识、态度和情感的总和。角色观念的内容包括角色地位观念、角色义务观念、角色行为观念和角色形象观念。

（1）角色地位观念，这是个体对自己所处地位的认识。

（2）角色义务观念，这是个体对自己应履行的角色义务职责的认识。每个人扮演一种角色，就要履行一定的权利和义务，角色义务观念集中地体现了角色的社会价值。一般来说，谁能履行自己的角色义务，谁就是合格的角色；谁能履行自己的角色义务，谁就是优秀的角色。

（3）角色行为观念，这是个体对自己扮演的角色的行为模式的认识。任何角色都是按照不同的行为模式去行动的，如教师的行为应端庄而有教养，法官的行为应严肃公正，等等。角色应按某一行为模式行动而角色扮演者却错误地按另一模式行动，就会发生角色混乱。

（4）角色形象观念，这是个体对自己扮演的角色所应具有的思想、品格和风格等方面的认识，也就是说在与别人的互动中，应以什么样的形象出现。

（二）学习角色技能

我们可以借用纽科姆关于自我概念形成的自闭阶段、绝对观念阶段和相互并存阶段这三个阶段划分的观点，把角色观念形成过程分为拒绝角色阶段、承认角色阶段和接受角色阶段。事实上，个人形成角色观念的过程也是个人角色学习的过程。在多数情形下，这是一个主动的过程，而不是被动的过程。只是个人的角色学习除了形成角色观念之外，还包括学习角色技能，即学习顺利完成角色扮演任务、履行角色义务和权利、塑造良好角色形象所必备的知识、智慧、能力和经验等。

事实上，对于角色学习，可以这样从总体上来理解：

（1）角色学习是综合性学习，而不是零碎片段的学习，因为角色是根据它所处的地位而由各种行为方式组合起来的一个整体，任何零碎的、片段的角色学习都可能导致角色错位、角色混乱和角色冲突。

（2）角色学习是在互动中进行的学习，没有相应的角色伴侣，没有参照个体或参照群体作为角色学习的榜样和楷模，也就很难体会角色的权利、义务和情感。因此，角色学习是在社会交往活动中实现的。

（3）角色学习是随着个人的角色的改变而进行的学习。在人的一生中，会不断地随着自身和社会环境的变化而变换自己的角色，这就需要不断地学习，以适应新的角色要求。

二、角色扮演

角色扮演是人们按照其特定的地位和所处的情境而表现出来的行为。从社会学和社会心理学的发展历史来看，许多著名的角色理论家都曾把角色扮演作为一个十分重要的内容进行过深入的探讨和研究。

米德认为，角色扮演是互动得以进行的基本条件。人与人之间之所以能够进行互动，就是因为人们能够辨认和理解他人所使用的交往符号的意义并通过角色而预知对方的反应。米德把这些基本能力称为“扮演他人角色”的能力，这是一种能够洞悉他人态度和行为意向的能力。在米德的理论体系中，这种角色扮演能力称为“心灵”，它包括理解常规姿态的能力，以及运用这一姿态去扮演他人角色的能力和想象演习各种行动方案的能力。这种被称为“心灵”的东西是在“社会过程之中、在社会互动的经验母体之中产生和发展的”。如果个体具备了这些能力，他便具备了与他人进行互动的基本条件。

在心灵基础上发展起来的自我，是能否成功地进行角色扮演的关键条件，因为自我能够传递对角色期望的认识以及角色扮演的方式。在一定程度上说，角色扮演的技巧取决于人们在互动中的自我形象。这种在互动中形成又影响着互动进行的自我形象，就是人们通常所说的角色意识。正如人们能够用符号标示环境中的其他成员一样，人们也能够像对待客体一样用符号标示自己。个体在与具体他人的互动中产生的是一种暂时的自我形象，这种自我形象不断发展，最后进入将自己确定为某一类客体的“自我观念”阶段。这时便意味着“自我”的真正形成。正是这种自我，左右着个体的角色扮演。

一个社会心理学中的经典性实验，即“斯坦福监狱实验”，让人看到了角色扮演力量带来的惊人后果。心理学家从加州的大学生志愿者中抽取 16 人，利用抽签决定他们将在模拟监狱中扮演的角色，一方为囚犯，另一方为看守，他们将在模拟监狱中度过为期两周的时间。作为囚犯的一方被蒙上眼睛、送入监狱、脱光衣服、喷洒消毒剂、穿上囚徒制服，而看守一方则 8 小时轮流值班。这些大学生一旦接受了随机分配给他们的角色之后，处于看守角色的人——原本温文尔雅的大学生变得盛气凌人，有时甚至残酷成性。看守们要求囚犯们无条件地遵守规则，否则剥夺其看书、写字或交谈的权利。后来他们甚至要求囚犯们即使错误微小，也要关禁闭或用手清洁厕所等。看守们总是构思新花招使囚犯们感到自己的卑微无力，这样几天后，囚犯们明显感到情绪抑郁、思维混乱。到了第 6 天，心理学家被迫终止了原本预计为期两周的实验。由该实验可知，角色创造了在监狱情境中行之有效的地位和权利的差别，没有人告诉参与者应该如何扮演角色，所有参与者都没有参观过真实的监狱，他们完全凭借自己的想象在扮演角色，并进行角色之间的互动。在斯坦福监狱实验中，随机分派的囚犯和看守角色彻底影响了参与者的行为。6 天的互动观察记录表明，在 25 个观察记录阶段中，囚犯多表现出被动抵抗，而看守则变得比较专横，支配一切和充满敌意。

戈夫曼在《日常生活中的自我呈现》中对角色扮演有具体而完整的论述。戈夫曼对角色扮演进行了非常具体的研究，他的理论特色就是从角色概念出发，将社会与舞台进行了广泛的比较，从而提出了“戏剧理论”①。戈夫曼几乎把现实生活的情境完全比作戏剧表演，把社会成员看作演员，着重研究角色行为的符号形式。他的研究中引入了“观众”“门面”“前台”“后台”等一系列舞台术语。“观众”是对角色扮演发生影响的其他人，

① 戈夫曼．日常生活中的自我呈现．冯钢，译．北京：北京大学出版社，2008.

“门面”由周围环境、角色扮演者的个人外貌及行为方式组成，“前台”与“后台”是根据角色在与“观众”互动中所处的位置而区分的，在“前台”，角色与“观众”发生直接互动，而在“后台”，角色所表现出来的行为虽然可能与角色的扮演有关，但通常不为“观众”所直接感知，因而可以视为角色与“观众”进行的间接互动。对于角色扮演者来说，在“前台”他要严格按照角色要求行动，而在“后台”则没有这种要求。戈夫曼的这种分析对于角色扮演显然具有较大的操作价值，但是将丰富多彩的社会生活还原为舞台上的表演，过于重视个体的主观能力在角色扮演中的作用，而且有可能造成对社会生活本质的歪曲。从该意义上来说，现有的社会学和社会心理学理论对“角色扮演”的论述离真实的社会生活情形仍有相当的距离。

三、角色紧张、角色冲突与角色转换

（一）角色丛与角色紧张

在现代社会中，一个人的角色行为不仅与他自己的社会地位或由此决定的身份相关，而且与和他互动的他人的社会地位或社会身份相关，这种相关造成了角色的多重性和复杂性。这种多重性和复杂性使得在现实的社会生活中，处于一定社会地位的个体通常不只是扮演一种角色，而是要同时扮演多种角色。众多角色集中在一个人身上，这种情况称为角色丛，也就是说，处在某一特定社会地位的人们相互之间所形成的各种角色关系的总和。例如，一个女性，在家中是妻子、母亲，在医院对于病人是医生，对于其他医生和护士是同事，在俱乐部还是成员，多种角色集中在她一个人身上，构成了一个角色丛。

在角色丛中，每个角色都有自己的一套行为规范需要履行，这样就可能出现顾此失彼的现象。如一个教师既要教好学生，又要在家中做好父亲，教育好自己的子女，这样他就会在时间和精力上感到紧张，这就是所谓的角色紧张。角色紧张是由许多角色同时对一个人提出各自的角色要求造成的。一般情况下，角色紧张是不会发生的，一方面是因为多种角色不可能同时对一个人提出各自的要求，它们的不同要求在时间上是可以被划分出来的，只要妥善安排，就可以消除角色紧张；另一方面是因为每个人都有一些生活经验，学习和训练了角色技巧，很多人都能同时或先后成功地扮演多种角色。当然，如果一个人参与的社会活动太多，超过了自己的精力和时间限度，那么角色紧张的状况就不可避免。

一个人应当建立一套什么规模的角色丛，取决于社会地位、交往范围和个人能力等多种因素。角色丛过于简单，不利于适应社会生活，也不利于个人的充分发展；角色丛过于庞大，则势必造成角色紧张。

（二）角色冲突

角色冲突是占有一定地位的个体与不相符的角色期望发生冲突的情境，也就是个体不能执行对角色提出的要求就会引起冲突的情境。也可以说，所谓角色冲突，是指角色扮演者在角色扮演中出现的心理上、行为上的不适应、不协调的状态。可将地位与角色合起来考虑角色冲突的问题，即由于个人同时与很多人建立社会关系，因而具有由各种角色所构成的“角色集”，即一组角色群。且由于按照许多标准实行地位评价，因而也具有由各种地位所构成的“地位集”，即一组地位群。因此，假如在个人所具有的“角色集（群）”和

"地位集（群）"中存在矛盾的话，那就必将会为"角色冲突"或"地位的不一致性"所困扰。

角色冲突有两种表现形式，即角色内冲突和角色间冲突。

（1）角色内冲突。角色内冲突是由于角色互动对象对同一角色抱有矛盾的角色期望而引起的冲突。角色内冲突既可来自不同类型的角色互动对象矛盾的角色期望，也可来自同一类型的角色互动对象矛盾的角色期望。同一类型甚至同一角色互动对象也可能对某一角色提出相互矛盾的角色期望，如有的丈夫既希望妻子是个贤内助，又希望她事业有成。

（2）角色间冲突。角色间冲突是由角色紧张造成的，有两方面的表现。一方面，一个角色丛中的几个角色如果同时对其提出履行角色行为的要求，就会发生角色间冲突。如一个学生，同时又是学生干部，这两个角色同时向他提出履行该角色行为的要求，比如在同一个时间，他既要上课，又要去参加会议，这就发生了角色间冲突，结果只能择其一。另一方面，当两个角色同时对一个人提出两种相反的角色行为要求时，也会引起角色间的冲突，这需要角色扮演者在这两种相反的角色行为之间做出痛苦的选择。

不论是哪一类型的角色冲突，都会妨碍人们的正常生活。虽然人们不能完全消除角色冲突，但是可以通过角色协调而使角色冲突降至最低限度。不少心理学家提出了如下缓解角色冲突的方法：

第一，角色规范化。不同社会群体和组织对不同地位的角色的权利和义务都有较明确的规定，这是现代社会体系中保护角色和避免角色冲突的有效手段。当社会体系中的角色权利和义务清楚地划分时，角色冲突就会减少到最低限度，这种对角色权利、义务的明确划分就是角色规范化。经过规范化的角色，就会要求角色按照相应规范去履行社会的角色期待。

第二，角色合并法。当一个人同时有两个以上角色并发生冲突时，在有些情况下，可以将两个矛盾的角色合二为一，发展为一个具有新观念的新角色。例如，当职业女性发生职业妇女和家庭主妇的角色冲突时，她可以加上一个经济因素的新观念，弥合这两个角色间的冲突，发展为一个既参加社会工作、获得经济收益又兼顾家庭生活的新型职业女性角色。

第三，角色层次法。此方法是要求角色持有者将两个以上相互冲突的角色的价值进行分层，也就是将这些角色按其重要程度进行排列，将最有价值的角色排在首位，依次做角色重要性的心理分类，然后选择对自己来讲最重要的角色。此分类依据是按个人需要的结构和他人期待的重要程度而定的。

（三）角色转换

每个人在日常生活中都扮演着多个角色，身兼数职使个体处于角色扮演的紧张状态，在扮演不同角色时采用不同的行为方式。承担多个角色在一定程度上有利于个体的健康和幸福感的提升，但多个角色带来的负担也不可忽视，如角色间转换会导致角色间冲突的加剧。

角色转换是一种跨越边界的活动，是在两个角色之间发生的心理上以及相关的身体上的变动。个体通过跨越角色边界退出一个角色而投入另一个角色。角色转换可分为微观角色转换和宏观角色转换。微观角色转换，也就是较为频繁并且循环发生的角色转换，如工作与家庭角色转换。而宏观角色转换则是较少发生并且常常相对持久的较大转换，如由晋升或者退休带来的角色转换。与角色转换相关的另一个概念是角色边界，这是用以划定角色范围的界限。角色边界常常具有不对称性。工作和家庭角色是职业人士所承担的最重要的两种角色，这种对工作和非工作的整合被认为有助于个体实现工作与家庭的平衡，角色边界的特征会影响工作和家庭角色的转换。

第三节 社会角色理论

社会角色理论是一种试图从人的社会角色属性解释社会心理和行为的产生、变化的社会心理学理论取向。由于社会角色理论概念体系本身接近真实生活，因而具有良好的解释能力，它不仅受到社会心理学的重视，也受到社会学、人类学、管理学、教育学等多领域研究者的高度重视。从其发展渊源上看，它的概念演化、发展和完善是多种来源共同形成的，在 20 世纪 20 年代至 60 年代逐步发展和确立起来。社会角色理论主要受到了社会学的符号作用论、心理学的角色扮演技术、人类学的结构功能论的影响。将不同知识背景的学者的研究作一个大致的归纳，即可发现，大体上分为两种取向：一种是对角色理论持结构性观点，另一种是采用过程的研究策略。前者称为结构角色论，后者称为过程角色论。

一、结构角色论

结构角色论的代表是林顿，他认为角色概念是社会结构的基石。结构角色理论家认为，社会是一个由各种各样的相互联系的位置或地位组成的网络，个体在这个系统中扮演各自的角色。对于每一种、每一群、每一类地位，都能区分出各种不同的有关如何承担义务的期望。因此，社会组织最终是由各种不同地位和期望的网络组成的。简言之，地位和相应的一系列期望组成了潜在的社会结构，这些期望又通过角色承担者个体自我的角色理解能力和角色扮演能力来传递，最后又通过个体的具体角色行为来实现。显然，结构角色论强调了社会过程的既定的、结构化的一面，即强调了围绕社会关系系统中地位的、代表社会结构因素的期望对于角色扮演者的行动起制约作用。

二、过程角色论

以特纳为代表的过程角色论者则以社会互动作为基本出发点，围绕互动中的角色扮演过程展开对角色扮演、角色期望、角色冲突与角色紧张等问题的研究。

特纳认为，角色领会就是角色建构。人们在三种意义上建构角色：第一，每个人都面临着一个松散的文化结构，在这时他们必须建构一个角色来扮演；第二，个人假定他人也在进行角色扮演，所以努力建构隐藏在一个人行为背后的角色；第三，在所有的社会情境中，人们都试图寻求为自己建构一个角色，主要是通过向他人发出暗示，确认某一角色来实现。这样，互动就成了角色领会和角色扮演过程的连接点，使他们彼此受益。

总体上看，角色理论家认为人就像演员在一场戏剧中扮演一个角色一样，其在实际生活中的角色行为是整个行为系统的产物。人作为社会结构中的一员，社会环境和周围人群与其发生直接的和间接的、外显和内隐的、真实的和想象的联系，会在个人态度和习惯行为的各个层面发生相互作用。

在线自测

扫一扫　练一练

第五章 自我

本章提要

社会化的结果就是自我意识与个人人格的形成。自1890年詹姆斯（W. James）在《心理学原理》中提出“自我”以来，自我便成为社会心理学中最为核心且持续的研究主题。自我作为人类特有的高级心理活动形式，不仅是社会的产物，也反过来作用于社会，指导个体如何适应社会生活，并对周围社会环境产生积极的影响。因此，自我是社会心理学家关注的重要命题之一。

引导案例

AI究竟能否产生自我意识?

虽然“人工智能”（AI）这个概念早在1956年就被提出，但在过去的几十年，人工智能的研究一直没有“质”的转变，无论运算能力多强，看起来仍然是冷冰冰的机器，直到2023年OpenAI公司向公众展示GPT3.5和GPT4的强大能力之后，人们突然意识到一个全新的时代可能正在开启，人工智能看起来越来越像人，开始能够创造新内容了。人工智能的研究正在加速迭代，人类可能正在体验打开“潘多拉魔盒”的心情：好奇和担忧并存。好奇的是，人工智能究竟能够强大到什么程度，能够解决什么样的难题；担忧的是，人类的工作和生存会受到威胁，更担忧人工智能一旦拥有了自我意识是否会对人类物种造成毁灭性的打击。

有学者认为，情感、意识、自我都是心理学的功能性定义，是脑物理系统涌现的状态和实现的功能。因此，理论上，计算机可以拥有情感，比如它在不同环境下根据它的价值和目标实现进入不同的状态，进而对应不同的情感。但也有学者认为，仅仅拥有大量的神经元或者神经网络计算还不足以让人工智能涌现自我，人工智能还需要有自己的利益和欲望。目前人工智能本身的善恶取决于训练的数据，这些数据若天然夹杂有偏见和歧视等信息并且不加以选择的话，训练出来的人工智能就带有偏见和歧视。

总体来看，人工智能产生意识不存在物理定律上的限制，但目前人类对意识的理解和人工智能的研究尚处于早期阶段，还需要时间来验证。

案例思考：

1. 人工智能能否产生自我意识?
2. 如何看待人工智能的自我意识与人工智能的伦理冲突?

第一节 自我概念

一、什么是自我概念

对自己的思考是一种无可避免的人类行为，自我也是每个人在社会领域中思考的核心内容。古希腊哲学家苏格拉底看到雅典德尔斐神庙金顶上刻着的“认识你自己”的格言后，顿生灵感，他说这才是人生的至理名言。我国古代思想家庄子在两千多年前就提出了“我是谁”这个让人一直迷惑至今的问题。可见，自我是人类社会的一个永恒的问题。对于自我这一问题，不仅哲学家、文学家、艺术家感兴趣，当代心理学家也同样兴趣盎然。对自我的研究是社会心理学的中心议题之一。

自我概念（self-concept）是人们关于自己的知识。换句话说，自我概念就是对于“自己是谁”这个问题的认识。它既涉及个体关于自己的体重和身高等个人生理属性的知识，也涉及对自己的能力、性格、态度和情感等心理属性的知识，还涉及对自己的身份和社会关系等社会属性的认识[①]。可见，自我概念是一个人对自己的各种不同属性的综合性知识，是一个多维度和多层次的有组织结构。自我概念可以把自己与他人区分开来。

对自我概念的研究可以追溯到美国心理学的创始人威廉·詹姆斯。他把自我区分为“主体我”和“客体我”。“主体我”是人们以自我为对象的思考活动，又称自我觉知（self-awareness）。而“客体我”则是人们关于自己的各种各样的认识和知识，又称自我概念。思考“我是谁”这一问题的过程，就是自我觉知；而对“我是谁”这一问题的思考结果，就是自我概念。詹姆斯这一“我是谁”或“谁是我”的概念已经被追问了一百多年。

自我概念的基础是自我图式，因为自我是每一个人的社会世界的中心，同时关于自我的图式又是在此基础上发展的，因此两者之间是有高度关联性的。图式是个体关于客体、事件、人物和行为的知识结构，它是通过先前经验建立起来的，能够帮助理解所遇到的新的社会信息。图式具有对信息起选择机制的作用，它影响人们对信息的输入和输出，决定了个体是否关注信息和如何建构信息，影响所赋予信息的重要性程度以及随后对信息的处理。图式有利于人们在信息不足时做出推论或者快速简化并解释复杂的事件序列。一个人能看到什么和看不到什么、相信什么和不相信什么、理解什么和不理解什么，归根结底是由其图式决定的。由此人们可以知道图式是有关某一概念或刺激的一组有组织、有结构的认知，它可以是对特定的人、社会角色、自我，也可以是对特定客体的态度、对群体的印象或对事件的知觉。

自我图式（self-schemas）是人们对自己的看法，是人们关于自己是什么样的人的图式。自我图式这一概念是由马尔库斯提出的，他认为，自我图式是个体源于过去经验而形成的对自我的认知类化，它能够组织和引导个体对其社会经验中与自我有关的信息加工过程。自我图式包含着某些特定的维度，例如独立性与依赖性，这些维度具有跨情境的一致性。所谓跨情境的一致性，就是在不同的情境下均表现出某一种比较一致的特点。比如人

① 乔纳森·布朗．自我．陈浩莺，等译．北京：人民邮电出版社，2004.

们关于人的图式可以包括“聪明的”“独立的”“外向的”等，如果一个人把自己的行为归入某一类别之后，个体也可能按照图式化去生活。

二、自我概念的形成与发展

在现实社会生活中，有许许多多因素对自我概念的形成与发展起着重要的作用。这些因素主要包括：社会比较、社会认同、成功与失败的经历、他人评价等。

（一）社会比较

社会比较是由美国社会心理学家费斯廷格在 1954 年提出的。他认为，人有一种准确地评价自己观点和能力的内驱力，然而不存在可以对观点和能力等进行评价的客观标准，因此需要把自己的观点和能力与他人的观点和能力等进行比较。这种把自己与他人进行比较的过程，即为社会比较。事实上，人们在现实生活中定义自己的社会特征时，往往是通过与周围他人的比较，在一种比较的社会环境中获得意义的，而不是根据纯粹客观的标准来定义。人们常常把自己的处境和地位（包括能力、观点、身体健康等）与他人进行社会比较。社会比较在现实生活中很普遍，因为虽然人的身高和体重有客观的标准，但是外貌没有外在的客观标准。要想了解自己长相如何，就需要与他人进行社会比较。比较对象长相平平时，人们就觉得自己漂亮。社会比较可以分为上行比较和下行比较。比较对象比自己强时，就是上行比较。通过上行比较，既可能寻找出与他人的差距，达到自我进步的目的，也可能会萌生一种自卑感，产生消极的自我评价。比较对象不如自己时，就是下行比较。当个体遭遇失败时，会倾向于进行下行比较，从而维持其自尊。

（二）社会认同

社会认同是自我通过对自己的社会属性或社会身份的类别化，而把自己在心理上归属于特定的群体。这些群体包括家庭、学校、民族、信仰、性别、政党和其他社会关系。社会认同源自人们的这些群体成员身份以及与此身份相关联的价值观和情感。社会认同强调通过社会分类，对本群体产生认同，个体通过这种分类来识别环境，并通过分类来建立认同。个体认识到他属于特定社会群体的时候，他也会同时认识到作为群体成员的价值和意义，并产生归属感，进而在行为、符号和模式上加以规范和统一。一旦有了某种社会认同，个体就会遵从相应的规范和价值观，会按照相应的期待来评价自己的态度和行为，并且主动地接受外在相应的改变影响。因此，社会认同影响自我概念的形成和发展。

（三）成功与失败的经历

自我概念不仅受到社会比较和社会认同的影响，而且也取决于人们在日常生活中体验到的成功和失败。如果个体勇敢地向困难挑战并取得了成功，个体就会感到自己很有能力。研究表明，学业上成功的学生会对自己的学术能力做出更高的评价，从而激发其更加努力地学习并取得更大的成就。相反，如果一个人总是遭遇挫折和失败，那么他就会在困难面前退缩，从而认为自己很无能，形成了消极的自我概念。例如，一个自我概念良好的学生能较多地把学习作为自己可以控制的因素，成功了就进一步认为自己具有相应才能，并进而更加努力，因此越发能感到满足、自信，抱负水平也会更高、更强烈，相应也会对自己的积极性自我概念越加巩固和强化。

（四）他人评价

个人的自我概念也来自对他人眼中自我的感知。美国社会学家库利（C. H. Cooley）用镜像自我来说明他人的评价对塑造自我概念的作用。他认为，在社会互动过程中，他人对自己的态度反应就像一面镜子，人们通过这面镜子来了解和界定自己，从而塑造自我概念。换句话说，人们需要通过他人的眼睛来了解自己和完善自己。镜中我表达的就是通过观察别人和自己行为的反应而形成自我意识，完成自我评价的。因此，每个人都是另一个人的一面镜子，通过他人对自己的意见和态度，可以反观自身，形成自我观念。我国古人讲“以人为镜，可以明得失”，就是通过别人的眼睛看自己，可以更好地了解自己，弥补自己的不足。

三、跨文化的自我透视

如果每个人仅以个性化的个人来行动，那么社会就不成其为社会；如果每个人的行动与他人完全相同，那么人类与其他物种就没有差异。自我系统常常根植于其所属的文化系统之中，自我总是与社会系统密切相连。在跨文化的个体主义与集体主义的差异上，可以发现：

第一，在自我的边界问题上，个体主义强调的是个体，认为个体是社会的基础和出发点。每一个人都是一个独立的个体，无论是父母子女还是亲戚朋友，都是独立的个体。因此，自我与他人之间的边界是非常清楚的。集体主义强调的是集体，这个集体可以是家庭或家族，也可以是村庄或单位，乃至国家和民族。对于集体主义来说，集体是社会的基本结构和功能单位，每一个人都是以血缘、人情或义务为纽带的特定集体的一个组成部分。

第二，在权利与义务问题上，个人主义强调个体的权利，认为这种权利是一种自然权利，是与生俱来的。由于每一个人都是一个独立的实体，每一个个体具有同等的权利，因此个体在追求自己的权利的时候，不可以侵犯他人的权利。集体主义强调个人对他所属的群体的义务，并强调为了集体的利益，个人有义务做出自我牺牲，包括献出个人的生命。

第三，在社会关系问题上，个人主义强调平等原则，社会是自由竞争的。集体主义强调社会关系，社会是相互协作的。

第四，在行为责任问题上，个人主义强调每一个个体都必须对自己的行为后果负责。当一个人成功的时候，荣誉是个人的；当一个人失败的时候，责任也是个人的。集体主义强调个人行为后果一荣俱荣、一损俱损。

从事文化心理学研究的学者尼斯伯特（R. E. Nisbertt）等系统地分析了个人主义与集体主义的渊源。他认为，独立性自我（independent self）和互依性自我（interdependent self）能够很好地说明个人主义和集体主义这两种不同文化背景下自我概念的差异。第一，独立性自我强调个人的独特性，强调每一个人都是界限分明、独一无二的；互依性自我强调个人是镶嵌于社会关系中的一部分，人在本质上是相互联系的。第二，独立性自我重视个人的选择和自由；互依性自我强调做决定时要尊重重要他人的意见。第三，独立性自我和互依性自我的区分并不是绝对的，在每一个人的自我概念中，既可能包含有独立性自我的成分，也可能包含有互依性自我的成分。

第二节 自我评价

自我评价是人的自我概念的重要内容之一，它是对自己的身心状况、能力和特点，以及自己所处的地位，与他人及社会关系的认识和评价。自我评价对人的自我发展、自我完善和自我实现具有积极的意义。自我评价并不是天生的，它是个体在自己的实践中伴随着角色化的过程逐渐形成的。当个体能够把自己从周围环境中分化出来以后，个体就在与周围人们的相互作用中接受着人们的评价，观察着自己的行为，并理解哪些是对的，哪些是错的，对的在实践中不断地得到强化，错的也在与人们的相互作用中得到纠正，于是个体在实践中也学会了积极而正确的自我评价。社会心理学认为，自我评价的核心要素包括自尊、自我效能、控制点等。

自尊是个体对自己的总体态度。作为自我的核心成分之一，早在1890年，詹姆斯就在其著作《心理学原理》中论述了自尊的含义和重要性。自尊（self-esteem）是一个人的自我评价，或者说是人们对自己的态度。自尊是一种相对稳定的人格特质，它形成于青少年的后期且不容易改变。如果说自我概念是自我的认知分量，那么自尊就是自我的情感分量或评价分量。这种评价既可能是总体或全面的，也可能是针对某一个特定方面的。因此，自尊从结构上可分为整体自尊和具体自尊。整体自尊是对自我的总体态度，而具体自尊则是整体自尊的局部表现，如学业自尊、容貌自尊、社交自尊等。一般来说，整体自尊比较稳定，不会随情境而轻易改变，而具体自尊针对具体情境，易随情境变化而变化。

个体的自我评价既可以是积极的，也可以是消极的。因此，自尊有高低之分。高自尊是对自己的积极和肯定的评价，来自对自我的正确信念；低自尊是对自己的消极和否定的评价，来自对自我的扭曲信念。如果个体认为自己是有魅力的、强壮的、聪明的、富有的和令人喜爱的，那么他一定具有高自尊。反之，就会导致低自尊。一般来说，绝大多数人都具有比较高的自尊，虽然这种高自尊可能在不同情境中有一定的波动。普遍来讲，高自尊与高绩效之间存在着正相关。也就是说，具有高自尊的人往往在他所从事的领域取得比较高的成就，或者说，在自己工作领域中有所成就的人往往具有高自尊。高自尊与高绩效之间的相关就是一个佐证。目前，社会心理学家还不能确定，到底是高自尊导致高绩效，还是高绩效导致高自尊。当然，高自尊不同于自大，高自尊是对自己恰如其分的评价，通常表现为为人谦和；而自大则是过分抬举自己并贬低他人，往往表现为目中无人、唯我独尊和狂妄至极。但是，高自尊与自大常常只有一步之差，如果一个人的自尊极度膨胀，就会导致自大。

只有极少数人才有真正的、长期性的低自尊。低自尊本身可能会形成一种恶性循环：如果一个人具有低自尊，那么，他就会认为自己的学习或工作不太可能取得太大的成就，这种消极期待进而使他不努力学习或工作并产生高焦虑，低努力和高焦虑使他不能在自己的学习、工作上取得应有的成就，这种失败进而导致他自我谴责。而自我谴责又进一步降低了他的自尊，从而形成一种恶性循环。如果个体正处在低自尊的恶性循环中，他应该设法从某一环节入手，让自己重新树立起自尊。高自尊有利于产生主动、乐观和愉快的感觉，并且与高绩效存在着正相关。

此外，人们对头脑中不同的自我图式的比较也会影响自尊。希金斯（E. T. Higgins）提出了自我差异理论，该理论认为，人类有三类自我图式：现实自我、理想自我和应该自我。

（1）现实自我。现实自我是个体认为自己目前是一个什么样的人，它由一个人实际拥有的特征所构成，相当于自我概念。

（2）理想自我。理想自我是个体希望自己成为一个什么样的人，它由一个人对自己的期望、愿望和梦想所构成。

（3）应该自我。应该自我是个体认为自己应该成为一个什么样的人，它由一个人的责任和义务所构成。

理想自我和应该自我起着一种自我导向的作用，这种自我导向代表着一个人想要达到的目标。这三类自我图式之间的关系可以影响一个人的自尊。当现实自我、理想自我和应该自我三者之间相互一致、相互匹配时，个体就会觉得生活是美好的，这样他的自尊就会得以提升。当现实自我和理想自我之间出现差距时，个体就会产生抑郁和气愤等负面情绪，从而导致自尊的降低。

第三节　自我服务偏差

社会心理学认为，人们一般会对与自己有关的信息非常敏感。事实上，这是一种对有关自己信息的认知偏好，而且这种信息一般在加工过程中具有自我服务的偏好。

一、自我服务偏差的含义

所谓自我服务偏差（self-serving bias），是人们往往以一种有利于自己的方式判断和理解自己与别人的行为。自我服务偏差使自我一边欣然接受成功的荣耀，一边轻易地为自己的失败开脱。人们倾向于把积极的行为结果归因于自我，而把消极的行为结果归因于外部环境。换句话说，人们有一种居功自赏，同时又避免对失败负责的倾向。因此，自我服务偏差不仅有助于保护和提升自尊，而且可以帮助抵制焦虑和抑郁。一般情况下，人们都认为自己在积极事件中比其他人的贡献更大，而他人在消极事件中的责任比自己更大，从而表现出自我服务偏差。

总之，人们常常高估自己的积极作用，而低估自己的过失，因此会在成功时一味归功于自己，而在失败时极力推卸责任或掩饰。

二、自我服务偏差的产生

当对与自我有关的信息进行加工时，往往会出现一种有利于自我的认知偏差。

对自我服务偏差的成因，有多种不同的解释。一种从认知角度进行解释，即将自我服务偏差看作人们如何处理和记忆有关自己个人信息的副产品。另一种从动机和认知交互作用的角度来说明自我服务偏差的成因。这种解释认为，在现实生活中，人们都是期望成功的，成功是符合人们的预期的，而失败是不符合人们的预期的。当个体对结果的预期与结果符合时，结果就和个体的认知处于协调一致状态，易为个体认知系统所接受。相反，当结果不符合个体的预期时，结果就和个体的认知处于不协调的状态，不易为个体的认知系统所接受。人们为了增加成功带来的欢乐或减少失败引起的痛苦，才将成功的原因内投于己，而将失败的原因推之于外。动机是伴随认知过程而产生的，反过来它也必然影响信息加工过程。这两种原因交互作用，导致自我服务偏差。

三、自我服务偏差的表现形式

自我服务偏差的表现形式有如下几种：

（1）自我提升。自我提升也是一种自我防御性策略。研究发现，个人对自己的评价并没有评价他人时准确，一般而言，个人对自己的评价都比他人对自己的评价要积极。同时，无论是归因还是行为，都比对他人的行为给予更积极的评价。

（2）非现实乐观主义。非现实乐观主义是自我服务偏差的一种表现形式，它是指在事件发生概率相同的条件下，人们倾向于相信自己比他人更可能遇到好运，而他人比自己更易遭遇厄运。非现实乐观主义是普遍存在的，大部分人群对各种不同风险事件的判断盲目乐观。例如，大多数吸烟者知道吸烟人群中患肺癌的比率远远高于非吸烟者，但是很多吸烟者相信自己不会因吸烟而得肺癌。

（3）盲目乐观。对未来的盲目乐观也是一种普遍现象。马尔库斯的研究发现，当被试被问及在未来可能会遇到些什么时，这些被试报告的积极反应是消极反应的四倍多，但却不能为这些乐观主张提供足够的证据支持；当被试被要求选择自己将来可能会面临的各种消极事件（包括遭遇车祸、成为犯罪受害者、择业遇到困难、生病）时，绝大部分被试却认为自己不太会经历这些消极事件。

（4）虚假普遍性效应和虚假独特性效应。所谓虚假普遍性效应，是指人们往往过高地估计自己的信念、观点和态度的普遍性。大部分人都认为自己比一般人更聪明、更有吸引力，而且研究发现这一现象在男性身上表现得更为突出。其他相关的研究也都揭示了这种普遍的趋势，即人们在与他人进行社会比较时，往往对自己的能力与特征的评价更为积极。所谓虚假独特性效应，是指人们往往过高地估计自己的能力的独特性。无论是虚假普遍性效应还是虚假独特性效应，都是旨在提升自我形象的认知偏差。

在自我服务偏向中，研究发现人类总是生活在希望之中，相信现在比过去好、未来比现在好、自己比他人好，这种积极思维虽然有些偏差，但也不失为一种积极的自我认定。

第四节　自我呈现

自我呈现对现实的日常问题有很强的解释力。社会对每个位置或地位都有一套相应的指标，期望占据这个位置或地位的个人去遵守。人们在社会上的正常相处也有个体要遵守的标准。自我呈现是人之本能，是需要学习的交往手段，是需要人们培养的能力，是人际交往的润滑剂。

一、自我呈现的概念

人类不仅以自我美化的方式来认识自己，也同样以受赞许的方式向他人展示自己。在日常生活中，人们总是希望获得别人和社会的赞许，并试图控制社会交往的结果，所以，每个人都非常注意自己在他人面前和社交场合中的形象。这种形象包括语言、仪态、穿着、动作等。自我呈现这个概念最早是由美国社会学家戈夫曼在其《日常生活的自我呈现》一书中提出的。戈夫曼把社会交往类比为戏剧舞台，把社会交往中的主体类比为舞台上的演员。因此，生活就是演戏，人们运用各种技巧对自己进行包装和整饰，从而在对方心目中创造自己所期待的印象。

所谓自我呈现（self-presentation），是指人们在社会交往中以一定的方式去控制他人对自己的印象，使他人所形成的印象符合自己期望的过程。自我呈现是生活必不可少的模式。

为什么人们要进行自我呈现呢？社会心理学的研究揭示，自我呈现是社会交往的基本组成部分。其实自我呈现本身并无好坏，在人际交往中，自我呈现扮演了一个重要角色。因为人们并不是被动地对外界社会环境做出反应的，而是根据情境、交往对象的特点，有意无意地选择适当的言辞、表情或动作，从而达到控制他人对自己形成某种印象的目的。通过自我呈现，人们可以获得和占有资源，在他人心目中创造一个良好的印象，有助于得到更广泛的社会关系和社会支持，有助于提高社会地位。恰当的自我呈现，是人际交往的润滑剂，可以使交往顺利进行。事实上，在生活中要想得到别人的肯定，适当的自我呈现是十分必要的，这是增进个人形象的重要内容。只要能善于挖掘自己的优势，呈现出自己最好的一面，不仅使个人更自信，也使他人更愿意接近自己。

那么，人们通常在什么情况下需要进行自我呈现呢？一般而言，在以下三种情形下，人们更可能进行自我呈现：第一，当他人对自我格外注意时。例如，某人在课堂上发言，老师和全班同学都会特别地关注他的一言一行，因此会采取一定的自我呈现的策略，以便给他人留下一个好印象。第二，当他人能够影响人们所要达成的目标，特别是当该目标对人们特别重要时。例如，当某人应聘某个职位时，考官的决策无疑会对应聘者未来职业生涯有重要影响，此时应聘者就一定会进行自我呈现，从而影响考官的决策。第三，当认为他人对自己已经有某种消极印象时，人们就会采取一定的自我呈现策略，试图改变他人的印象。

二、自我呈现策略

在现实生活的人际交往过程中，人们经常有意识地使用一些特殊的方法向他人表现自己，给他人留下各种好印象，以达到不同的目的。这些自我呈现的策略主要包括趋向行为、威慑行为、自我设限等。

第一，趋向行为。趋向行为是最为常用的自我呈现技术。它是用一定的策略性行为来影响他人，从而增加自己的吸引力，使自己看起来令人喜欢。趋向行为是最普遍的策略之一，也是被研究最多的技术之一，包括以下几种策略性行为：

（1）强化他人。这种行为通常是特意去夸大他人正面的地方而刻意忽视负面的地方。例如，夸大朋友的那些令人钦佩的品质，以传达其备受他人尊敬的信息。

（2）同意他人意见、判断与行为。这种行为是指人们表现出自己和目标观众有很多共同点。例如，人们常常容易违背内心而赞同他人行为或不直接表达不满。

（3）自我表演。这种行为是对目标观众表现出自己拥有而且他人也喜欢的特质。例如，下属可以寻求机会让上司知道自己的优势，并努力确保上司了解自己取得的成功。

(4) 恩惠行为。这种行为不抱有任何回报的心理，也会是非常成功的策略。例如，职员自愿帮助同事做一些事，提出一些有益于公司的意见，通过个人关系网为公司提供帮助等。

第二，威慑行为。威慑在于给别人造成一种恐怖的印象，使对方由于害怕而完全接受控制，由此达到自己的目的。在某种程度上，威慑行为和迎合行为是对立的，它一般由上位群体发出，目的在于使人服从和跟随。在人际交往中，有些人常常一开始就造成一种声势，先声夺人。在组织中，威慑可能是一种自上而下的影响，是由权力高的人对权力低的人施加的影响；也可能是一种自下而上的影响，是由权力低的人通过某种特殊的方式对权力高的人施加的影响。

第三，自我设限。自我设限是人们针对可能到来的失败威胁事先设置障碍，为失败创造一个合理的借口，从而达到保护自我价值、维护自我形象和操纵他人对自己看法的目的。当个体预期事情可能会失败时，就故意在其前进的道路上寻找、声称或制造某种看起来有说服力的障碍。若结果是失败，个体可将其归因于自设的障碍，而不是归因于自己的能力不足，从而达到自我保护的目的。例如，一个学生如果预计自己在某场比赛中难以取得优异成绩，他就会声称自己身体不舒服或心情不佳，强调自己最近训练不足，抱怨环境和他人干扰等。

第五节 自我实现预言

“自我实现预言”类似于“皮格马利翁效应”，但二者又不完全一致。换言之，皮格马利翁的故事只有经过人们的加工、改造，才更符合“自我实现预言”的本义。皮格马利翁是古代神话中的一个雕刻家，他塑造了一个自己理想中的女子的象牙雕塑。这个雕塑如此美好，皮格马利翁爱上了她，他向雅典娜祈求赋予雕塑生命，雕塑果真活了，与皮格马利翁幸福地生活在一起。人们讲述这个故事的时候，通常隐去了女神雅典娜的帮助，而只强调皮格马利翁的心向，他的强烈愿望使雕塑感动，结果使不可能的事情变成了可能。人们借用这个故事以说明人的期望效应。期望是在人们对外界信息不断反应的经验基础上，或是在推动人们行为的内在力量需求基础上所产生的对自己或他人行为结果的某种预测性认知，因而它既是一种认知变量，又是信念价值的动机。自我实现预言告诉人们，如果人们预期某一事件将以某种方式发生，期望就会倾向于让它变为现实。自我实现预言是否在生活中以预言的方式真实存在，还有待于科学研究，但是心理学家却早已经证明在某些领域这的确是事实。

罗森塔尔（R. Rosenthal）和助手来到一所小学，他们对一年级至六年级的所有学生进行了智力测验，当时学校的老师们对于智力测验这项技术还不甚了解。实验者告诉学校的老师，这项测验十分准确，可以预测出未来学生在专业上取得成就的可能性。实验结束之后，每个班级的老师都得到了一份名单，名单上有几位测验成绩非常好的学生的名字。事实上，智力测验成绩并未真的被排序，而所谓的“智力超常儿童”的名单是研究人员随机抽取的。但此时在教师心目中，名单上这些学生不再普通，因为他们被专家检测出未来会有大的成就。在学年接近结束的时候，研究人员对所有学生再次进行相同的测验，再计算出每个学生的变化程度。结果显示，那些被列在名单上的学生，其智力测验的分数都有不同程度的提高。这说明，在正式的实验室情境中确实存在这种期望效应。实验证明，如果教师对某些学生持有积极的看法，那么这些学生的课堂表现就会有显著的进步，学习成绩也会提高。既然积极的看法会导致积极的效果，那么消极的看法也可能导致消极的效果。如果学生知道老师认为自己不够聪明，那么这种消极的期望可能也会变成学生自我实现的预言，进而造成学生的自卑感。

在线自测

扫一扫　练一练

第六章　社会认知

本章提要

从历史的角度看，社会认知的研究源于两个脉络：其一来自不断经历社会化的一般意义上的认知研究；其二来自受20世纪60年代与70年代信息加工认知心理学冲击而在社会心理学内部产生的关于社会认知心理学的研究。社会认知是个体在和他人的交往中，通过观察了解获取相关信息，并在此基础上对他人或自己的行为特点、他人与自己关系的特点形成一定的印象和看法并做出推断和评价的过程。

引导案例

成长型思维还是固定型思维？

斯坦福大学心理学教授卡罗尔·德韦克（C. S. Dweck）在长达数十年的“成长型思维”研究中发现，专注于过程而非结果的教学方法能够大大增加学生全面发挥潜能的机会①。

一般而言，人们对智力的基本信念会影响学习动机，这一发现改变了人们对学生能力及大脑的持续发展潜力的看法。德韦克发现了“成长型思维”和“固定型思维”两种不同的认知思维方式。她发现学生对自身潜力的潜在信念会深刻影响其努力程度，尤其在遇到困难时，关注学生的努力与学习过程可以有效培养学生对学习的热爱，这是成功不可或缺的要素。“成长型思维”的培育以及在不同阶层的学校中的广泛应用，将促进青年一代的成长，培养他们的自信和毅力。即使突破校园环境，这种成长型的心态也可以同样激励人们学习新的技能，挖掘个人潜能，适应不断变化的世界。

案例思考：

1. 什么是成长型思维和固定型思维？
2. 如何培育自身的成长型思维？
3. 德韦克的成就目标动机理论如何影响个人认知？

人们对他人做出解释是件司空见惯的事情，而社会心理学家希望解释的是人们如何对他人做出解释的问题。人们是否能准确地对事件和他人做解释呢，这涉及归因问题和刻板印象问题。除此之外，如何才能更好地对事件做出解释？如何才能更好地感知和回忆人们

---

① 卡罗尔·德韦克．努力的意义：积极的自我理论．王芳，左世江，等译．北京：中国人民大学出版社，2021.

的社会生活？怎样才能做出准确的判断？人们的信念倾向于自我实现吗？社会认知让人们在外部世界和个人心理世界中建立关联，为此心理学家一直以来对它的研究兴趣从未降低过。以上这些问题是本章关注的焦点，通过了解社会认知，可以更清晰、更准确、更合理、更有效地了解他人和认识自己。

第一节　社会认知概述

社会心理学家使用社会认知这个术语来界定人们对周围世界的解释、推理以及信息的使用。社会认知（social cognition）最初被称作社会知觉，由美国心理学家布鲁纳（J. S. Bruner）提出，用以指受到知觉主体的兴趣、需要、动机、价值观等社会心理因素影响的对人的知觉[①]。随着社会心理学对人际知觉领域研究热潮的兴起，社会知觉概念被等同于人际知觉或对人知觉，是关于他人或自我所具有的各种属性或特征的整体反映，其结果即形成关于他人或自我的印象。20 世纪 60 年代后，随着认知心理学的兴起及其对社会心理学的影响，社会知觉或人际知觉被社会认知一词所取代，是指个人对他人的心理状态、行为动机和意向做出推测与判断的过程，属于人的思维活动的范畴。至此，社会知觉的内涵与性质更加明确，避免了与传统心理学中作为感性认识活动一部分的知觉活动相混淆。

一、社会认知的含义

由于人们对社会认知的研究取向不同，有关社会认知的定义和解释也各不相同，主流的观点有：社会认知研究包括对所有影响人对信息的获得、表征和提取的因素以及这些过程与知觉者的判断之间的关系的思考；社会认知通常是指两种认知，关于人、群体的认知和具有情感、动机态度、情感色彩的认知；社会认知通常是指对人、自我、人际关系、社会群体、角色和规则的认知，以及对这种认知与社会行为之间关系的认识和推论；社会认知研究的对象是那些发生在他人和自己身上的心理事件以及人们对社会关系的思考，它是人们根据环境中的社会信息形成的对他人或社会群体、社会角色及自身经历的推论。

综合上述定义，可见社会认知有两个基本特征：其一，社会认知是人对社会性事件的认知加工；其二，人的社会认知对其社会行为起一定的调节作用。所以，社会认知是指人对社会性客体之间的关系，如人、人际关系、社会群体、自我、社会角色、社会规范等的认知，以及对这种认知与人的社会行为之间的关系的理解和推断。社会心理学感兴趣的是作为知觉主体的个人对他人、群体的人际关系的社会认知，以及与此相伴随的自我省察的过程。由于社会心理学对于社会认知的研究着眼于对人及人与人关系的知觉感受，因而不少社会心理学文献称之为社会知觉或人际知觉。

社会知觉与普通心理学的知觉的含义有所不同，前者包括整个认知过程，既有对人外部特征的知觉，又有对人格特征的了解以及对其行为原因的判断与解释；后者是个体对直接作用于自己的客观刺激物整体属性的反映，不包括想象、判断等过程。社会知觉是一种

① 齐瓦·孔达．社会认知：洞悉人心的科学．周治金，朱新秤，译．北京：人民邮电出版社，2013.

基本的社会心理活动，人的社会动机、社会态度、社会化过程、社会行为的发生都是以社会知觉为基础的[①]。

作为一种特殊的社会心理过程，社会认知具有如下几个基本特性：

（1）互动性。在社会认知过程中，知觉者和被知觉者处于对等的主体地位，不仅被知觉者影响知觉者，而且知觉者也会影响被知觉者，从而使社会知觉过程的发生不是单向的，而是双向的。

（2）间接性。社会认知不仅仅是知觉者对他人外部属性的直接反映，更主要的是通过对他人直接可感的外部特征（如行为表现等），达到对他人内部人格特征的间接把握或反映。

（3）防御性。个人为了与外界环境取得平衡，适应社会，从而运用认知机制抑制某些刺激物的作用就是认知的防御性。当代社会心理学家普遍认为，社会认知和防卫功能息息相关。个体在情绪困扰的状态下对于社会客体的反应，与在中性情绪的作用下所产生的反应显然是不同的。换言之，情绪不同的人对于同一刺激会有不同的反应。因为个人是在特定的情绪状态下，根据已有的认知结构来辨明刺激物的意义和重要性，从而决定是否应逃避。个人的认知防御，主要目的在于维持自我的完整。

（4）完形特性。人们在社会认知过程中，自觉或不自觉地贯彻了完形原则（或格式塔原则），即个人倾向于把有关认知客体的各方面特征材料加以规则化，形成完整的印象。这种倾向在判断一个人的时候表现得尤为突出。当人们看到一个人似乎既是诚实的又是虚伪的，既是热情的又是冷酷的时候，便觉得不可思议，认为自己还没有完全认识这个人。为了消除这种分离，个人一方面会加强其探求信息的欲望和动力，寻求更多的信息，摆脱认知剥夺；另一方面可能向幻想化的方向发展，即利用想当然的办法给认知对象添补细节，使认知带有浓厚的主观色彩。

二、社会认知的影响因素

影响社会认知的因素主要包括认知偏见、情境因素、认知者因素及认知对象因素四种。

（一）认知偏见

由社会认知的内涵及特征可知，社会认知是一个由表及里、由点到面的动态过程。认知者最初只能获得有关认知对象外部特征的信息，形成对其初步、浅层次的了解。在此基础上，认知者开始对认知对象的内在属性做出判断。与此同时，人们在认知单个认知对象的过程中，总是有意无意地将认知对象与周围的人加以对照，试图了解他们之间的相互关系。另外，认知者也不忽略对自己的认知，他们往往把自己同一定的认知对象置于某种关系网络之中，并形成对这种关系的判断。

由此可见，社会认知的基本内容包括以下两个方面：一方面是个人知觉，即对他人的知觉，它不但包括对他人外部特征，如外表、语言、表情等直接能看到、听到的特征的知

① 爱德华·伯克利．动机心理学．郭书彩，译．北京：人民邮电出版社，2000.

觉，而且包括对他人性格的知觉；另一方面是对人际关系的认知，该认知包括认知者对自己与他人关系的认知和他人与他人关系的认知。实际上，对他人的认知包含着选择自己对他人的关系形式，如对某些人反感、疏远，对某些人喜欢、亲近。这种选择直接影响认知者的交往动机。研究证实，一个人更愿意和与自己性格相似的人接近。一个人在选择交往对象时，颇为注意对方与自己是否相似。因此，相似程度构成认知的重要项目。人际关系认知的另一个方面是估量他人之间的关系状况，确认具体认知对象在群体中的位置。

在认知过程中，个体的某些偏见时时影响认知的准确性，使认知发生偏差。认知偏差是知觉过程的特征，这种带有规律性的现象在许多情况下是难以克服的。

(1) 光环作用。光环作用又称为晕轮效应，如果一个人被赋予了一个肯定或有价值的特征，那么他就可能被赋予其他许多积极的特征，就像一个发光物体对周围有照明作用一样。例如，一个漂亮的人通常会被认为聪明、热情、有爱心。与晕轮效应相对应的是“负晕轮效应”，如果一个人被赋予了一个否定、消极的特征，那么就可能被赋予其他许多消极的特征，如自私的人通常被认为不诚实或刻薄。

(2) 正性偏差。正性偏差是认知者表达的积极肯定的估价往往多于消极否定的估价。对正性偏差有很多解释，其中一种解释源于“快乐原则”，即当人们被美好的事物，如愉快的经历、漂亮的面孔、好的天气等所围绕的时候，倾向于对大部分事物做出高于一般水平的评价。

(3) 负性效应。人们在社会认知过程中，往往会更多关注负性信息，受负性因素的影响作用也更大。即在相同的情况下，负性因素比正性因素更能影响人们的社会认知。

(4) 假定相似。初次接触一个陌生人，当人们了解到对方的年龄、民族、国籍及职业等与自己相同或类似时，最容易做出这种假定。在社会生活中，背景相同的人并不一定有相似的个性和行为反应特征，但是人们却往往根据一些外部的社会特征，判断自己和他人之间的相似程度。如果没有新的信息资料，人们就很可能用这种假定的结论代替实际的认知结果。

(5) 隐含人格。每个人在成长过程中，都发展了自己的人格理论，即一套关乎个人各种特征是怎样相互适应的、未言明的假定，这种理论之所以是隐含的，是因为它很少以正式的词汇表述出来，甚至个人自己也并没有意识到它的存在。伯曼（J. S. Berman）等把这种理论又称作相关偏见。这种偏见为人们提供了把认知到的各种特性有规则地联系起来的方法。每个人都依照自己有关人格的假定，把他人的各种特性组织起来，成为一种总体形象。罗森伯格发现，人们在形容他们所认识的人时，最经常使用的词是自我中心、聪明、友好、雄心勃勃、懒惰等。那些被形容为很聪明的人，同时还可能被形容成是友好的，但很少被形容成自我中心的。在这里，隐含人格理论就起了作用，聪明和友好应当并列，而聪明和自我中心则无法构成一个整体形象。在实际认知过程中，刚刚看到对方具有某些特点，人们就依照自己固有的人格模式推测对方必然具备另一些特性。比如，发现对方交际广，便推断他口才好、讲义气、精力充沛、机敏、富有想象力等。

(6) 刻板印象。刻板印象一旦形成，就具有非常高的稳定性，很难被改变。即使碰到相反的事实出现，人们也倾向于坚持它，而去否定或修改事实。刻板印象具有一定的积极作用。首先，刻板印象中包含了一定的真实成分，它或多或少反映了认知对象的若干状况。其次，刻板印象可以将所要认知的对象进行分类，简化人们的认识过程，起到化繁为简的作用。最后，刻板印象能帮助人们更有效地了解和应对周围的环境。人们常常要与一些陌生人打交道，在这种情况下，利用刻板印象指导人们对对方表现出适当的言论和行动，有时还是颇有作用的。刻板印象的消极方面表现在它会使认识僵化，这势必要阻碍人们接受新事物，阻碍人们开阔视野。另外，持有刻板印象的人在判断他人时，把群体所具有的特征都附加到他人身上，也常导致过度概括的错误。

（二）情境因素

人们的社会认知受情境因素的影响。影响社会认知的情境效应有两类：一类为对比效应，是指一种偏离情境的认知偏差；另一类为同化效应，是指与情境水平相同的一种认知偏差。

什么因素决定了是对比效应还是同化效应起作用呢？研究发现，当人们在相对较低的层次加工有关他人的信息时，可能发生同化效应；当人们追求准确性并对目标人物的行为信息作系统、彻底的加工时，同化效应不太可能发生。

在认知活动中，认知对象所处的场合背景也常常成为判断的参考系统。认知对象周围的环境常常会引起对其一定行为的联想，从而影响人们的认知。人们往往认为，出现于特定环境背景下的人必然是从事某种行为的，他的个性特征也可以通过环境加以认定。

认知者在情境中的角色也会影响社会认知。在一项研究中，参加者被要求在与同伴交往的过程中表现得内向或外向。那些被要求表现得外向的参加者将同伴评价得更为内向，而那些被要求表现得内向的参加者将同伴评价得更为外向。显然，参加者在评价同伴的过程中忽略了他们自己的角色。这说明，对于很多行为来说，情境信息经常被忽略。

（三）认知者因素

（1）原有经验。原有经验在认知系统中是以图式的形式存在的，图式直接影响人们的社会认知过程。个体在一定的基础上，形成某些概括对象特征的标准或原型，从而使认知判断更加简捷。如果没有关于“聪明”“大方”的原型，人们无法很快地将对象认定为聪明、大方的人。人们之所以能够理解对象的意义，是因为对关于该对象的经验已形成了观念，这种观念参与了认知过程。比如，人们会判断学习成绩好的学生“有成就”，判断口才好的学生“有交际能力”，这些都是在原先所形成的观念中做出了判断。

（2）价值观念。个人如何评判社会事件在自己心目中的意义或重要性，直接受其价值观念影响，而事件的价值则能增强个人对该事件的敏感性。奥尔波特发现，不同的被试对这些词汇做出反应的敏感程度也不同，背景不同的被试由于对词汇价值的看法不同，识别能力显出很大差异。

（3）情绪。从 20 世纪 80 年代中期开始，社会认知心理学中开始探讨心情、情绪、目标、动机在认知中的作用，这方面的研究主要集中于情绪对社会判断和认知策略的影响。研究表明，在雨天参加电话调查的被试比晴天参加调查的被试报告的生活满意度更低，表明不同天气状况下的心情对于社会判断的影响。但是，当调查者在询问被试关于生活满意度的问题之前，先询问一下当天的天气情况，上面的研究结果就不再出现。因为这使被试注意到目前心情的外在来源，从而把不好的心情归结于雨天而不是自己对个人生活的反映，消除或减少了它对社会判断的影响。

（4）信息加工策略。一般而言，坏心情的人更可能运用系统的、数据驱动的信息加工策略，较多注意问题的细节。相反，心情愉快的人更可能依赖于先前存在的一般知识结构，运用自上而下的策略性加工，较少注意问题的细节。当人遇到威胁或缺少积极的结果时，通常会体会到坏心情；当人没有威胁或得到积极的结果时，会感受到好心情。

（四）认知对象因素

（1）魅力。构成个体魅力的因素既可以是外表特征和行为反应方式，也可以是内在的性格特点。认为一个人有魅力，意味着其具有一系列积极属性，如容貌美、有能力、正直、聪明、友好等。但是，在实际的认知过程中，个人往往只需具备其中的一两个特性就可能被认为有吸引力。美貌通常最快被人认知，且直接形成对人的魅力，从而往往首先导致光环作用。社会心理学家发现，在人格的社会合意性、婚姻能力、职业状况等方面，有魅力的人得到的评价较高，而缺乏魅力的人得到的评价较低。除了相貌之外，态度也同魅力相关。如前所述，对于认知者来说，对方的态度是否与自己的态度接近，决定着其魅力的大小。人们不仅要判断别人是否与自己相似，还常常会观察别人对自己的态度。只要认知对象的判断对自己有利，认知者就会把他看成有魅力的并对他持积极肯定的态度。

（2）身份角色。认知对象的身份角色也是影响社会认知的一个因素。在一个社会里，人们对各种角色差不多会抱有共同的角色期望，因此如果知道某人在社会关系中占有什么地位或具有什么角色，人们就会根据对该角色行为的预期，判断他可能具有什么样的人格特质。

第二节　社会信念

社会信念（social belief）是让人们如何进行感知的社会意识。人们怎样知觉别人和周围的世界，来自人们对别人和周围世界的印象形成。

一、信念固着

人们一旦对某项事物建立了某种信念，尤其是为其建立了一个理论支持体系，那么就很难打破这一看法，即使是相反的证据与信息出现时，他们也往往视而不见，这种现象就是信念固着。事实上，信念和期望在很大程度上会影响人们对事件的心理构造。就如同科学家从创造某一个理论中获益，引导他们观察并解释事件一样，通常情况下人们的信念和期望也会使他们有所收益。但这种收益在某些时候是以一定的付出为代价的。可见，信念固着能让人们根据有限的信息迅速做出判断，但在获取效率收益的背后却可能使判断出现偏差，而且这种偏差可能让人刚愎自用。

在现实生活中，人们一旦对个体形成印象后就很难加以改变，甚至还会寻找更多的信息或理由去支持这种印象。在教育过程中，一些教育者受到认知偏差的影响，带着思维惯性去看待受教育者；受到信念固着的影响，可能常常用老眼光看待受教育者，从而影响受教育者的成长。

二、记忆建构

自德国心理学家艾宾浩斯（H. Ebbinghaus）首创以无意义音节为材料对于人的记忆进行定量研究以来，记忆已成为心理学家们最为关注的对象之一。那么，人们将信息存储于大脑的同时，是不是也建构了自己的记忆呢？记忆就好比大脑中的一个储物箱，人们将各种材料贮存在里面，日后需要时再从里面拿出来，偶尔有些东西也会从“储物箱”中丢失，那时就说自己忘记了。事实上，记忆建构的学习完成之后，人们发现箱子里的东西除了放进去和拿出来之外，也会发生各种各样的改变。人们将信息存储在大脑的同时，也建构了记忆。那么，记忆是不是有错误和歪曲呢？

其实，人的记忆并不像通常所认为的那么稳定，经过一段时间以后，它们是会调整和改变的。舒茨（A. Schultz）在《心理学应用》中指出，心理学家早已认识到人们不能完全正确而客观地认知周围世界。个体对于所见事物的想象并不精确地反映客观事物。人们的知觉既不精确也不全面，可能受到需要、恐惧、价值观、态度和偏见的歪曲。认知心理学的研究表明，有各种因素影响人们的记忆过程而使其有失真实。

那么，哪些因素可以影响人们的记忆建构呢？其一是刻板印象。刻板印象具有很强的暗示作用，即当个体对某个人或某一群体形成固定看法时，往往会据此推论这个人或群体的其他特征和行为。无论是注意力指向、外界因素的干扰，还是自动修补记忆内容，都是刻板印象作用的结果，其目的都是完善和适应认知主体原有的印象图式。比如，社会心理学家发现文化期待等刻板印象因素会影响人们的知觉、记忆和报告。在“流言传播”的实验中，奥尔波特给人们呈现了一张照片，照片上有一个拿着刀片的白人。实验者让被试把照片上的内容转述给第二个人，第二个人再接着转述给第三个人，依次进行到第 6 个人时，拿在白人手里的刀片就被说成是在黑人手里了。其二是事件后信息的误导效应。人们的记忆不仅受期望和已有图式的影响，而且也受事件发生后有关信息的影响，人们可能会根据这些信息重新调整已有的记忆，或是将这些信息与已有的记忆内容进行整合，并都作为事件发生时的信息进行存储和提取。这一过程也就是认知心理学家所说的记忆重构，即人们表述的记忆内容是原先贮存信息按现在意识图式的重新组织。人们总倾向于记起与现在的信念相一致的事件。

洛夫特斯（E. Loftus）发现，当人们回忆一件事情时，并不是准确地再现它。相反，回忆是对实际发生事件的一种重构，即人们用新信息和现存信息去填补其回忆某种经历时所出现的遗漏。洛夫特斯将其记忆的建构理论应用到司法领域，并通过一系列令人印象深刻的研究让人们开始对目击者证词的可靠性产生怀疑。比如她在早期的研究中发现，提问措辞的细微差别可能改变一个人对事件的记忆。如果问一个交通事故的目击者“你看到一个撞碎的车前灯了吗?”或“你看到那个撞碎的车前灯了吗?”，即使事故中根本没有撞碎的车前灯，在提问中使用“那个”比使用“一个”会产生更多的肯定反应。使用“那个”预示着事故中的确已经出现了撞碎的车前灯，这样就会使目击者在有关这个事件的记忆中加入一个新的因素。这一观点告诉人们，一些先入为主的观念会强烈地影响人们对事件的解释和记忆。在许多实验中，人们事先的判断会强烈影响他们知觉和解释信息的方式。

第三节 社会判断

社会认知是一个由认知者、被认知者和情境等因素交互作用的复杂过程，是个体对社会刺激加以综合的过程。怎样才能做出准确的判断一直是困扰所有人的问题。

一、直觉判断

生活中，人们常常使用直觉来表达推测和怀疑。当然，人们也常用直觉来表达对自然界的推测，甚至是知识的追求。一般而言，杰出的科学创造者都经历了极其复杂的认知过程，他们早期的直觉常常需要经过逻辑思维的分析、补充和完善后，才能成为有价值的创作成果。

直觉有三种类型，即社会情感直觉、应用性直觉和自由直觉。社会情感直觉关注人际关系，特别是在寻求理解人与人、人与情境之间关系时发挥作用，包括对他人需要与情感的敏感性、当时的喜恶以及理解与处理那些包含情绪因素的复杂情境的能力。应用性直觉直接指向解决问题和完成任务，例如创造性直觉，不确定条件下凭直觉做出决策。自由直觉则是指向未来的预感性直觉。例如，人与动物对即将发生的危险、灾难的预知能力。

直觉是不经过逻辑的、有意识的推理而识别或了解事物的能力，它包含认知、情感和行为等成分。直觉的认知成分包括直觉思维过程中人们所拥有的想法、事实、经验、信念和策略知识等，这些成分是内隐认知加工的基础。人们通常将直觉描述为某种预感，或者描述为知道某事却不知道自己是如何知道的。

当人们面临一个复杂的判断或决策问题时，他们通常会依据自己的直觉或者一些常识进行决策。利用直觉进行决策的优点是可以用很少的时间和努力达到与理性决策相同的结果。例如，直觉可以很容易地估计某种结果出现的可能性而不必用计算的方式。在绝大多数情况下，一个粗略的近似值就已经足够了。但是在某些情况下，直觉也可能产生某些可预测的偏差和不一致。所以直觉在很多时候可以帮助人们更为迅速地认识事物，但有时却限制了人们的思维拓展，这需要人们在经验中不断学习和总结。

二、过度自信

过度自信（overconfidence phenomenon）是指过高估计自己对事件判断准确性的现象。它是源于卡尼曼（D. Kahneman）及其同事关于不确定条件下判断与决策的理论与研究，还可以进一步延伸至特沃斯基（A. Tversky）和卡尼曼的锚定效应，即在不确定情境下，判断与决策的结果或目标值向初始信息或初始值即“锚”的方向接近而产生估计偏差的现象。

关于过度自信，在日常生活中都可以看到它的踪影，它是既普遍存在又十分活跃且难以消除的判断偏差。比如，日常生活中人们在投资或买彩票的时候常常预感他们可能会赚钱或者会中奖；人们生病的时候常常对疾病的预测比较乐观，认为自己可以康复；谈判桌上人们也认为失误的一定不会是自己。这些都是人们在日常生活中的过度自信。

一般而言，在经验性环境下，人们对自己的判断一般都过于自信。过度自信可能会出现错误，当错误的结果重复呈现在面前时，人们就会从中学习。过度自信和深层次的心理现象有关，可能体现在以下几个方面：人们过高地估计自己知识的准确程度；人们过高地估计自己做好某件事情的能力，而且个人在某项任务中的重要性越高，他对自己能力的高估程度也越大；人们经常对自我的评价过高，大多数人认为自己比平均水平高，而且大多数人对自己的评价要比别人对他的评价高。同时，人们总是趋向于过高估计自身的知识和能力水平以及其对成功概率的贡献度，人们容易把成功归功于自己的能力，而把失败归于外部因素的影响。由于过度自信，人们总是处于一种自我欣赏之中，因而会出现超级良好的自我感觉。

三、启发式思维

不论是在日常的生活、学习中，还是在严谨的科学研究、决策活动中，人们的诸多问题的解决或推进往往并不都是来自严密的逻辑推理，而是来自其他事物或信息的启发。在不同的活动中，人们所受启发的事物或信息一般是不尽相同的，但人们都要经历一个受启发的认知过程。正是这样一个过程，往往就使人们茅塞顿开，从而使问题迎刃而解。启发式是相对于算法式而言的，是更为简便、迅捷的心理捷径。它是在一定的启发信息指导之下，对问题空间进行部分的不穷尽的搜索策略。启发式判断是“迅速而节省”的，是人们现实生活最常见到的，常常在限定的时间内和知识缺乏的情况中产生。

启发式判断与直觉判断是不同的。直觉是一种与逻辑分析的、有意识的认知加工相对的认知加工活动，且是一种无意识的认知加工。启发式是指导信息搜索的有用捷径，是人类重要的认知系统过程，是认知的有意识加工过程。

四、反事实思维

反事实思维（counterfactual thinking）是著名心理学家、诺贝尔经济学奖获得者卡尼曼和他的同事特沃斯基在 1982 年发表的论文《模拟式启发》中首次提出的，它是基于人类是非理性的假设提出的。反事实的字面意思就是与事实相反，而“反事实”被卡尼曼等学者定义为过去结果不真实的替换式。反事实思维就是撤销已经发生的事件，而假设其他未发生的可能性情况的一种思维过程。在汉语中，与反事实思维意思相近的词语有虚拟思维、假设思维。

反事实思维是个体对不真实的条件或可能性进行替换的一种思维过程。作为一种特殊的心理现象，它与其他诸多心理特征一起影响着人们每天的认知、情感和行为。反事实思维在头脑中以条件命题形式表征出来，是一种“如果……那么……”的思维方式，即在心理上对已发生的那个事件进行否定从而建构一种可能的假设的思维活动。例如“如果平时少玩点电子游戏，那么现在就不会近视了”“如果不是穿得太少，那么我就不会感冒了”。它在头脑中主要以条件命题的形式来表征，包括前提（“如果平时少玩点电子游戏”）和结论（“现在就不会近视了”）两部分。根据命题结论的性质，可以将反事实思维分为上行反事实思维和下行反事实思维。其中，上行反事实思维是指想象如果满足某种条件（可替代的结果）有可能出现比事实更好的结果，例如“如果再跑快一点，我就赶上末班车了”；

“如果比赛前能到比赛场地进行适应性训练，那么今天这场比赛就不会输了”。而下行反事实思维指可替代的结果比事实结果更糟糕，例如“幸好比赛前到比赛场地进行了适应性训练，要不然今天这场比赛肯定会输”等。

个体在进行反事实思维时，会对已发生事件的前提进行增添、删减或替代。因此依据心理模拟内容的性质，可将反事实思维分为三种类型。

（1）加法式。加法式是在前提中添加事实上未发生的事件或未采取的行动而对事实进行否定的反事实思维。例如，在假设中“要是当时好好复习，这次考试就可以通过了”，“好好复习”是事实上没有发生的，是在事后添加上去的。

（2）减法式。减法式与加法式相反，减法式是从真实事件中删除某些因素，然后再重新进行建构。例如，“如果没有带这么多东西的话，我们现在就可以跑得快点了”。

（3）替代式。替代式是不常见的类型，指的是假设如果是替代性的前提，则可有另外的结果。例如，“如果平时好好学习而不是打游戏的话，这次的奖学金就是我的啦”。

反事实思维的归类策略包括自我长期策略、自我具体策略、行为策略和情境策略。

（1）自我长期策略。这类反事实思维主要包括被试的个性特征（如“如果我不是冲动的人就好了”“我要是不自我中心就好了”）、态度和爱好（如“要是我不在意他人的看法就好了”）及自己的能力（如“我要是没那么愚蠢就好了”）。

（2）自我具体策略。这主要反映了自我可变性的特征，它包括个人状态（如“要是我在这件事情上不冲动就好了”）、自我展示（如“要是我没有努力去记的话就好了”）、理解（如“要是我当时想的充分一些就好了”）、努力和责任（如“要是我再认真一些就好了”）。

（3）行为策略。它主要涉及被试特定的行为（如“要是我不举手就好了”“要是我没去上课就好了”）。

（4）情境策略。它主要涉及对情境的一些描述，评价的焦点集中在两个方面：自我（如“要是那天我不在教室就好了”）、他人（如“要是那位教授叫其他人的名字就好了”）和其他事件（如“要是当时思考充分就好了”）。

五、心境与判断

生活中，当人们在心情十分不好的情况下，看到的外在事物都是灰蒙蒙的，回忆之前的经历也往往是那些令人不愉快的经历；而在成功、愉快和兴奋的时候，看什么都觉得十分可爱，甚至不断回忆过往那些值得高兴和愉快的人和事。这就是心境对人们的影响。

近年来，大量理论和研究关注人们如何进行情绪信息加工。一种为人们所接受的观点认为，个人优先处理与当前情绪状态相和谐的情感刺激。许多这方面的研究都是基于“心境一致性”假说。该假说认为，个体的学习或记忆与自己当前的心境状态有关，具有积极心境的个体总是对令人高兴的感知觉、注意、解释和情绪信息的判断产生偏好，并且也能从记忆中回忆起更多令人高兴的材料，而具有消极心境的个体的情况正好相反。

第四节　印象与印象形成

在与他人的交往中，人们总是给予别人相关的印象，也会形成自己对他人的印象。印象是否会出现偏差呢？在形成印象，寻找问题的答案时，人们是如何归因的？是否会出现归因偏误呢？在日常生活中，人们时时刻刻接触他人和社会事物，有些事物是人们非常熟悉的，有些却是十分陌生的。对于熟悉的事物，人们往往可以通过经验来加以应对和处理，而对于那些不熟悉的事物则需要加以分析和思考。心理学家把人们对客观事物或他人整体性的认识看作知觉。比如刚刚认识他人的时候，总是要根据有限的信息对这个人形成印象，即这个人是否是一个有能力的人或者他是否容易相处等，这个过程是个人知觉的过程。

一、印象

所谓印象（impression），是认知主体对他人外部特征、内在性格的判断和认识。在社会认知活动中，人们一旦对认知对象的某些属性做出判断，印象就已经形成。从本义上讲，印象组织了人们关于认知对象各方面特性的认知成果，它所反映的是认知对象的总体特征。但在多数情况下，人们不会等到掌握全部特征之后再形成印象，甚至只要看过认知对象的照片，或者跟他说过几句话，就可以做出判断。这种情况是由社会认知本身的特点所决定的。事实上，印象形成是把他人若干有意义的人格特征进行综合、概括而形成一个具有结论意义的特性的过程。在印象形成中，人们经常会提到这些词汇，如"第一印象""整体印象"等。

印象经常容易混淆的概念是社会知觉和社会认知。社会知觉是对各种社会性的人或事物形成的直接的整体性印象，其中主要是指人的知觉，如对各种担负社会角色并具有个性色彩的人的知觉、对人与人之间关系的知觉、对群体建立的知觉等，这种印象通常是关于对象外表特征的认识。社会认知是社会知觉的上位概念，无论是从概念本身，还是在人的整个认知过程中，知觉涉及的仅仅是一个表层印象，而不是关于对象的全部认识，而社会认知则包括关于特定社会性对象的全部认识过程，其中包括社会知觉，也包括社会推理、对其他人外部世界的认识、对自身的认识等。社会认知比社会知觉和印象都要复杂许多。印象仅仅是对他人外部特征和内在性格的简单判断与认识。

在与陌生人交往的过程中，人们获得了第一印象，第一印象是最为重要，也是最有力的评价。卢钦斯（A. Luchins）的实验用两段文字描述一个叫吉姆的男孩在一天中的部分行为。其中一段是写吉姆和朋友们一起去上学，他在路上晒太阳，在商店和一个熟人聊天，问候一个他最近才认识的姑娘。另外一段写吉姆独自一人从学校走回家，在树荫下乘凉，在商店里默默地排队购物，没有去问候那个新结识的姑娘。第一段文字暗示吉姆是性格外向的人，而第二段文字暗示他是性格内向的人。然后卢钦斯以不同顺序将两段文字连起来。他要求被试在读过这两段文字之后对吉姆做出评价，尽管除了顺序以外，两段文字的内容完全相同，但是，先读到第一段文字的被试会认为吉姆的性格比较外向；先读到第二段文字的被试则认为吉姆的性格内向。可见，在社会认知过程中，个人尽管可以获得多种信息，然而决定印象形成的却是最初的信息，其余信息则被忽略。也就是说，第一印象的作用是非常大的。另外，卢钦斯还发现，如果事先提醒被试避免做出草率的判断，并告诉他们要考虑到全部的信息，首因效应就会减弱。如果在第一段文字和第二段文字之间加入一些附加的描述，如吉姆的一些细节行为和一些微小的反应等，那么，第二段文字所提供的信息对于被试形成印象就会有更强的作用，在这种情况下，近因效应就会发生，人们倾向于注意认识对象的当前表现，而忘记了其最初留下的印象。

二、印象形成

在印象领域，对他人形成印象的过程就是印象形成，它是人们对那些有意义的特征进行综合与概括，并形成一个有结论意义的特性的过程。当然，印象的形成是一个非常复杂的过程，心理学家至今还没有完全掌握其形成机制，但总体来说，印象的形成存在某些基本规则，比如一致性规则和评价中心性等。

所谓一致性规则，即认知主体对客体的印象应该是一致的，而不是矛盾的；如果认知主体收集到的关于客体的信息前后矛盾，认知主体会根据一致性规则把各种矛盾的信息整合起来。在对一个人进行社会认知时，认知主体倾向于将其作为协调一致的对象来观察，尤其是在评价该对象时更是如此。如果有关某个对象的信息是前后矛盾的，认知主体也会尽力消除或者减小这种冲突，把对方看成多种特性相融合的、一致的人。印象形成的一致性规则最终可能会形成一个以偏概全的结论，但这种结论更加符合认知主体的心理需要。

那么，什么是评价中心性呢？奥斯古德等通过实验发现：被试用于描述认知对象的全部形容词主要涉及三个范围，即评价（好/坏）、力量（强/弱）、活动（积极/消极）。奥斯古德的实验说明，认知主体描述自己的印象时，主要有三种角度，在这三种角度中好与坏的“评价”维度是主要的，会影响有关“力量”和“活动”的描述，一旦人们判断了认知对象的“好”“坏”属性，其印象就基本确定了。例如，对于一个个体的描述是具有“社会性”，如果人们认为“社会性”是好社交的、平易近人的、爱结交朋友的，人们会对其形成良好印象；而如果人们认为“社会性”是喜欢阿谀逢迎、投机取巧、精明有心计的话，就会对其形成不良印象。罗森伯格同意奥斯古德将“评价”维度放在中心位置上。他进一步区分了“评价”的内在结构，认为认知主体是根据社会特性和智能特性来评价他人的。之后，也有实验证明，让被试看到较多的关于社会特性的判断，一般会影响被试对认知对象的喜欢程度；让被试看到更多智能方面的特性，则会影响他们对认知对象的尊重程度。

综合以上可知，至少有三个维度和若干种具体特性会影响印象。那么，哪种具体特性对于人们形成印象最有分量呢？这里通常把最有分量的特性称为中心特性。所谓中心特性，是指某种对于印象形成具有重要作用的具体特性，这种特性甚至可以改变整个印象。评价维度与中心特性分别处于不同的层次。阿希通过一系实验证实了中心特性的存在。阿希认为，为了形成对某人的印象，至少需要掌握关于此人的几项特征，但人们不会认为人是由几种不同特征拼凑而成的，人们会对一个人形成一种总体的印象。阿希通过实验证实了这一点。他招募了两组大学生作为被试，A 组有 90 名被试，B 组有 76 名被试，主试要求被试仔细听一组描述人的性格特征的形容词，并对被描述者形成某种印象。A 组被试听到的单词为聪明的、灵巧的、勤勉的、热情的、坚定的、现实的和谨慎的，B 组被试听到的单词包括聪明的、灵巧的、勤勉的、冷淡的、坚定的、现实的和谨慎的。两组词中只有一个单词发生了变化，即把“热情的”变为“冷淡的”。然后，阿希请两组被试谈谈自己对这个人的看法。结果发现：两组被试关于这个人的印象很不相同，B组被试中只有大约10%的人相信这个人是宽宏大量或者风趣的，其中多数被试认为这个人斤斤计较、没有同情心、具有功利心等；而A组被试中有90%将之描绘成慷慨大方的，77%认为他是风趣的。阿希因此认为，热情与冷淡是中心特性，这两个单词的替换导致印象的显著差别。

此外，阿希还做了大体相似的第二个实验。他招募了两组大学生被试，A组20名，B组26名，也向他们呈现了两组单词表，与上面一个实验相比，“热情的”被替换为“礼貌的”，“冷淡的”被替换为“粗鲁的”，但这种替换并没有像第一个实验那样引起被试对被描述者做出具有较大差异的描述。因此，“礼貌的”与“粗鲁的”不是中心特性。可见，中心特性的作用是非常复杂的，一个特性是否为中心特性，首先取决于描述一个人的其他信息，其次取决于他人做出的判断。换言之，如果关于其他特性的信息很多，“热情”和“冷淡”的具体作用就可能被削弱。同样，当要求一个人对运动技巧做出判断时，“热情”与“冷淡”可能就没有什么特殊影响了。然而，尽管有这样或那样的限制，但是仍然可以说，中心特性对于大多数印象形成有着重要影响。

那么，对他人的整体印象是如何获得的呢？一般情况下，它通过三种模式获得，即平均模式、累加模式和平均加权模式。

（1）平均模式。印象形成的过程其实是对认知对象的各种特性求平均值的过程。例如，如果认为某人是真诚并且机智的，那么，人们可能会对他有一个较好的评价，因为这两种特性都是有价值的；相反，随意和健忘则是相对没有什么价值的特性，这两种特性通常不会构成吸引力。但是，如果认为某人同时具有真诚、机智、随意、健忘等特性的话，人们对这个人的印象又会如何呢。平均模式认为，印象在形成过程中会将全部特性的价值加总并求平均值，最后的平均值即是对该人的印象分。平均模式可以较好地解释这样一种情况，为什么刚开始交往时认为某人很好，可是随着交往的深入，越来越觉得没有开始认为得那么好，这是因为人们将其各种特性结合在一起计算出平均值而得出的最终印象分。

（2）累加模式。人们在形成印象的过程中，并不是把全部特性的平均值作为印象分，而是把所有特性价值的总和作为依据。如果依然按照前面假设的例子，那个人留给人们的印象分就是：3＋2＋0＋0＝5分。也就是说，随着了解某人越来越多的特性，包括缺点在内，人们对他的印象会越来越好。累加模式似乎可以较好地解释这种情况，即对一个人越熟悉，就越喜欢他，虽然可能明知他有许多缺点。

（3）平均加权模式。平均模式与累加模式哪一种更为准确呢？安德森（E. Anderson）通过一系列实验得出了支持平均模式的有力证据，同时考虑到，就对印象形成的影响力而言，一些特性往往比其他特性更加重要。因此，安德森设想了一套平均加权模式。按照这种模式的假设，人们除了看重影响力之外，还通过平均所有特性去形成一种综合的印象，或者说，人们对于他人身上的极化特性会采取累加模式做出评价，而后依据平均模式去综合对象身上的其他特性。安德森认为，将这两种模式结合起来，能够比较有效地说明印象形成的复杂过程和情况。第一，先行信息加重作用，即认知主体在形成印象时，并不是同等地看待认知对象身上的所有特性，那些首先被发现的特性会影响人们对后来掌握的其他信息的处理方式；第二，消极否定信息加重作用，即认知对象身上的“好”的特性和“坏”的特性，对于认知主体来说意义是不一样的。为了形成一致的印象，认知主体会把相互冲突的信息加以平均和抵消，其中认知主体更加看重的是认知对象的坏的特性，如果其他条件相同，传达消极否定信息的特征比传达积极肯定信息的特征更能影响印象的形成。不管一个人具有其他什么样的特性，一种极端否定的特性会使人产生一种极端否定的印象。

第五节　归因理论与归因偏差

什么是归因？归因（attribution）是指根据有关的外部信息、线索，判断人的内在状态或依据外在行为表现推测行为原因的过程。那么，人为什么会进行归因呢？人需要对外部世界和自己的行为进行解释，从而对事物具有预见性，以便对环境有所控制，并使自己的行为有明确的引导。人需要知道与自己相处的其他人对自己是有利还是有害，需要知道自己的某种行为是带来奖励的后果还是惩罚的效应，因此归因不仅仅是一种心理过程，也是人类生存和发展的一种需要。归因在人际知觉中起着重要作用，对某人行为的归因可能影响对个体特征或特质的判断。

一、归因理论

归因理论就是关于归因的观点、学说和模型。具体地说，归因理论是关于人们如何理解自己或他人的行为，以及这种解释如何影响他们的情绪、动机和行为的心理学理论。归因理论由几种不同理论观点和实验成果集合而成，其共同看法有：归因理论研究人们在社会环境中，如何运用信息对事件做出原因分析，它研究人们收集哪些信息，以及如何将这些信息结合起来，做出归因；许多归因理论都倾向于将社会知觉者看成朴素的科学家，他们可以运用与专业科学家所用的相似方法完成许多任务；归因理论研究一般或明或暗地认定，动机因素是原因分析的动力。归因研究者的最基本假设是，归因是重要的，归因分析是人类行为的基础，也是认知过程和情绪的基础。

（一）海德与朴素归因论

海德是归因理论的创始人，在其代表作《人际关系心理学》中，他阐述了多年来有关认知平衡理论和归因理论的研究成果。一般来说，心理学界把海德的这本书视为归因理论诞生的标志。海德很早就开始研究普通人为什么进行归因以及如何归因的问题。他认为，现实生活中的人有两种需要：一是理解环境的需要；二是控制环境的需要。为了满足这两种需要，普通人必须要对他人的行为进行归因，并且通过归因来预测他人的行为，唯有如此才有可能满足理解环境和控制环境的需要。因此，普通人和心理学家一样都试图解释行为，并且从中发现因果联系，只是普通人的归因没有什么科学方法，他们更多依靠理解和内省。普通人的这种归因活动被海德称为“朴素心理学”，与之相应，普通人也被海德称为朴素的心理学家。海德认为，在日常生活中，人们出于控制周围环境的需要，都会对各种行为的因果关系感兴趣，试图解释别人的行为，他的归因理论注重归因过程的探索。其中，他最为关心的是行为的起因问题。他认为归因过程的关键，在于确定行为是由个人原因引起的还是由外部环境原因引起的。

海德认为，普通人在寻找事件原因的时候，主要从内因和外因两个方面入手，评估哪个因素在起作用。如果他认为某种行为是由行为者的内因引起的，那么，他会因此断定类似的行为今后还会发生，甚至有可能因此推断出行为者的其他特点。相反，如果他认为这种行为是由外因引起的，那么，他不会因此推断出行为者的内在特点，也无法肯定类似行为是否会再度发生。可见，行为的归因与行为预测的关系非常密切。海德还指出，在其他方面相同的情况下，人们经常倾向对行为做出个人归因，他对这种现象提出了两种解释：一种是因为人们通常很难清晰区分行为和行为的潜在起因，这就引导人们做出个人归因。尽管人们也理智地知道行为不总是由个人的因素引起的，却时常假定如此，因为从行为观察转移到推断个人原因较为容易。海德的另一种解释是，人们感性地更加关注行为本身而不是情境因素，行为一般比情境更显著、更引人注目。由于人们的注意力通常集中于人，所以他们倾向于把人而不是把情境看作行为的起因。不过，在实际研究中发现，人们往往把成功归功于内部原因，而把失败归因于外部原因。

（二）戴维斯和琼斯与一致性推断理论

人们常常可以通过别人的行为来判断他们的目的和意图。戴维斯（K. Davis）和琼斯（D. F. Jones）的一致性推断理论就回答了这一问题。戴维斯和琼斯发展了海德的归因理论，提出了一致性推断理论。这个理论试图系统地解释观察者如何根据行为者的具体行动推断其意图或内在倾向，当中有两个前提假设：一是行为者本人能够预见自己的行为后果，其行为是为一定的意图服务的，这使观察者的一致性推理成为可能；二是观察者对行为者的能力、经验等有所了解，否则就无法确定行为的真实意图。

那么，人们是如何从行为者的行为推断其意图或内在倾向的呢？戴维斯和琼斯指出，人们是从以下四个方面进行推断的：

（1）非共同效果。所谓“非共同效果”，是指某一个行为是独特的，与他人的行为并不一致。例如，一般认为，人们在葬礼上哭泣是合乎情理的，在派对上哭泣是匪夷所思的。所以，后者比前者更能为人们提供有关这个人内在倾向的信息。人们试图通过推断人的内在倾向关注不同行为所产生的不同效果。

（2）行为的自由选择性。一方面，如果观察者观察到某种行为是行为者自由选择的结果，他们通常会假定该行为能够反映行为者的意图，根据这种意图或动机就可以推论其品性；另一方面，如果观察者认为外在力量强迫行为者必须如此，那么，可以使用情境因素来解释行为者的行为。因此，当行为者的选择自由没有受到限制时，观察者就更有可能进行对应推论。例如，在一次模拟辩论赛中，甲队抽到正方的签，那么甲队的辩论言辞并不能说明他们支持正方观点；相反，若甲队自愿选择了正方的论点，人们就可以比较自信地认为他们支持正方的观点。

（3）行为的社会赞许程度。如果行为者采取的是社会赞许的行为，人们就无法推论其意图或内在倾向。社会赞许性很高的行为符合社会规范，是大多数人都会采取的行为。相反，那些社会赞许性不高的行为更能反映行为的动机，可以通过其行为反映其独特的意图或内在倾向。例如，某人在应聘营销职位时表现得夸夸其谈，其健谈程度远远超出了其他应聘者。这时，招聘者就可能推断他的行为表现是在迎合招聘者的要求。

(4) 行为是否为角色所要求。特定角色所要求的行为模式，不太可能帮助人们判断行为者的社会动机，例如，消防员帮助市民救火并不能说明他乐于助人，因为救火是他的职业角色的基本要求。但是，如果无关的行人帮助别人救火，那么，可以推论他是乐于助人的人。

（三）凯利与协变完形论

凯利接受并发展了海德的归因理论，提出了归因的协变完形论。他认为，人们多是在不确定的条件下进行归因的，他们需要从多种事件中积累信息，并且利用“协变原则”来解决不确定性的问题。凯利认为，人们在试图解释某人的行为时，可能用到三种形式的归因：归因于行为者、归因于客观刺激物（行为者对之做出反应的事件或他人）、归因于行为者所处情境或关系。例如，某人连续几天去展览馆看新展出的油画，他这种行为的原因可能有三种：(1) 他喜欢这幅画；(2) 油画很有欣赏价值；(3) 这几天他没有什么事做。这三种解释都有可能是对的，那么，人们如何才能确定哪种解释更加符合实际情况呢？凯利指出，为了做到这一点，观察者需要运用三种信息，即区别性信息、一致性信息、一贯性信息。其中，区别性信息是指行为者只是对当前的刺激对象产生反应，还是对许多不同的刺激对象产生相同的反应。区别性高是指行为者只对特定刺激对象产生反应；区别性低是指行为者对许多不同的对象产生相同的反应。某人连续几天看新展出的油画，那么，他是否对其他油画也如此感兴趣呢？是否还看了其他新的展品呢？如果他只看这些油画，而不看其他展品，就说明他对不同刺激物的反应有高区别性。一致性信息是指行为者的行为与其他人的行为是否一致。如果一致，则说明一致性高；相反，则说明一致性低。某人看了新展出的油画，他周围的人是否也看了？如果周围不少人也看了，则表明某人的行为与其他人具有高度一致性；相反，某人的行为与其他人之间具有低一致性。一贯性信息是指行为者对当前刺激对象是否一贯产生相同的反应。如果行为者一贯产生相同的反应，则一贯性高；相反，则一贯性低。例如，只要这幅油画展出，某人一定去看，则说明他的行为一贯性高；相反，则说明他的行为一贯性低。通过上述三种信息就可以断定引发某种具体行为的原因究竟是来自行为者本身，还是来自情境因素。麦克阿特尔（McArthur）以实验方式对凯利的理论进行了验证，揭示了三种信息与归因方向的关系。试验者给被试一个假设的事件——玛丽昨晚观看表演。当一位喜剧演员登场的时候，玛丽笑得前仰后合。试验者通过变化区别性、一致性和一贯性等信息，然后测定被试所进行的归因。

（四）维纳与动机归因论

维纳（B. Weiner）的动机归因理论认为，动机水平取决于一个人对目的的评价，以及达到目的可能性的评估。

维纳的归因理论的基本假设是，寻求理解是人类行为的主要激发因素和人类动机的主要源泉。他认为，人是有理性的，具有强烈需要去理解环境和自身，所以往往根据各种信息和线索对所发生的事情或行为结果的原因进行推断，力求找出其动因。维纳的归因理论从探索人们如何理解环境入手，推论自己和他人行为的原因，以期为确定以后的行动方案服务。维纳同意海德的观点，认为归因可以分为内部归因和外部归因。在此基础上，他还提出归因的两个新的维度：稳定性和可控性。所谓稳定性，指作为行为原因的内外因素是否具有持久性，可以分为不稳定归因和稳定归因。所谓可控性，是指行为原因能否被行为者所控制，它可以分为可控归因和不可控归因。根据上述三个维度，人们就可以找到影响行为的原因。例如，学生A把他考试取得优秀成绩归因于自己的持久努力，那么，他是在做内部、稳定和可控性归因；学生B把他考试取得优秀成绩归因于自己的能力强，那么，他是在做内部、稳定和不可控性归因；学生C把他考试成绩不及格归因于考试难度大，那么，他是在做外部、稳定和不可控性归因；学生D把他考试成绩不及格归因于老师对自己的偏见，那么，他是在做外部、稳定和可控性归因。维纳认为，归因会影响人们对未来行为的预期和倾向。

二、归因应用

随着有关归因的基本知识的增长，这些知识的实际应用范围越来越广泛，对于理解大量的社会问题起着十分重要的作用。归因理论在实践领域的应用主要包括动机激发、临床心理学和亲密关系改善等。

（一）促进动机激发

归因研究假定，人人都是科学家，试图根据自己的知识了解自身和发展其周围环境。这种归因过程往往以一个事件的完成（如考试的成功与失败）开始，最终是某种行为反应。这期间是一个动机过程，它由因果推断（即归因）来引导，这个过程介入刺激（考试结果）和反应（一些行为反应，如辍学）之间。动机的激发过程开始于成功或失败的结果，人们会根据个人的成功和失败的历史，他人成功和失败的数量（社会标准）以及其他前提条件，开始对这种结果进行归因。归因方向是多种多样的，比如归因于能力、努力、任务特点和运气等。如果把成功结果归因于自己（如能力或努力），相较归因于外在因素（如任务简单）会体验到更强的自豪感。如果把失败归因于内在的可控制原因（如缺乏努力），那么就会体验到内疚；内疚反过来作为动机的刺激物，促使个体增进行为表现。如果把失败归因为内在的不可控制原因（如能力低），就会引起羞愧、羞辱及困窘，使人从任务中退缩，并抑制随后的行为表现。

（二）归因治疗

心理治疗是从医学中借用的一个概念，是相对于躯体治疗而言的。人的躯体有了疾病需要治疗，人的心理有了疾病同样需要治疗。归因理论之所以能够介入心理治疗实践中并得到广泛的应用，主要基于以下两个原因：其一是任何心理疾病都是通过不良的情绪、动机和行为反应表现出来的；其二是归因对人们的情绪、动机和行为反应具有重要的影响。人们希望通过改变患者的归因来控制其症状。

目前，关于归因认知过程和效果的理论均被广泛地应用于心理治疗实践，在临床上已经形成了以归因理论为基础的治疗体系。归因疗法即在心理治疗实践中引导和改变患者对其症状或问题产生原因的知觉，借以控制和消除其不良的情绪和行为反应。与其说这是治疗方法，不如说是一种指导思想和治疗原则。坚持采用归因疗法的临床医生相信，任何心理疾病都和患者对其症状产生原因的不正确或不良的知觉或推断有关，所以心理治疗的最基本原则就是采取所有可能的方法和手段，将患者的这种不良的归因引向某种中性的、无害的归因。

（三）亲密关系改善

亲密关系质量问题始终受到心理学家的关注。近几十年来，亲密关系伴侣的行为和归因成为研究焦点。这方面的研究发现，由于受到行动者与旁观者效应影响，伴侣双方对于自己的行为和对观察到的类似伴侣行为，做出相当不同的解释。此外，由于受到自我服务偏差的影响，配偶一般认可自己在成功中的作用而避开在失败中的责任。探讨归因模式与关系状态的相关性研究发现，幸福的伴侣倾向于将行为归因于增进关系，认为对方的积极行为是特意的、习惯性的，做出的是内部、稳定和可控性归因。同时，认为对方的消极行为是偶然的、不寻常的、有限制性的，做出的是外部、不稳定和不可控性归因，因而给予谅解。不幸福的伴侣则相反。此外，有害的关系信念和归因也会影响亲密关系，如认为争论是有破坏力的，意味着伴侣还不够爱我；心有灵犀很重要，彼此真正关爱的人应该能够直觉地知道对方的需要和偏好；伴侣是不会变的，本性难改；好的关系顺其自然，不必做些什么来维持一个好的关系；等等。

三、归因偏差

一般来说，归因理论对归因的解释以理性的、逻辑的方式为前提，但是实际上，人们的归因行为并不总是既逻辑严密又合情合理的，因而就会出现归因偏差。归因偏差是指归因者偏离了标准的归因过程，歪曲了事物发生的某些真正的原因。其中，有的是由于认知过程本身固有的局限造成的，有的是由于人们的动机导致的。

人们总是倾向于将内群成员的积极行为和外群成员的消极行为归因于内部因素，而将内群成员的消极行为和外群成员的积极行为归因于外部因素。佩蒂格鲁（Pettigrew）认为，这种归因偏差是所有归因偏差中最具根本性同时也是最重要的一种。持信息加工观点的社会心理学家一般认为，刻板印象与基本归因偏差有很大的关系。正由于基本归因偏差，人们解释他人的行为时，往往更喜欢对行为者的行为进行内在归因，即把行为归因于行为者个人特性方面的原因。

另外，心理学家发现人们在生活中也出现了利己主义归因偏差。利己主义归因偏差是指人们倾向于把自己行为的积极成果（成功）归因于个人因素，而把消极结果（失败）归因于环境因素。因为人们总是希望获得成功，正是这种倾向导致了利己主义归因偏差。如果人们把成功视为加强自我权威或保护自尊心的手段的话，就可能对自己的失败行为作外在归因。人们往往把自己成功的原因归结于内在属性，例如，能力、努力和好的品质等；与此相反，又从外在环境中为自己寻找失败的原因。当原因不明显时，这种自利性归因最容易发生。在行动者与观察者效应中，人们倾向于把他人的失败行为归因于较稳定的人格因素，把他人的成功归因于外部环境；而将自己的失败行为归因于外部因素，把自己的成功行为归因于自己的个人力量。比如有的人参加跑步比赛，比赛结束以后，谈论自己胜利或失败的原因时，失败者归因于外部因素，如运气不好、跑道不好等，而胜利者归因于自己的技术和努力等。利己主义归因偏差在群体中也经常发生，当一个集体合作项目获得成功时，成员很容易将主要功劳归因于自己；在面对失败时，成员又常常责怪其他成员。

在线自测

扫一扫 练一练

第七章　社会态度

本章提要

态度是行为的决定因素，也是预测行为的最好途径。奥尔波特指出，在当代社会心理学中，态度可能是最独特、最不可或缺的一个概念。没有其他任何一个概念在实验与理论文献中比它出现得更加频繁。态度是人们反映社会存在的主观意识，它影响甚至支配着人们的行为和实践活动。态度是由认知、情感与行为意向组成的内在稳定的主观倾向或状态。人们的社会态度具有联结人们的社会存在与社会意识的重要纽带和桥梁作用，映射着人们所面对的社会现实，同时也在人们内在观念与价值的指引和影响下，形塑并规范着人们对外在现实的反应和应对。

引导案例

助推器官捐献的态度改变

器官捐赠是全世界面临的难题。世界卫生组织的统计表明，全世界需要紧急器官移植手术的患者数量与所捐献人体器官的数量比为 20：1，各国都在尝试运用各种方式解决器官捐献率低的问题[①]。助推（nudge）致力于不依靠明显的刺激方式，而是利用人们在选择时的行为偏好或非理性行为，以积极的方式影响人们的态度和行为。当前，荷兰通过大规模的教育活动和发送大量的邮件说服公民注册成为器官捐献者。西班牙正式使用助推改变态度和行为的方式，规定所有公民都被视为器官捐献者，除非公民本人在生前表达了相反的意愿。这一充分运用默认选项的法律辅之以高效的器官捐献与移植架构及运作机制，确保了西班牙的器官捐献率已连续多年位居世界首位。西班牙每百万人中就有 43 个器官捐献者，并且每年进行约 5 000 例移植手术。也就是说，当西班牙人需要进行器官移植时，他们是世界上最有可能接受移植手术的群体。

案例思考：

1. 助推如何改变人们对器官捐献的态度？
2. 助推是否在其他方面得到一致的效果？请举例说明。
3. 请查阅相关材料，了解助推的多重方法和策略。

社会心理学的目的是描述、解释、预测和控制人们的社会行为，而社会心理学家一直

---

① 张书维，梁歆佚，岳经纶．行为社会政策：“助推”公共福利的实践与探索．心理科学进展，2019，27（3）：429－438.

认为，态度是行为的决定因素，也是预测行为的最好途径。因此，社会心理学很关注态度问题的研究。早期的著名学者托马斯（R. U. Thomas）认为，社会心理学就是态度的科学。在 20 世纪初期，社会心理学的奠基人奥尔波特就断言，态度是社会心理学中最不可缺少的概念。在过去的几十年中，社会心理学家对态度进行了广泛而深入的研究。有关态度的理论和研究已经非常丰富，在诸如态度结构、态度改变、态度测量、态度与行为一致性等方面得到了许多对生活有指导意义的结论。态度之所以成为社会心理学的核心问题，有理论方面的原因，也有现实方面的原因。从理论上讲，心理学家对预测和控制人的行为非常感兴趣，而态度被认为是行为的预测源，通过改变态度可以矫正行为。那么，到底什么是态度？态度与行为之间到底存在着什么关系？

第一节　态度本质

为什么有些人喜欢购物，而另一些人却不喜欢？为什么受某些人欢迎的人却受到另一些人的排挤呢？这都涉及态度的问题。

一、态度的定义与特性

在现代语言词汇中，态度被用来指示一种社会生活中最常见的社会心理现象。斯宾塞在《第一原理》中提出，在有争议的问题上的判断依赖于所具有的态度和保持正确的态度。20 世纪初，伴随着实验社会心理学的兴起，态度的研究也迅速发展起来，并成为社会心理学中重要的研究领域[①]。

对于什么是态度，不同立场的学者有不同的理解。这里可以把态度定义为：态度是对某物或某人的一种喜欢或不喜欢的评价性反应，它表现在人们的信念、情感和行为倾向中。那么，应该如何理解态度的定义呢？任何一种态度都由两个基本要素构成：一是态度对象，二是评价的心理过程。所谓态度对象，是指态度所指向的客体。任何态度都具有明确的指向对象，例如对父母的态度、对工作的态度等。态度对象可以是具体的客体，也可以是抽象的客体。所谓评价的心理过程，指态度是一种喜欢或不喜欢的情感性评价。这种情感性评价介于态度对象与外部反应之间，是一种假设的结构，它无法被直接观察到。

由此可以认为，第一，态度的对象是社会存在，是与个体有关联的他人、他事、他物以及个体自身等具有社会意义的存在物；第二，态度的构成具有一定结构，它作为一种心理状态不仅由多种成分组成，而且呈一定的结构，正因为如此，态度才具有一定的职能，对人的内潜心理和外显行为起着动力作用；第三，态度具有比较持久的稳定性，能够持续一定的时间而不发生改变，态度的这种稳定性是相对而言的，在一定的时间内和在一定的程度上态度是稳定的；第四，作为态度的心理状态是内在的，存在于个体自身内部，是难以直接观察到的，人们通常表露于外的意见、看法、观点、主张等，虽然反映和体现了个体所持有的对某事物的内在态度，但这只是态度的表达或态度外化的产物，而不是态度本身。

① 菲利普·津巴多. 态度改变与社会影响. 邓羽，肖莉，唐小艳，译. 北京：人民邮电出版社，2018.

作为一种重要的社会心理现象，态度具有如下几种特性：

首先，态度具有社会性。态度不是生来就有的，而是个体在后天的社会生活中通过学习获得的。个体在其后天长期的社会生活中，通过与他人的交往和相互作用，通过接受周围生活环境和社会文化的不断影响与习染而逐渐形成其对他人、他事、他物的一定态度。态度本身所包含的内容及其变化充分体现了态度的社会性。

其次，态度具有主观经验性。个体的意识世界可分为两种：一种是观念的世界，它是在后天社会生活中不断积累各种经验的基础上形成的，其中包括以一定的观念形态而存在的信仰、价值观、人生观及其他各种思想观念；另一种则是经验的世界，它是个体在与周围环境的直接相互作用中形成的，其中包括以一定的经验形态而存在的认识、判断、评价及各种体验和感受。态度介于这两者之间，一方面它与个体的观念世界尤其是其中的信仰和价值观有密不可分的联系，常常反映个人所持有的各种思想观念；另一方面它又包含了相当大的经验成分。因此，态度本身就具有了主观经验性。

再次，态度具有动力性。态度对个体自身内潜的心理活动和外显的行为表现都具有一种动力性的影响，同时对个体与他人的相互作用和个体对社会生活环境的适应也具有这种影响，表现为一种激发、始动和调整、协调的作用。

二、态度的维度

在社会心理学中，对于态度的维度通常有两种不同的理论模型：单维模型和三维模型。单维模型把对态度对象的评价作为态度的核心，认为态度是对态度对象的情感性评价，而评价有性质（积极评价或消极评价，赞成或不赞成，喜欢或不喜欢）和强度（由弱到强）之分。态度就是由关于态度对象各种属性的预期以及对这些属性的评价所决定的。例如，一个人对体育锻炼的态度涉及对体育锻炼的各种属性的预期，以及对这些属性的评价，如锻炼有助于增进健康（积极评价）、锻炼可以保持体型（积极评价）、锻炼需要花费时间（消极评价）、锻炼有时很枯燥（消极评价）等。

三维模型认为，态度包含认知、情感、行为三个维度。态度的认知成分是指人们作为态度主体，对于一定态度对象或态度客体的知识、观念、意象或概念，以及在此基础上形成的具有倾向性的思维方式。充分理解是人们对一个事物、一个现象形成一定态度的前提，如果没有一个清晰的、全面的认知，那么态度的形成也会是模糊的，可信度较低。态度的认知成分具有倾向性和组织性，这种倾向性和组织性会成为一种头脑中的既定模式或刻板印象，使人倾向于按照类属思维的轨道来认识态度对象，并对其进行思考。因此，态度的认知成分区别于一般的事实认知，有时会带有偏见的性质。态度的情感成分是指个体对态度对象所持有的一种情绪体验，如尊敬和鄙视、喜欢和厌恶、同情和嘲讽等。态度的情感成分与认知成分紧密相关，社会心理学家认可态度具有认知成分的观点，但同时他们又相信，通常人们以肯定或否定、赞成或反对、接受或拒绝、选择或不选择为典型的态度反应方式。不过，态度的反应或选择并不单纯是情感反应，而是兼具认知和情感因素的综合性的态度反应。一切态度的反应即便看起来是情感的反应，其也必定有认知成分的积极参与。态度的行为成分是指个体对态度对象所持有的一种内在反应倾向，是个体做出行为之前所保持的一种准备状态。一般地说，尤其是从理论上来看，态度构成中的这三种成分之间是协调一致的，如果出现了矛盾和不协调，则个体会采用一定的方法进行调整，重新恢复其间的协调一致。但在现实生活中，这三者之间的关系并不如此简单，在一定程度上往往存在着不协调和不一致。作为一种具有认知基础的心理反应倾向，态度兼具认知、情感和行动三种成分，并且这三种成分是彼此相互关联的。

近年来，有关态度研究的最新进展是双重态度模型的提出。双重态度模型认为，人们对于同一态度对象能同时存在两种不同的评价：外显态度和内隐态度。这里，外显态度是一种能被人们所意识到的态度，即通过自我反省就能够表现出来的态度。内隐态度则是无意识的、自动激活的内隐性态度。人们对同一态度对象的外显态度与内隐态度往往是共存于人的记忆中。内隐态度是被自动激活的，而外显态度则需要较多的心理能量和动机从记忆中去检索。当人们检索到外显态度，且它的强度能超越和压制内隐态度时，人们才会报告外显态度；当人们没有能力和动机去检索外显态度时，他们将只报告内隐态度。外显态度相对易于改变，内隐态度的改变则较难，那些态度改变技术通常改变的只是人的外显态度，而非内隐态度。其中，外显态度是通过问卷方法获得的，而内隐态度则是通过内隐联想测验等技术获得的。

第二节　态度理论

半个多世纪以来，有关态度的理论研究可以按照其基本理论观点和方法的不同大致划分为如下类别。

一、强化论观点的态度研究

强化论观点的态度研究认为，态度是有关社会重大事件的某些特定刺激与具有动因性反应之间的强化联系而成的行为倾向性，这种倾向性往往以对社会现象的好坏评价而表现出来。态度即对于社会对象进行好坏评价的倾向性，它通过学习强化而获得。强化论观点的态度研究可区分为以下三种。

（一）古典条件反射理论的研究

用古典条件反射学说解释态度的形成与变化过程，认为如果把态度作为对于社会对象的评价或情感的话，那么以态度对象作为条件刺激，将其与人已经具有的肯定或否定性评价、情感等无条件刺激多次结合强化，则对于条件刺激的态度对象也就会形成与无条件刺激同样的评价和情感，即形成特定的态度。

（二）操作性条件反射理论的研究

借助操作性条件反射机制可以有效地使态度发生改变，如褒奖时便立即给予鼓励性的言语奖励，反之则给予批评性的言语惩罚或不作反应，可以使肯定性发言有所增加而否定性发言有所减少。

（三）学习理论的研究

人们态度的改变过程实际上是一个学习的过程。这种学习的基本过程实质上是在强化原理的支配和控制下进行的特定刺激与特定反应的联结过程。这一理论的另一个基本观点为，在改变他人态度时，不仅要了解和掌握刺激与强化作用的特性，还要对个体本身的情况有所了解，个体自身是介于刺激与反应之间的一个不可缺少的中介环节。因此，改变他人的态度首先要了解他人的原有态度，了解他人过去所经受的强化经历，只有这样才能在改变他人态度的过程中充分有效地发挥刺激和强化作用。在这种理论的指导下所进行的有关态度转变的实证研究，一般分为两大方面：一是注重对强化的研究，力求据此总结出一套精确的强化法则；二是注重对刺激和作为中介环节的个体的研究，具体探讨刺激自身的特征、刺激来源、刺激过程及刺激接受者这几方面因素对态度转变的影响。

总而言之，态度改变的学习理论的原理及观点并未超越行为主义学习理论的范围。因此，与其说这一理论是独立的，有其特定概念、原理和法则，还不如说这一理论是行为主义学习理论应用到态度改变研究领域的产物更为准确。

二、认知论观点的态度研究

认知论观点的态度研究注重"态度是对社会对象的评价"，力图从评价的角度探索态度的内部心理机制，其代表性的研究表现在如下几个方面。

（一）紧张减缓理论研究

该理论模型以认知统合倾向的态度形成与变化研究为核心。所谓认知统合倾向，是指人们具有一种使自己已有的认知关系结构保持相对平衡不变的倾向性，当这种倾向性受到干扰破坏时，就会产生否定性的评价及相应的情感态度（如不安、紧张、恐惧、不快等），并努力排除干扰，维持认知结构关系的平衡稳定性，在达到目的以后便会产生肯定性评价及相应的情感态度（如安定、轻松、愉快等）。这方面的研究很多，诸如平衡理论、认知失调理论等，其中以认知失调理论对态度改变研究的影响最大。

认知失调理论是由费斯廷格于 1957 年提出来的。所谓认知失调，是指个体所持有的认知彼此矛盾冲突，处于相互对立的状态。其中，认知包括思想、态度、信念，以及人们所感知到的行为。在费斯廷格看来，首先，这些认知之间存在着相关和不相关的关系；其次，在具有相关关系的各种认知之间，才会存在矛盾的或一致的关系，才会产生协调或失调的状态。认知的失调有程度上的大小之分，这取决于以下两个条件：第一，失调的认知数量与协调的认知数量的相对比例；第二，每一种认知对个体具有的重要性。如果处于失调状态中的认知对于个体来说是无关紧要、影响不大的，则其所引起的心理紧张只能是微弱的；如果这种认知对于个体来说是意义深远、关系重大的，则其所引起的心理紧张就会是强烈的，并驱使个体去努力减轻或消除紧张。这两个条件与认知失调程度之间的关系：

失调程度＝（失调的认知数量×认知的重要性）/（协调的认知数量×认知的重要性）

根据这种理论的基本假设，当在认知上产生失调状态时就会引起个体心理上的不愉快和不舒适的感觉体验，造成心理上的紧张感，从而驱使个体去减轻或消除失调状态，使认知互相协调一致。通常，消除失调状态的方法有如下几种：

（1）改变认知，使之与自己持有的其他认知保持一致。例如，家长反对儿童玩电子游戏。如果认为偶尔玩电子游戏可以使儿童放松心情，即通过改变认知来改变内在冲突。

（2）改变行为，使对行为的认知与其他认知保持一致。例如，家长限定儿童玩电子游戏的时间，便可以避免儿童沉迷于电子游戏，这样能够使相互矛盾冲突的认知相协调。

（3）增加新的认知，改变失调的状况，使认知之间的矛盾得到合理的解决。例如，一个自称有能力但却总是把事情弄糟的人，就可增加一些新的认知，如将事情本身太复杂、客观条件较差、各个方面不合作等作为把事情弄糟的原因，从而使原先的认知矛盾在得到合理的解释后得以消除，失调的状况得到缓解或改变。

继费斯廷格之后，又有许多研究者对认知失调理论进行了大量研究，以致有关认知失调的研究被看作20世纪60年代社会心理学蓬勃发展的一个重要标志。研究发现，与认知不一致的行为如果是由个体自由选择做出的，不存在任何外来的压力和限制，则这种失调所引起的心理压力就非常强烈，从而会引发态度或行为的改变。但是，如果这一行为是在某种外来压力之下被迫做出的，则由此而引起的心理压力就不一定非常强烈，甚至可能不会产生任何心理上的不舒适感。此外，即使个体的认知失调，但如果个体在认知中的卷入程度较低的话，则这种失调并不会引起个体心理上的紧张感和压力感。

（二）归因理论的研究

以归因理论来说明态度变化的心理机制称为自觉理论。依据这个理论，人能够清楚地意识到自己的态度与情感，并常常积极主动地将当前的认识对象及其有关评价与过去的经验相比较。人们一般都能表述出自己为什么会具有这样或那样的态度，对态度形成与变化的心理原因也有一定的自知之明。虽然不排除潜意识的作用，但从总体上而论，态度的形成与变化建立在人们有意识的理性评价的基础之上。

（三）社会判断理论

社会判断理论由谢里夫和霍兰德首次提出，其理论基础源于谢里夫根据心理物理学的原理和方法所进行的关于物体重量知觉判断的研究。他发现，人们在对他物进行判断时，如果他们已经持有某种判断的参照标准或是拥有帮助进行判断的参照物，而在实际的判断过程中，被判断的事物如果与这种参照标准或参照物相差较大的话，则人们会倾向于将其判断为比实际上的要相差更大；被判断的事物如果与参照标准或参照物比较相似的话，则人们会倾向于将其判断为更加相似。

谢里夫将这个结论用来解说态度改变。在他看来，个体所持态度是不能用量表测量尺度上的某一个点来代表的，而应该用一段区域来表示。这段区域是由三个部分组成的，即接受的区域、态度不明朗的区域和拒绝的区域。当个体遇到某一个劝说信息或新的观点和看法时，首先对此进行判断，弄清楚这些信息、观点是什么性质的，即弄清楚在个体自身的态度区域中位于哪一位置，然后才可能根据上述原则做出改变态度或拒绝的反应。如果个体通过判断发现新的观点主张是位于自己态度的接受区域之中的，就会因此而接受这种新的观点主张，并相应改变原有的态度；如果是位于自己态度的拒绝区域中的，就会拒绝改变原有的态度。此外，当新的观点主张是位于个体态度的不明朗区域时，同样会引起个体原有态度的变化。

谢里夫还更深一步地研究了态度区域的大小与态度改变之间的关系及新的观点主张与原有态度观点相似或相异的程度与态度改变之间的关系。结果发现，接受区域较狭窄的个体，其态度的改变较为困难；而接受区域较为宽广的个体，其态度的改变则较为容易。当一种新的观点主张与个体原有的观点主张极为相近或相似时，就会出现新的观点主张被原有的观点主张同化的情况，由此就不一定会引起态度的改变；而当新的观点主张与原有的观点主张相差极大时，就会遭到个体的拒绝，因而同样不能引起态度的改变。只有当其处于这两种极端情况的中间之处时，亦即位于态度区域的不明朗区域时，其所具有的劝说作用才最大，因而才会引起个体态度的明显改变。

社会判断理论具有较明显的认知色彩和个人主义的特征，它强调的是个体自身对刺激信息的知觉判断，并认为这种判断是态度发生改变的中介物，是先于态度改变而进行的。同时，该理论还认为，每个人对他自己所持有的态度是了解知晓的，对自己所愿接受的态度和不愿接受的态度也是知道的，由此个体才可能拥有一个关于某一事物或对象的态度区域，并能够据此进行判断。此外，根据这种理论对态度改变进行的分析可以发现，其所探讨的态度改变基本上是局限于强度改变的范围之内，而较少涉及态度方向改变的问题。

三、功能理论

功能理论的基本主张是认为人们之所以持有某种态度，是因为这种态度能够满足他们个人的某种需要，特别是心理上的需要。因此，要改变人们的态度，应首先了解态度所能够满足的需要是什么，通过改变人们内在的需要来改变人们所持有的态度。

（1）工具性、调适性或功利性的功能。人们之所以对某一态度对象持有积极肯定的态度，是因为这一对象对满足个人的需要是有用的、有效的，而对某一态度对象持有消极否定的态度则是因为其阻碍和不利于个人需要的满足。个体的态度不仅反映和体现了个体的内在需要，而且能够帮助和促进个体需要的满足。

（2）自我防御的功能。这一功能可以回避个体的缺点、不足之处以及过去生活中的不愉快经历，帮助人们回避那些严峻的环境和难以正视的现实，从而保护个体的现有人格和心理健康。

（3）认识的功能。个体所持有的态度也是个体认识周围环境的一个重要途径。每个人都想理解自身周围所发生和存在的各种事物，为此人们将获取的各种知识、经验、信息加以汇集、整理、分类，并使之与各种事物相联系，使事物具有意义，使个体能够对其周围的事物有所认识和了解，并将这种认识和了解组织进自己的态度之中。

（4）价值表达的功能。人们都有自我表现的需要，而这种需要的满足正是通过态度得以实现的。人们通过态度表达自己的价值观，充分显示自己的人格和对人生意义的追求。日常生活中，人们常常需要通过表明自己的态度来显示自己的社会价值。主动表明态度、积极参与某个隶属群体、实际帮助别人等，都是人们选择并表明一定态度的方式。

态度的功能理论除了强调态度所具有的需要满足功能，还承认态度改变中存在着个别差异。每个人都有着不同于他人的内在需要，因此，通过改变需要来改变态度的方式也就因人而异了。此外，功能理论还具有在理论观点上兼收并蓄的特点，它不是以一家的理论思想贯穿始终，而是各取所需，融合各家于一体。其不足之处是在实际应用中人们很难对态度所满足的需求进行客观、准确的测量。

四、态度改变阶段理论

态度改变阶段理论包括服从、认同、内化三个阶段。

（1）服从。服从是人们为了达到某种物质或精神的满足，或者为了避免惩罚而表现出来的行为。如学校的儿童为了避免老师的惩罚而循规蹈矩就是一种服从行为。服从行为并非出于个体的内心意愿，并且是暂时性的，只是为了达到自己临时性的目的而被迫表现出来的表面性行为。

（2）认同。认同是指个体自觉自愿地接受他人的观点、信念、态度和行为，并有意无意地模仿他人，使自己的态度和他人要求一致。

（3）内化。内化是指个体完全地从内心里相信并接受了他人的观点，从而彻底改变自己的态度。内化意味着把他人的观点、态度完全纳入自己的价值体系中，成为自己人格的一个组成部分。

第三节 态度测量

态度是无法用肉眼直接观察的内潜的心理活动，对人们态度的了解和认识通常也是通过对人们的外显行为（如口头言语、书面言语、行为表现）的观察和记录进行的，所以对于他人态度的了解和认识实际上是通过由外向内的间接推断而获得的。态度测量即是对人们的外显行为进行观察、记录并据此进行间接推断的过程。态度测量的方法有许多种，经常使用的有量表法（自我评断法）、问卷法（自我报告法）、投射法（测验法）、行为观察法、生理反应测量法和内隐联想测验。

一、量表法

量表法又称自我评断法，是运用根据一定的测量、统计原理而编制的态度量表来测评个体所持态度的一种方法。被人们广泛运用的态度量表有等距量表、总加量表和语义分化量表。

（一）等距量表

这种量表由瑟斯顿在1929年首创，曾一度被广泛使用。编制这种量表时，编制者首先要收集有关所测问题、事物的各种态度表述语。编制量表时收集的表述语数目应比最后正式使用的数目至少多一倍，并请相关专家学者作评断，根据每一表述语句所含观点的看法、赞成和反对的程度，将所有语句排放在一个11点的尺度上。然后根据全部评断者对每一态度表述语评断的结果，求出态度表述语在尺度11点上的累积评断次数，画出曲线图。用作图法以50%为基准确定每一态度表述语的量表值，再用作图法算出每一态度表述语的Q值（四分位差）。Q值是语句筛选的一个重要依据。

所有态度表述语的量表值和Q值都算出后，就可进行语句的筛选，剔除那些不合用的语句。用筛选合格的态度表述语编制成正式测量用的量表，测量时要求被试勾出自己所赞同的语句，算出这些语句量表分的中数，即为被试态度测量的得分。得分的意义可参照11

点尺度进行解释。瑟斯顿的等距量表的特点在于侧重态度的认知维度，编制方法也较为严谨，不足之处则是过于烦琐。

（二）总加量表

总加量表由利克特（R. A. Likert）在 1932 年研制，它通过要求人们指出对每个项目赞同或不赞同的程度从而对其态度进行测量。这种量表的编制过程较为简单，编制者首先要收集或编写大量有关所测问题或事物的态度表述语，将其编制成问卷，每句表述语之后附有一个 5 等级选择问答。例如，测量居民对外来移民的态度问题的五点量表中的指导语是："请用 1 到 5 来表示你对下列陈述的赞同程度，其中 1=非常同意，2=同意，3=不确定，4=不同意，5=非常不同意。你的回答无所谓错与对，只要是你的真实想法即可。"将这样的问卷发给一些被试填答，之后计算每个被试所得总分以及在每一态度表述语上的得分，根据这些分数进行态度表述语的筛选，以确定用于最后的正式量表中的语句。

通过上述方法和步骤，即可编制出用于正式测量的量表。通常每一量表所容纳的态度表述语为 20 句以上。被试得分的意义要参照量表中所有态度表述语的分数总和情况来定。例如，一个量表由 20 个态度表述语组成，则所有态度表述语的分数总和最高为 100 分，最低为 20 分，中间分为 60 分。被试测量所得总分为 85 分，则说明该被试所持态度是赞成的；另一被试测量得 35 分，则说明该被试是持非常不赞成的态度的。

总加量表的最大优点是编制过程较为简单，分数的评定也简便易行，因此为人们广泛采用，一般的调查访问中也常采用这种形式来编制问卷。总加量表的一个特点是对态度的情感维度的侧重，即通过对被试所持观点、看法的情感强度进行测定来确定被试态度的异同，这是与瑟斯顿等距量表的明显不同之处。

（三）语义分化量表

语义分化量表由奥斯古德在 1957 年创制，最初是用于测量某一概念或事物对人们所具有的意义，这种意义并不完全是由概念或事物本身的语词含义所决定，而是根据人们所具有的经验或对此的理解来定的。其基本假设是，存在着一个维度数量未知的语义空间，任何词语或概念的意义都可以表述为这个语义空间的一个特殊点。

奥斯古德的方法是，让人们在一套语义量表上对一个特定概念进行判断，这些量表由以中性为中点并包含了 7 个可辨别等级的成对反义词所构成。实际测量时，研究者要求被试在一个 7 点尺度上评断自己对某事某物的看法。7 点尺度的两端是成对的形容词，尺度上的每一点均有相应的分数，被试只需根据自己的看法在尺度上选出能够代表或表明自己这种看法的那一点，圈划出标记即可。研究者将对应于被试圈划的那一点上的分数加在一起，即得到被试态度测量的得分。对被试得分的解释方法类似于总加量表中运用的方法，即要参照量表容纳的所有尺度的分数总和情况。奥斯古德的研究表明，人们在判断概念时主要会用到 3 个独立因素：评价因素（如好与坏）、潜力因素（如强与弱）及活动因素（如主动与被动），即评价维度、潜能维度和活动维度。

根据语义分化的测量，使用因素分析的方法分析出各种概念或事物对人们所具有的意义的三个维度，即评价维度、潜能维度和活动维度。但是态度也是一种关于概念或事物的评价，因此使用有关评价维度的语义分化测量表只是语义分化的技术在态度测量中的应用而已，只是一种测量方法的应用，并不包括量表的编制方法在内。这一点是与等距量表和总加量表显著不同的。

二、问卷法

问卷法是进行调查访问的一种重要方法，也被用于态度的测评。由于这种方法是通过编写一些问句让被试填答，回答出自己的看法、观点、主张等，因而又被称为自我报告法。问卷法在问卷的编制上极为简单，无须根据严格的统计和测量原则，而只要注意问句中可能出现的语句问题即可，如问句的长度、结构，所提问题是否明确，语句有无暗示性及避免一问多题等。

根据问卷形式上的特点，可将问卷分为开放式和封闭式两种。

（一）开放式问卷

开放式问卷是由研究者提出问题，但不提供任何可能的或供选择的答案，由被试自由回答，使之能够充分自由地表达自己的态度。开放式问卷的优点在于它为被试填答问卷提供了充分的思考余地，被试可以根据自己的所思所想做出充分详细的回答，在作答中，被试不会受到来自问卷自身的限制。开放式问卷所收集的资料能够为研究者提供较多的信息，使研究者对被试的态度有较深刻、较全面的认识。其不足之处在于收集到的资料难以进行统计处理和定性、定量分析，而且要求被试具有一定的文字表达能力，费时过多，容易使被试厌倦而草草作答等。

（二）封闭式问卷

封闭式问卷是由研究者提出问题，同时提供可能的几种选择答案，由被试根据自己的想法从几种选择答案中选择一个作为自己的回答。封闭式问卷的优点在于答案是由研究者按照统一的形式提供的，因而对不同被试的回答可以进行相互比较，用这种方式收集的资料也易于进行统计处理和分析，费时较少，被试易于作答等。其不足之处在于所提供的几种选择答案未必能将所有可能存在的回答都包括在内，因而会使被试感到无从回答或被迫做出回答，被试做出的相同回答之中可能也存在一些不同之处，而封闭式问卷的作答则常常将这点忽略或掩盖了。此外，封闭式问卷也难以避免被试在无从回答或难以回答时凭借猜测或随机地选择答案进行回答的情况。

三、投射法

投射法是一种心理测验方法，是间接地了解人们内潜的心理活动的一种方法。通常是向被试提供一种情境刺激，通过分析这一情境刺激在人们头脑中所引起的联想或想象来推测其所持有的态度。例如图画测验，让被试观看一幅幅图画，同时要求被试根据自己对图画内容的理解编一个故事，描述图中的人和事。在这个过程中，被试就会不知不觉地将自己对某事某物所持有的态度投射进故事内容之中。研究者根据测验本身的记分标准和算分方法即可对被试编的故事进行定量分析，并据此进行定性分析。另一种称为画人测验，研究者如果要了解被试对某种人的态度，则可要求被试用笔在纸上画一个这样的人，研究者根据被试的图画分析被试的态度。这种测验也有一套记分、算分的方法。

语句完成法也是一种投射方法。研究者根据研究对象编写有关态度对象的未完成的描述语言，让被试把这些语句补充完整，由此来获取有关被试态度的资料。例如，运用语句完成法来了解学生对教师的态度，可让学生完成类似下面的一些句子："教师是……""教师如同……""教师对于学生，犹如……"等。语句可适当多些，语句的分析则视研究者及研究目的等来考虑采用什么方法进行。

四、行为观察法

行为观察法是通过个体的外在行为表现来推测其内在的态度，因而也是一种间接的方法。社会心理学研究者曾以选择座位的距离作为观察指标来研究白人对黑人的种族歧视的态度。歧视态度较强，座位距离较远；反之，则较近。在实际研究中，行为观察法应尽可能和其他的方法一起使用，结合多种方法所获取的资料，互相印证，以保证所得结论具有一定的可靠性。

五、生理反应测量法

生理反应测量法是根据被试生理反应的变化来确定其态度的一种方法，也是一种间接的方法。生理测量长期以来被用于探究态度系统中的情绪与情感成分。例如，心律和皮肤电反应。传统的生理测量程序能够有效地测量出情绪与情感强度的改变，但是无法揭示这些反应所反映出的是积极态度还是消极态度。然而近年来，研究者们正在研究人们对社会刺激的一些非常特殊的身体反应，再加上进一步的测试，就可能揭示出人们对某一社会刺激的真实态度倾向。这种方法的原理就在于态度中包含有情感因素，情感在态度中起着重要作用。当态度发生变化时，总会伴有由于情感变化而引起的体内生理反应的变化，如呼吸急促、脉搏加快、瞳孔放大等。根据这些生理变化的测定，即可推测人们的内在态度。在实际研究中，生理反应测量法也常常是和其他的方法一起使用的，比如同问卷法或访谈法一起使用，以提高对态度测定的准确性。

六、内隐联想测验

内隐联想测验是一种以反应时为指标测量内隐态度的新方法。它通过对目标词和属性词之间自动化联结强度的评估来对个体无意识、自动化的内隐态度进行间接的测量。内隐联想测验一般是在计算机上进行，屏幕的左上方和右上方分别呈现类别标签，刺激词呈现在屏幕中央。实验一般分为 5 个步骤：要求被试对目标词样例尽快地进行辨别并按键反应；要求对属性词尽快进行辨别并按键反应；联合呈现目标词和属性词，让被试做出反应；让被试对目标词做出相反的判断；把样例归为一类并按相同的键反应。

第四节　态度与行为的交互作用

目前越来越多的证据显示，态度在预测行为中扮演着重要角色，但同时也发现制约态度与行为关系的因素是多方面的且复杂的，研究者开始致力于说明在什么情况下或在什么前提下，态度与行为具有相关关系，如果不相关，是什么因素导致的，其中间变量又是什么。

一、态度对行为的预测

20 世纪 30 年代，绝大部分美国人对亚洲人持有消极态度。为了研究这种消极态度的影响，美国社会心理学家拉皮尔（R. T. LaPiere）教授邀请了一对来自中国的年轻夫妻驾车游历美国。拉皮尔是一位白人，他当时预测，这对中国夫妻所经过的旅馆和饭店会以对亚洲人的消极态度而拒绝接待。出乎拉皮尔的预料，那对中国夫妻受到了近乎完美的服务。在 3 个月的旅行中，他们一共在 66 家旅店逗留过，在 184 家餐馆吃过东西。除了一家旅馆拒绝接待他们以外，其余所有的旅馆都接待了他们，所有的餐馆都卖给了他们食物。旅行结束 6 个月后，拉皮尔又给这对中国夫妻逗留的旅馆与餐馆寄发了一份问卷，问他们是否愿意接待亚洲人。结果发现，在 128 封回复中，90％说他们不会接待。也就是说，几乎所有后来收回的问卷又都表现出对亚洲人的歧视。拉皮尔和后来的许多社会心理学家都认为，上述结果反映了行为与态度之间的不一致性。

那么，为什么在行为与态度之间会存在着不一致性呢？“道德伪善”的实验创设了一个利益冲突情境，让被试独自给自己和另一个人分配任务，任务包括积极任务（有奖励或无惩罚）和中性任务（无奖惩或任务枯燥）两种。实验者让被试先报告什么是道德的任务分配行为，然后报告自己的任务分配结果，再在 7 点量表上评价自己分配任务的道德性，从而揭示道德伪善。实验者同时操纵道德标准的凸显性和自我意识。结果显示，在低自我意识条件下，无论事先是否明确提到道德标准，都只有 29％的被试给对方分配了积极任务。在高自我意识条件下，当事先明确提到道德标准（“多数人觉得给他人分配积极任务是道德的任务分配方式”）时，有 57％的被试给对方分配了积极任务，显著高于低自我意识条件下被试的道德行为；而在事先没有提到道德标准的条件下，没有一个被试给对方分配积极任务，显著低于低自我意识条件下被试的道德行为，而且在此条件下（高自我意识或道德标准低凸显），有 29％的人认为给自己分配积极任务是道德的，还有 36％的人否认任务分配与道德有关。这表明，道德标准随着自我获益的行为发生了改变。这也进一步证实，自我意识激发的道德动机的真实性质，不是道德正直而是道德伪善。

二、态度何时预测行为

有关“道德伪善”的实验研究提醒人们，态度与行为之间的关系并不是简单的关系，人们表达出的态度与行为之间之所以不一致，是因为二者都受到其他因素的影响。因此，不是态度不能预测行为，而是态度何时能预测行为。研究表明，态度对行为的预测，取决于两个条件，即社会因素对态度的影响最小化和态度与行为的相容性。当这两个条件满足时，态度和行为之间有很高的一致性。

（一）社会因素对态度的影响最小化

假渠道技术用于诱发人们表达出他们真实态度的研究。研究者给被试接上电子仪器，并声称通过此设备的生理指标可直接测量他们的人格。这个仪器被形容为“直达心灵的通道”，具有测量一个人的真实态度的功能。然后研究者假称想研究被试的真实态度，于是让被试猜测仪器对他完成每一个项目反应所显示的读数。这些猜测即可作为被试对每一个项目的真实反应。这种方法的原理是，被试因为不想被仪器查出自己没有表达真实态度而感到难堪，所以所给的猜测必然比一般的自陈式态度问卷要更真实。采用这种方法，能降低社会赞许性等因素对所表达出来的态度的影响，进而诱发被试表达其真实态度，而这种真实的态度就对他们的行为具有一定的预测力。

（二）态度与行为的相容性

所谓态度与行为的相容性，是指对特定态度的测量对于特定情境中的行为有较强的预测作用，具体行为可以从对该行为本身的态度来预测。特定行为的态度比一般的态度更能准确预测人们的行为，而且衡量态度的问题越明确，则越能以受测者的态度来预测其实际行为。态度越具体，则对与该态度有关的具体行为预测就越强。

三、态度如何预测行为

既然态度可以预测行为，那么，态度如何预测行为呢？目前，对这一问题最有说服力的理论是计划行为理论。该理论认为，人的任何行为并不是由态度直接控制的，而是由行为意向直接决定的。行为意向受到三个相关因素的影响，一是源自个人本身，对于采取某项特定行为所持的态度；二是源自外在，影响个人采取某项特定行为的主观规范；三是知觉行为控制。

行为意向是个人对于采取某项特定行为的主观概率，它反映了个人对于某项特定行为的意愿。所有可能影响行为的因素都是经由行为意向来间接地影响行为表现。行为意向与行为之间存在高度的关联性，行为意向是预测个人行为的最好指标。

四、行为对态度的影响

态度可以影响行为，那么行为是否可以影响态度呢？

（一）角色行为对角色态度的影响

1971 年，心理学家津巴多（F. Zimbardo）在斯坦福大学的心理学系办公大楼地下室里建立了一个“监狱”，以每天 15 美元的价格雇用了 24 名学生来参加实验。这些学生情绪稳定、身体健康、遵纪守法。在人格测验中，得分属正常水平。实验者对这些学生随机地进行了角色分配，一部分人为“狱警”，另一部分人为“犯人”。模拟实验刚刚开始时，被分配做“狱警”的学生与被分配做“犯人”的学生之间没有多大差别。做“狱警”的学生也没有受过专门训练，实验者只告诉他们“维持监狱法律和秩序”，不要把“犯人”的胡言乱语当回事。为了更真实地模拟监狱生活，“犯人”可以像真正的监狱中的犯人一样，接受亲戚和朋友的探视。但“狱警”8 小时换一次班，而“犯人”要日日夜夜待在他们的牢房里。实验开始后不久，角色行为就对角色态度产生了影响。“犯人”承认了“狱警”的权威地位；“狱警”调整自己，进入了新的权威角色之中。特别是在实验的第二天，“狱警”粉碎了“犯人”进行反抗的企图之后，“犯人”的反应就更加消极了。不管“狱警”吩咐什么，“犯人”都唯命是从。“犯人”变得消极、畏惧，“狱警”变得粗鲁、充满敌意。监狱模拟实验充分说明，社会角色规定的行为铸造了角色扮演者的态度。换句话说，不仅态度会影响行为，行为也可能影响态度。

（二）登门槛现象

所谓登门槛现象，是指对一个较小请求的答应能够增加答应较大请求的机会。实验者随机访问一组家庭主妇，请求她们将一个小招牌挂在她们家的窗户上，这些家庭主妇愉快地同意了。过了一段时间，再次访问这组家庭主妇，请求她们将一个不仅大而且不太美观的招牌放在庭院里，结果有超过半数的家庭主妇同意了。与此同时，实验者又随机访问另一组家庭主妇，直接提出将不仅大而且不太美观的招牌放在她们的庭院里，结果只有不足20%的家庭主妇同意。这说明，一个人一旦接受了他人的一个微不足道的请求，为了避免认知上的不协调，或想给他人前后一致的印象，就有可能接受更大的请求。

（三）行为影响态度的解释

认知失调理论的前提假设是，人具有一种趋于实现认知协调的压力。一般情况下，个体的态度与行为是协调的，因此不需要改变态度与行为。如果两者出现了不协调，即出现了与态度不一致的行为，这时就产生了认知失调。认知失调是一种令人不愉快的动机状态，会产生一种心理紧张，这时个体就会力图消除失调，以重新恢复平衡。消除失调意味着恢复协调的状态。为达到协调状态，人们可以以某种方式改变行为，但改变行为往往并不容易。此时，人们最常用的方法是改变自己的态度，从而解决态度与行为之间的失调问题。

人们在任何一个决策做出之后均会产生认知失调，这种失调叫作决策后失调，它可以通过改变态度而得以降低。当人们面对两个或多个同样诱人的机会时，任何选择都会伴随着认知失调。但是，一旦做出了决策，人们就会越来越喜欢自己的决定，而且越来越讨厌其他的可能选择。也就是说，人们的态度发生了改变。只有这样，才可以证明自己当初的行为是正确的，从而降低认知失调。

在认知失调理论看来，人们的行为会使真实态度发生改变，其原因在于，当人们的行为与态度相反时，会感到紧张。为了降低这种不良情绪的激活，人们会通过一系列的心理活动将自己的行为合理化。不当行为的外在理由越少，越觉得自己对其负有责任，从而会产生越多的不协调，态度也会改变得越多。

第五节　态度形成与改变

一个人的态度是在后天社会化的过程中形成的，态度一旦形成便具有一定的稳定性，但这种稳定性是相对的，通常随着主客观因素的改变，个体的态度也会发生变化。在现实社会中，态度的形成与改变往往是紧密相连、不可分割的。

一、态度的形成

个体所持有的各种态度都是在后天的社会生活环境中通过学习而逐渐形成的。因此，个体态度的形成一方面要受到社会生活环境中各种因素的影响和制约，另一方面则是通过联想、强化和模仿等学习方式不断学习的结果。

（一）环境因素的影响

（1）社会环境的影响。社会环境对个体的影响自个体出生之时起直至生命结束始终存在着。这种影响主要是通过社会规范、准则的要求和约束，各种思想观念的宣传和教育，风俗习惯的潜移默化和文化的熏陶等方式进行的。社会环境对个体态度形成的影响常常表现为一种有选择的影响，即只让个体了解或接触事物的某一方面、某一部分或某一种类，从而使个体形成一定的符合社会要求的态度。社会环境对个体态度形成的影响也表现为一种持久的影响，即这种影响在不断地对个体产生作用，而且这种影响是伴随个体一生的。

（2）家庭的影响。对于个体态度的形成，家庭及父母的影响也具有十分重要的作用。个体幼时在家庭生活中所受到的教育和抚养对其态度的形成及以后态度的变化和发展具有决定性的作用。早期形成的态度往往会一直保持到成人期，有些态度则可能会影响一生的发展。家庭及父母的影响还通过家庭成员之间的人际关系以及家庭成员共同生活的方式表现出来。家庭成员之间除了以血缘辈分为基础的长幼先后的关系外，还包括相互之间的情感关系，而这一层关系对个体态度的形成具有较重要的作用。家庭成员情感关系较融洽，则相互之间的影响就较大，在态度上也易趋于相近或相同。此外，家庭共同生活的方式也具有显著的影响。从小就生活在一个充满民主、平等气氛家庭中的孩子，容易形成良好的与人相处的态度，学会采用平等的方式与人相处，用民主的方式解决问题。

（3）同伴的影响。随着个体年龄的增长，父母及家庭的影响作用会逐渐减少，而同伴的影响作用会越来越大。个体开始经常把自身所持有的态度、观点与同伴们的态度、观点作比较，并以同伴们的态度、观点为依据来调整自己原有的态度，使自己与同伴们保持一致。

（4）团体的影响。个体自身所参加的团体对其态度的形成也具有影响作用。每个团体都有自己的行为规范和准则，并要求团体成员必须共同遵守。当个体加入了某一团体之后，其一言一行就必须与团体保持一致，个人所持有的态度也必须与团体保持一致。通过团体对个体的这种影响和约束作用，可以促进个体态度的形成和转变。团体对其成员所具有的影响力的大小主要取决于团体对其成员吸引力的大小、个体在团体中所处的地位等。

（二）个体的学习

个体态度的习得是通过联想学习、强化学习和观察学习得以实现的。这三种形式的学习分别以古典条件作用、工具性条件作用、模仿这三种理论为基础。

（1）古典条件作用理论与联想学习。

古典条件作用理论是由俄国生理学家巴甫洛夫（I. P. Pavlov）创立并完善的。在巴甫洛夫的动物实验中，一种无条件刺激的呈现必能引起动物的本能反应，如唾液分泌。这种反应称为无条件反应，引起这种反应的刺激称为无条件刺激。当一种无条件刺激的呈现反复多次并伴随有一种新的刺激后，则只要这种新的刺激单独出现，就可引起动物的无条件反应。这种新的刺激称作条件刺激，由其所引起的反应称作条件反应。动物之所以能够对条件刺激做出条件反应，就在于动物凭借了联想过程，即在刺激之间建立了联系。古典条件作用原理也被用来解释和说明态度的习得过程。

（2）工具性条件作用理论与强化学习。

工具性条件作用理论是由斯金纳创建的。在斯金纳看来，行为结果对行为习得具有强化的作用，行为的习得是在强化作用的基础上进行的。因此，只要掌握了行为结果所具有的强化作用的内在规律，就能有效地控制人们的学习行为。强化的原理也同样可用于解释人们态度的习得过程。

（3）模仿与观察学习。

观察学习是个体通过对他人言行的观察而进行的学习，这种学习同样可使个体习得许多新的行为。个体在对他人进行观察时，将他人的言行举止记忆在头脑中，在以后遇到相同或相似的场景时再将头脑中所储存的这些言行方式通过行动表现出来。人们态度的习得同样也可以通过对他人的观察来进行。通过观察他人而进行的学习依靠在观察后对他人进行模仿来实现。个体在对学习对象有了较好的观察，又受到了强化因素的激励后，就能够较好地进行模仿而习得一种新的行为。

上述三种不同形式的学习是态度习得和形成的主要途径，它们各自具有不同的特点和作用。一般来说，个体态度习得和形成是在这三种学习的共同影响和相互作用下进行的。

二、态度的改变

态度改变指的是个体已经形成或原先持有的态度发生了变化。这种变化包括两个方面：一是指方向上的改变，即质的改变；二是指程度上的改变，即量的改变。方向和程度这两方面是互相联系的，方向的改变以程度的改变为基础，方向的改变中就包含了最大程度的改变；同时，程度的改变又往往是方向改变的前提条件，程度的改变总是朝向某一方向的改变。改变态度的方法通常包括劝说宣传法、角色扮演法、团体影响法、活动参与法等。

（一）劝说宣传法

这是一种借助语言、报纸、杂志、广播、电视、电影、广告等各种传播媒介来传播信息，影响人们，使之态度发生改变的方法，是一种极为常见和广泛使用的方法。有关这方面的研究则基本上来自霍兰德及其领导的“耶鲁学派”。采用这一方法来改变他人的态度，是把整个劝说宣传过程看作一个信息的传递沟通过程，分析的着眼点则在于信息的传播者、信息的传播过程、信息的接受者（被劝说者）及传播情境等方面，信息传播的最终目的则是要使被劝说者接受传播的信息。

1. 传播者的特性

传播者自身所具备的各种特点常常对劝说宣传有着极大的影响，一些重要特征本身往往就是一种有效的宣传和证明，仅此就足以使人们信服而不再猜疑。与劝说宣传有联系的个人特性主要有：

（1）专家身份。这是由传播者所受过的教育、专业训练和所从事的社会职业、所具有的专业身份决定的。研究表明，专家的身份足以使传播者在某些特定的方面所传播的信息比没有专家身份的人更易于被接受，更令人信服。不过，专家身份所具有的劝说效用只是在特定的、有限的范围或领域内才能奏效，一旦涉及与其不相关的领域时，则劝说作用就不会有多大的影响。

（2）社会身份。指传播者所具有的社会地位、社会名望、知名度及年龄、经验等。事实表明，在一些不属于或不涉及专业性知识内容的问题上，具有较高社会身份的人比社会身份低微的人具有更大的影响和说服力。

（3）吸引性。指传播者自身具备的人格特征、仪表体态及言谈举止所具有的吸引力。吸引力大，则易引起他人的好感和愉快的情感体验；吸引力小，则不易使他人产生好感，甚至有可能产生厌烦、不愉快的情感体验。对于传播者来说，吸引力大则会增加其自身的影响和说服力，改变他人的态度，而吸引力小就难以说服他人接受自己的观点。

（4）相似性。指传播者自身的身份、职业、背景及态度、观点等与被劝说者有相似或相近的特征。一般地说，传播者与被劝说者之间在身份、职业、参加的团体及年龄、性别、出生地等方面相似或相近，会促进双方之间在态度上的求同存异，从而导致被劝说者态度的改变。

（5）可信赖性。指传播者自身被他人相信的程度。这种特性主要受被劝说者关于传播者的内心动机的知觉的影响。如果传播者被认为是怀有个人目的，出于一己私利，并非公正无私的，那么传播者的说服力就会大大降低。如果被劝说者认为传播者的观点、看法与其自身利益不相符合甚至是矛盾的，则被劝说者就容易接受传播者的影响，其态度也容易发生较为明显的改变。

2. 信息的传播

信息在传播过程中的呈现和组织方式也是影响劝说效果的重要因素。同样的信息内容在采用了不同的传播方式和技巧后，所产生的劝说效果往往是很不相同的，通过对信息内容进行有效合理的组织编排，就有可能提高其劝说效果，增加其对被劝说者的影响。

（1）单方面传播与双方面传播。在劝说他人的过程中，劝说者往往只叙述能够证实自己的主张或者是赞同自己的主张的各种看法和论据，对与自己不同甚至是反对自己的其他各种观点和主张则闭口不谈，不予提及，或者是一味强调与自己对立一方的种种缺陷、漏洞和不足之处。这种向被劝说者传播劝说信息的方式即是单方面的传播。与此相反，在详尽地阐述了自己的观点主张是合理的、有根据的、值得相信的同时，也对与自己对立的一方的观点主张加以介绍并进一步肯定其虽不可取但也不乏借鉴之处，这种做法就是双方面的传播。双方面传播的另一种形式是在劝说中，不仅强调自己的观点主张的正确性、合理性，同时也指出其不足和缺陷之处，或者是在指出他人的观点主张的缺点和错误的同时，也指出他人的优点和长处。这两种传播方式在劝说他人改变态度的过程中所产生的作用是很不相同的。当劝说者所需要的是短时的、即刻的态度改变时，应采用单方面的信息传播；如果所期求的是长时的、较稳固的态度改变，则应采用双方面的信息传播。

（2）首因效应和近因效应。在采用单方面的信息传播方式劝说他人改变态度时，往往会遇到这样一个问题，即在劝说中是开门见山地提出自己的观点主张，还是将自己的观点主张放在劝说的最后来说更好？在采用双方面的信息传播时，则常常会遇到这样一个问题，即在劝说中先叙述赞同、支持并证实自己观点主张好，还是将此放在后面说，而一开始就陈述反对自己、与自己观点主张相矛盾的各种观点主张好？所有这些都涉及在传播过程中信息呈现次序对信息劝说效果的影响问题。在社会心理学中，将先呈现的信息所产生的较大影响称为首因效应，将后呈现的信息所产生的较大影响称为近因效应。在实际劝说中，究竟是应先叙述自己的观点还是应后叙述自己的观点，要依自己所面临的具体情境条件而定。一般地说，在先后呈现的两种信息之间的时间间隔较为短暂，而信息呈现与态度测评之间的时间间隔较为长久时，会产生首因效应。反之，则会产生近因效应。除此之外，在其他的情况下一般都难以产生首因效应或近因效应。

（3）信息传播的渠道。在信息传播的过程中，人们总是要借助一定的手段或工具来劝说他人。生动形象的视觉信息，如通过图片、视频所传播的信息，要比单调的听觉信息更有劝说效力，而这种单调的听觉信息又比用书面文字所传播的信息更有劝说效力。也有研究发现，被劝说者在接受他人劝说信息的过程中经历了两个不同阶段，即理解信息阶段和根据信息做出行动阶段。在前一个阶段，被劝说者要对信息进行分析，领会其含义，认识其基本要求和意图；在后一个阶段，被劝说者则根据自己对信息的理解及自己内心的态度观点来决定行动。由于这两个阶段的不同，因而应有针对性地采用不同的传播方法。在第一阶段，用书面文字传播的信息具有较好的劝说效果，尤其是涉及比较复杂、难于掌握的信息时更是如此。在第二阶段，用图片、视频等生动形象的视觉形式传播的信息则具有较好的劝说效果。

3. 被劝说者因素

被劝说者本身所具有的某些特点对劝说效果也具有相当的影响作用，或者是有助于劝说的有效进行，或者是妨碍和抵制劝说的进行。

（1）原有态度。人们长时间形成的态度很难改变，因为这种态度已经是一种内化了的态度，已经成为个体主观世界的一个不可缺少的组成部分。

（2）人格特点。个体自尊心较强、自我评价较高、过于相信自己和保护自己，因而不易接受他人的劝说和影响；个体自我评价较低、缺乏自信心，则常怀疑自己而相信他人，因而容易接受他人的劝说并改变自己的态度。此外，个体所持有的社会赞许期望的高低也是一个重要的人格因素。期望高的个体易受他人和社会的影响，改变自己的态度，与他人和社会保持一致；期望低的个体则不在乎周围他人对自己的评价，故其态度较不易改变。

（3）被劝说者的信息加工。在劝说中，除了要考虑到被劝说者的原有态度及人格特点外，还有一个重要的方面也是不可忽视的，这就是被劝说者是如何接受劝说信息，即劝说信息在被劝说者的头脑中是怎样被加工、储存和提取的。这方面的研究是伴随着认知社会心理学的发展而兴起的。已有研究表明，个体对劝说信息的接受方式多种多样，有的信息可能是通过记忆产生影响，有的信息则可能是在最初的感知中就产生了影响。个体对信息进行加工处理的方式不同，不可避免地也会影响信息的劝说效果，从而影响态度的改变。

4. 情境因素

使态度改变的劝说过程并不是仅仅在劝说者和被劝说者之间孤立地进行的，而总是在一定的情境条件下进行的。因此，一定的情境条件也会对劝说效果产生影响。

（1）信息繁多的情境。在现实生活中，每个人都会遇到一个充满各种各样信息的情境，都会同时看到或听到关于某一事物的种种相同或不同的观点、主张、看法。在这样的情境中，个体态度的改变就不再是某一种劝说信息单独作用的结果，而是多种信息交互作用的结果。在信息繁多的情境中，单一信息的劝说效用是受其他信息影响和制约的，各种信息互相之间的相似或一致性越多、越明显，则其中的某一信息的劝说效用就会得到增强和提高。

（2）令人分心的情境。他人在场和其他信息的同时呈现会引起人们对劝说信息注意力的分散，从而影响信息的劝说效果。因此，对被劝说者进行单个劝说或单一信息劝说，避免其注意力分散，劝说的效果会相对较好。

（3）信息重复的情境。反复多次地重复某一信息会加深人们对其印象，巩固记忆，从而增强这一信息对人们的影响，有助于人们态度的改变。但是，重复的作用也是有限度的，过多的重复则可能会引起相反的效果，这是由于重复而引起的厌烦情绪容易激发逆反心理。

（二）角色扮演法

这种方法是以角色理论为依据的。角色理论的核心原则即个体的行为应与其所承担的角色相一致，应该符合这一角色身份的要求。无论是什么角色，客观上都包含着标志这一角色的各种象征和符号，包含着这一角色所特有的行为规范和准则以及他人对角色的期待。对于个体而言，担当起某一角色，也就意味着要使自我的内涵与角色的内涵相吻合，使自我与角色协调一致。角色扮演法是通过角色对承担角色的个体所具有的约束和影响来改变个体态度的，该方法在态度改变方面具有特殊作用。

（三）团体影响法

通过团体对个体所具有的影响也可以有效地改变人们的态度。团体的影响来自团体的规范和准则，这种规范和准则对团体成员具有一种无形的约束力，促使团体中每个人的一言一行与团体的规范、准则保持一致。在这种情况下，一个成员的言行如果符合团体规范、准则的要求，就会受到团体的接受、承认、赞同、支持，被其他成员视为自己人，在团体中确立自己的位置；如果其言行违背了团体规范、准则的要求，就会受到团体的拒绝、排斥、否定、打击，被其他成员视为离经叛道的异己分子，在团体中被孤立甚至被逐出团体。无论是正式团体还是非正式团体，或是所属团体或参照团体，其所具有的规范、准则都具有这种约束力。正因为如此，通过团体并制定相应的规范、准则来影响和约束人们的一言一行，就能够有效地改变其态度。

（四）活动参与法

活动参与法是通过引导人们参加与态度改变有关的活动来改变人们的态度。在通常情况下，人们所参与的活动或者是与所要改变的态度有着密切联系，或者就是所要改变的态度对象本身。此外，人们参与活动时的自愿程度或感受到的压力大小对人们态度的改变有很大影响。如果人们参加一项活动是自觉自愿的，则其态度的改变就会大；如果是出于某种自身之外的原因（如奖励或惩罚），或者是感受到了某种压力（如权威和团体的压力），则即使积极参加活动，其态度也未必会发生很大的改变。再有就是所参与的活动如果是经常性的、较长久的，则态度改变相应地就较大、较持久；反之，如果只是一次性的活动或短期的活动，则态度改变的效果就不会很明显或难以持久。

在线自测

扫一扫　练一练

第八章　刻板印象与偏见

本章提要

刻板印象是人们头脑中存在的关于某人或某一类人的固定印象，它是对社会人群的一种过于简单化的分类方式。刻板印象具有相当的一致性，同时也可能与事实不符，有时甚至是错误的。刻板印象涉及许多现实问题，包括民族、种族、性别、阶层、地位等，同时也带来偏见和歧视。如何消除刻板印象带来的负面问题，是社会心理学工作者始终关注的问题之一。

引导案例

竹子天花板效应，如何打破?

“竹子天花板”一词来自《打破竹子天花板：亚裔的事业战略》一书，书中指出亚裔面对一种无形的升职障碍。美国企业管理中的不同种族占据各自位置的结构如同金字塔，界限分明，很难打破，大部分亚裔处于底端，少数处于中间管理层，进入更高领导层的屈指可数。这种相对看不见的透明天花板似乎是很难逾越的。但是，令人费解的是，亚裔是少数族裔中的模范生，在美亚裔族人普遍教育水平良好，经济相对富裕，本科学位获得率远高于美国整体水平。但如此优秀的亚裔却似乎很难在美国公司成为领导者，这是受到种族歧视的影响吗?

麻省理工的陆冠男观察到，同为亚裔，南亚裔人比东亚裔人更容易成为领导者，美国知名公司高管中经常能看到南亚裔人的身影。他发现，在美国每一百万南亚裔人中，有2.82名CEO，而在每一百万东亚裔人中，只有0.59名CEO。他通过被试者自主评价实验发现南亚裔人与东亚裔人在工作动力方面无显著区别，但“魄力”在其他方面起到重要的中介作用，使南亚裔人更容易成为领导者。同时，影响亚裔担任公司高管职位的主要因素是魄力而非偏见、工作动力与领导者野心，这表明魄力是领导者应该具备的一项重要素质，超越种族歧视。他通过七项实验的结果，挖掘了南亚裔人与东亚裔人在职场的不同表现与特征，得出歧视和动力并不是南亚裔人领导力胜过东亚裔人的原因，真正关键的因素是魄力。

这样看来，导致竹子天花板效应的主要原因并不是人们直观感受到的种族歧视，也不是工作努力程度和领导者野心，而在于是否具备领导者魄力，是否敢于在工作中表达自己的观点，坚持自己的立场。这也告诉人们，勇敢地表达自己，彰显自己的能力与魅力，才是通往领导岗位的正确道路。

案例思考：

1. 竹子天花板效应是指哪类偏见与歧视？
2. 竹子天花板效应的核心因素是什么？
3. 你认为应该如何更好地打破他人的偏见？

第一节　刻板印象

社会生活中有许多问题貌似是经验中的常识问题，但是却不一定正确，可能只是反映了人们的刻板印象。那么人们如何产生这些刻板印象，它们又是如何影响的呢？长期以来，刻板印象是社会心理学领域内令人瞩目的研究焦点之一。

一、刻板印象的概念

刻板印象这一概念最早由新闻工作者李普曼（W. Lippmann）在其著作《公众舆论》中提出。与刻板印象对应的英文词语是 stereotype 和 stereotyping，前者指人们对某类人形成的印象，后者指人们对这类人形成印象的过程[①]。20 世纪 70 年代前，学者更多地关注“stereotyping”在做出错误社会判断时所产生的负面影响，更多将之与偏见、不公正等社会问题联系在一起，心理学家据此将之直译为“刻板印象”。那么，到底什么是刻板印象呢？刻板印象（stereotype）是人们有关某一群体成员的特征及其原因的比较固定的观念或想法，以及特定的社会认知图式，对人们的社会认知和行为有着重要影响。

从上述定义中可以看出：第一，刻板印象通常以非常明显的自然特征区别不同的群体，如性别、种族等，把一系列特征归为某一群体的个体所有，并且某一群体的每一个体都具有该群体所具有的全部特征。第二，刻板印象是社会印象的一种表现形式，即一种固定的印象。在社会心理学中，刻板印象这一概念用来表示社会认知的偏向性和凝固性。换句话说，刻板印象是指按照性别、种族、年龄或职业等进行社会分类，是对于某类人形成的固定印象。1935 年，普林斯顿大学开展了一项关于种族刻板印象的研究，研究者要求 100 名大学生把 84 个心理特质形容词（如勤劳、聪明、讲求实际、狡猾、思想进步、不忠实等）指配给 10 个不同的种族（如德国人、意大利人、犹太人、黑人等），让被试根据这些形容词描绘出 10 个种族的群体特征。研究者发现确实存在刻板印象，并且因为每组的典型特征有明显差别，从而证明被试展示的刻板印象确实是非理性的，而且存在意见分歧。研究者同时认为，在某一群体中出现最多的特质，就是人们对该群体的刻板印象。刻板印象一旦形成就具有高稳定性，阻碍人们接受新事物；但它同时也有助于简化社会认知活动，提高信息加工的效率。比如说，如果美国西部牛仔不是一个硬汉形象，而是一个温柔且有很丰富的知识和良好的艺术修养的男性，人们会觉得很别扭，很难接受。其实，这就是人们头脑中的刻板印象。

研究刻板印象具有非常强的现实意义，所以它一直是社会心理学中的热门话题。20 世纪 70 年代开始，认知心理学迅速发展，特别注重对信息加工及认知表征和认知过程

---

① 克劳德·斯蒂尔．刻板印象．陈默，译．北京：民主与建设出版社，2021.

的研究，这对刻板印象的研究领域产生了深刻的影响，而研究者也在这一领域中取得了不少研究成果。当时，研究者探讨了刻板印象与信息提取之间的关系。大多数研究表明，那些与刻板印象一致的信息往往容易被人回忆出来。有研究者虚构了一个人物，并将有关该人物的不同信息提供给被试。研究发现，如果主试将该虚构的个体标定为男性，那么，被试回忆起的信息大都与人们对男性的刻板印象有关；如果该个体被标定为女性，则被试回忆起的信息大都与人们对女性的刻板印象有关。显然，这一研究结果说明，人们更容易回忆起与刻板印象一致的信息。有研究发现，人们对男性和女性的刻板印象会对其即时再认产生影响。被试不仅对与刻板印象一致的描述反应较快，而且更容易回忆起这些描述。

进入 21 世纪，在刻板印象领域中最受瞩目的当属刻板印象内容模型研究，它通过不同的歧视行为，以热情和能力为基础建立二维刻板印象内容模型，并通过 17 个不同国家和地区的跨文化研究进一步验证了热情和能力两个维度决定外群体的分布假设。同时，该模型认为大多数刻板印象是混合的，群体的社会地位可以预测刻板印象，刻板印象中普遍存在参照群体偏好和外群体贬抑。刻板印象内容模型在学术引导和实践指导方面都具有开创性的意义。刻板印象内容模型是描述和预测群体在既定社会分类中的框架，它指出了群体成员所遭受的偏见类型与群体怎样形成其独特的位置。依靠热情和能力这两个基准维度，刻板印象内容模型划分了刻板印象中四个群体丛：高热情-高能力群体、低热情-高能力群体、高热情-低能力群体和低热情-低能力群体。菲斯克（S. Fiske）通过大样本的实证研究发现了这四种群体的典型代表：高热情-高能力群体的代表群体是美国中产阶级等；低热情-高能力群体的代表群体是亚裔美国人、犹太人和富人等；高热情-低能力群体的代表群体是老人、残疾人和智障者等；低热情-低能力群体的代表群体是吸毒者、流浪汉和乞丐等。与此相对应，刻板印象内容模型认为，存在四种不同的群际情绪，它们依次是对高热情-高能力群体的赞美情绪、对低热情-高能力群体的嫉妒情绪、对高热情-低能力群体的可怜情绪和对低热情-低能力群体的轻视情绪。刻板印象内容模型在全球 17 个国家和地区得到了验证，显现出刻板印象内容模型具有很好的文化普适性和群际关系预测性。目前，刻板印象内容模型研究已经扩展到诸多群体，例如，在老年群体、亚裔美国人群体、移民群体、女性群体中都得到了很好的验证。新近研究在此基础上进一步将刻板印象内容模型与群际情绪、行为反应等方面相结合，开创性地形成了群际情绪-刻板印象-行为趋向系统模型。这一系统模型是对刻板印象内容模型有价值的延伸，也促进了刻板印象研究的群际和内群体的整合研究，对于实践的具体指导性是非常有意义的。

二、图式与刻板印象

认知心理学家认为，人类是“认知吝啬鬼”，由于生活在信息纷繁而又无法回避的环境中，为了节省认知资源，人们总是尽可能简化自己的认知过程，方法之一便是分类。比如，把人按不同的标准分类，每一类别的人具有某些特点，知道了个体属于某个类别，就容易预见该个体的行为。可见，分类可以节省认知资源，认识世界也就相对简单一些。

图式是指一套有组织、有结构的认知现象，包括对所认知物体的知识、有关该物体各种认知之间的关系及一些特殊的事例。在认知心理学看来，图式是组织信息的方式，用来帮助人们认识世界和解释世界。图式不仅是社会认知的结构和有组织的知识，还是人们组织有关社会信息的思维方式。人类的大脑是一个信息加工系统，这个系统的一个最基本程序就是对外界刺激进行分类。也就是说，当感知外界刺激时，人们倾向于把单个孤立的实体以成组、分类的方式组织在一起。这是由于人们头脑中的原型在起作用。原型是一个抽象概念，可以将它解释为某一类或一组典型例子。通常来说，原型是依据一组特殊属性形成的，例如“弱势群体”的原型是社会地位并不是很高、处于经济和政治的劣势地位、喜欢群体生活的一类人。这样在归类的时候，人们就常常把对象和原型来对比，然后进行归类和编码。当然，对象被编码之前不是彼此孤立的，相反，它们是通过各种方式联系在一起并建立一个认知结构，这个认知结构就是图式。由此看来，图式就是过去经验中关于个人、群体、角色或事件等的一套有组织的认知系统或架构，它可以是语言材料的图式，也可以是视觉材料的图式，还可以是其他材料的图式。而图式加工则是人在接触外界事物时，在记忆中检索那些与输入信息最符合的图式与之对照，并加以理解和解释。

人脑中存在不同的图式，主要包括人的图式、自我图式、群体图式和角色图式。人的图式是对人的人格进行描述的认知结构，一般应用于特殊的个人或者典型的一类人。这是一种心理上的认识类型，它描述了典型的或者特别的个体。例如，说某人“人缘极好”，就可以知道这个人可能非常乐于助人、朋友众多，即使人们并不熟悉他，也会相应推论出这些信息。自我图式组织形成了人们对自己的品质和特征的概念，人们运用自我图式的维度来衡量自己。自我图式来自过去的经验，组织并指导对于个体社会经验中与自我有关的信息进行加工。如果一个人认为自己是一个独立的人，他就可能将自己看作一个个人主义的、非传统的、果断的人。因此他的行事方式就会表现出他的自我图式，如拒绝接受父母的金钱而是自己找兼职工作等。群体图式是关于一个特殊社会群体或社会范畴的图式，而刻板印象就显示出特殊社会群体和社会范畴的属性与行为。角色图式是一种描述范围较宽的社会角色和群体的心理类型。在某种意义上说，它们与社会生活中的固定模式很相似，每个人都有关于性别、社会阶层、专业群体的图式。

在现实生活中，为了节省时间与精力，人们常常用图式化的方式去处理大量的信息。图式的重要性就在于有助于人们快速而经济地处理大量信息，帮助人们解释新信息，从而获得有效的推论；提供某些事实，填补原来知识的空隙，对未来可能发生的事的预期加以结构化。因而，图式化的刻板印象对于社会认知起着重要作用，人们利用图式加工社会信息、解释人际环境。当人们身处一个新的人际环境时，通常不会重新认识它，而是利用过去相似情境中的知识做出解释。图式化的刻板印象通过以下方式帮助人们加工社会信息：第一，图式化刻板信息能够帮助记忆。当人们将过去的人或事形成图式化表征时，记忆效果最佳。第二，图式化刻板信息有助于自动化信息加工。认知者通常无须任何有意识的努力就可以产生一些与图式有关的推论。例如，当遇到一个非常冷漠的人，人们可能会把与“不友好”相关的其他社会认知特征自动地赋予他，如不合群、道德差等，而这一过程几乎完全是在人们无意识的情况下完成的。当环境中的信息强烈地暗示某个特定的图式时，或者当图式涉及人们极其关心的人或事时，这种自动化信息加工最有可能发生。这也在一定程度上帮助人们合理而安全地与人交往。第三，图式化刻板信息可以完善剧本的信息。图式可以帮助人们增补剧本或故事中的空白部分，例如，当阅读一个有关医生的故事时，虽然故事没有明确指出医生的服饰，但是，人们根据医生的角色图式会认为他在工作时穿着白大褂。图式化刻板信息中包含着情感。图式中包含着针对图式内容的情绪。所以，当人们使用某个图式时，就会伴随着某种情绪反应，这种情绪叫图式驱动的情绪。当环境中的信息与图式相吻合时，与该图式相一致的情绪就会被引发出来，仅在头脑中想象具有图式的客体，就能强化个体对客体的情感。

图式化刻板信息虽然为人们社会认知的信息加工提供了大量的帮助，但图式化刻板信息加工也有缺点。人们有选择地吸收那些与图式相一致的信息，对于那些不知道的信息要依据图式来给予补充，但是，这些信息未必是合乎真实情况的；即使图式并不适合人们所面临的某种情况，而人们依然按照它做出判断；图式一旦形成，人们就不太愿意去更改。这些都是图式的缺陷，以这种方式进行社会认知的信息加工，可能会产生错误的判断、推理及不正确的期望、僵化的行为模式。社会刻板印象可以针对任何群体，既可以是正确的，也可以是错误的。人们在信息不够充分的情况下，就只能利用已经形成的图式进行类推，这无疑可以加快信息加工的速度，但也可能导致错误。刻板印象是相对固定的，短时间内很难随着现实的变化而发生变化，因而往往阻碍人们看到新的现实、接受新的观点，从而导致人们对某类群体的偏见。不过，近年的一些研究表明，刻板印象的内容会随着时间的变化而变化，这并不是说原有的刻板印象消失了，而是随着时间的推移而改变了形态。

三、种族刻板印象

人们对某个种族的人所形成的刻板印象，是基于个人的认知和经历，而刻板印象在短时间内是不易改变的，容易导致人们对某类群体的偏见。对于有种族偏见的人而言，一提到黑人，其头脑中关于黑人的种族偏见的刻板印象就会被激活，此时就会联想到肮脏、愚蠢、落后、原始等观念。显然，这些观念不是对黑人特征的客观描述，更不是对一个特定黑人的符合事实的描绘，而是有特定的倾向性、排斥性的既有偏见。在现实社会生活中，社会的各个团体、阶层之间存在着利益上的冲突、地位的不平等，这是产生偏见性刻板印象的重要因素。冲突导致敌视，敌视导致对对方的否定性情感和心理。偏见的产生还有其文化历史因素。当人们对某人有刻板印象的时候，会预期他出现某些行为，并因而改变自己的相应行为表现，这些行为表现有别于人们在没有刻板印象的情况下应有的行为表现。有时这些不同的行为会反过来影响对方，令对方出现原先预期的行为，从而证实了自己的预言，形成恶性循环。例如，某人认为西班牙人是好斗的，那么他可能以一种防御、逃避的态度对待西班牙人，这种防御、逃避的行为可能会侮辱或激怒目标，使他们比之前的行为更加显现攻击性和好斗的特性，从而证实某人的刻板印象。但是种族刻板印象也不一定是完全不利的，比如种族偏见可能在一定程度上激发对方产生积极性的奋起行为，努力改变自己在他人心目中的刻板印象。

四、性别与刻板印象

长期以来，人们对性别角色存在着许多刻板要求。例如，男性应该勇敢、坚强、富于竞争力，女性应该温柔、贤惠、善解人意。所谓性别角色，是指社会赋予某一性别的一套稳定的心理行为模式。而刻板印象也是一种定型观念，是人们对不同事物进行概括后形成的相对固定的看法。当人们以性别为基础，赋予男女两性以不同的特征框架时，性别刻板印象就产生了。因此，性别刻板印象是指人们对于男性和女性在行为、人格特征等方面的期望、要求和一般看法。性别刻板印象的一个部分是性别角色差异，这主要是社会化的结果。例如，在人们的脑海中，对于两性有一种约定俗成的看法，一提起男性，总是与坚强、勇敢、雄心勃勃、事业有成联系在一起，而女性则是温柔、细腻、柔弱、情绪化的。性别刻板印象既有助于人们认识两性的特征，为这种认识提供背景信息，又会阻碍人们正确地认识两性，使得人们常常会出现以偏概全的现象而忽视事实真相。尽管如此，性别刻板印象却非常普遍地存在于社会之中，存在于人们的认知系统之中。20世纪60年代末、70年代初，西方心理学家开始对性别刻板印象进行研究。在研究过程中，研究者要求被试考虑大多数人对女性和男性的看法，在一张列有数个形容词的表格上，判断这些形容词哪些是与男性特征相联系的，哪些是与女性相联系的。在这些词汇中，包括许多描述人性特点的形容词，如：冒险的、有攻击性的、敏感的、独立的、顺从的、情绪化的、自信的、有雄心的等。研究结果显示，与男性相联系的特征有强有力的、有冒险精神的、富有攻击性的、自信的、粗鲁的、独立的、有雄心的、主动的、有探索精神的等；而与女性相关的特征有充满柔情的、情绪化的、温柔的、顺从的、柔弱的、有鉴赏力的、敏感的、感情易变化的、多愁善感的等。由于男性角色和女性角色经常被理解为两个对立面，男性总被认为是理性和主动解决问题的，而女性总被认为是感性的，较为关注人际交往和情感。社会对两性交往方式的刻板印象认为，对大部分女性来说，交际是一种建立和维系社会关系的方式，而对男性而言是出于加强控制度、独立性和提升地位的需要。

在任何一个个体成长的过程中，性别角色刻板印象都在潜移默化地影响着个体的发展，一点一滴地塑造着个体的行为。由于性别角色刻板印象的存在，不同性别个体的社会化过程方向十分明确，但这可能强化角色定型观念而对个体社会化产生消极影响。性别刻板印象的普遍性与牢固性，同样给男女两性带来生活和心理上的压力，男女两性都必须按照社会规定的角色规范去进行自我塑造，在影响女性的成就动机与自我潜能发挥的同时，也迫使男性以追求事业成功作为人生价值实现的标准。性别刻板印象是否单纯是人们的定型观念？其实，这在一定程度上也反映了性别角色的分化。男女两性在体力和其他生理能力上的确存在差异，这也导致了不同的社会分工，出现了男女两性的责任分化，进而在劳动中积累了不同的经验。分工的差异还不断延伸出人格倾向和地位的分化，这一点是通过社会分工的反复实践获得的，并逐步形成一种社会秩序。正因为有了这种秩序，整个社会才能形成各种有关性别的社会规范。正面的性别刻板印象应该建立在两性之间共同发展的基础上，维持尊重、平等、和谐、共融的状态。

第二节　偏见

偏见（prejudice）是对某一个人或团体所持有的一种不公平、不合理的消极否定的态度。由于偏见是社会生活中的一种独特的态度，因而也包括态度的三个主要成分，即情感、认知、行为①。例如，大男子主义的拥护者对于女人持有偏见，他们认为“女人无才便是德（认知）”，因此不喜欢她们独立自主（情感），从而经常以不公平的方式来对待她们（行为）。偏见常和歧视联系在一起，所不同的只是，歧视偏重于因对某个体或其所属团体存有偏见而引起的不公平、不合理的行为方式。

偏见对社会生活的协调和谐往往产生破坏性的结果，因此，社会心理学家对这个问题相当重视。一般情况下，社会心理学家在研究偏见时，往往把重点放在偏见产生的原因、偏见造成的后果、偏见的消除等方面。

一、偏见产生的原因

社会心理学家对偏见产生的原因进行了大量的研究，提出了各种各样导致偏见的因素。总括起来，不外乎以下几个方面。

（一）社会群体间的利害冲突

在现实社会生活中，社会的各个团体、阶层之间存在着利益上的冲突、地位的不平等，这是产生偏见的重要因素。冲突导致敌视，敌视导致对对方的否定性情感和心理。社会心理学家谢里夫的实验说明了这一点。他让一群来自不同地区的男孩子参加一次暑期夏令营活动。到营地后，将其分为两组。两组成员彼此不相识，也不往来，各自从事自己组内的活动，逐步地在各组成员内部建立了认同感。此后，谢里夫安排两组进行各种竞赛活动，竞赛活动的奖励方式为一方之所得必为另一方之所失。随着竞赛活动的进行，两个群体间的社会距离越来越大，而且产生了日益强烈的对自己有利而对对方不利的看法。如认为自己的群体是勇敢的、坚强的、友善的，而对方是卑劣的、狡诈的、邪恶的等。即使双方的成就差不多，也倾向于高估自己而低估对方。而且，两个群体的这种对立不仅仅限于实际竞赛活动中，还扩散到其他场合。

（二）社会化

谢里夫的实验证明了社会团体之间的竞争和冲突与偏见产生的关系。但是，团体间的竞争和冲突并非偏见产生的必要条件，即使消除了所有的群体冲突，偏见也不会从社会上彻底消失。偏见的产生还有其文化历史因素。文化传统根深蒂固，最初的文化因素消失之后很长一段时间内，文化传统还继续存在。作为文化传统成分之一的偏见也同样如此。而通过社会化过程，个体吸收并内化了文化传统，也继承了偏见。

根据美国学者奥尔波特对历史上各种偏见产生和持续过程的研究，在某一文化圈之内，许多偏见在最初之所以产生，主要是由于那些有权有势的社会集团为了使自己对无权

---

① 戈登·奥尔波特．偏见的本质．徐健吾，译．北京：中国人民大学出版社，2021.

无势的社会集团的剥削统治合理化而制造出来的。如在欧洲工业革命后，统治阶级与资本家大肆散布工人是一群缺乏独立人格的人，没有独立思考的能力，其主要的要求和欲望是维持可以养家糊口的物质生活，对这些人必须要加以严格的管制监督。这种偏见一旦形成并传播开来之后，便融入了文化传统，并在社会上形成一种偏见的氛围。在偏见的氛围中成长起来的儿童对于带有偏见的规范是服从的。刚开始是形式上的相符，后来就内化于心。儿童的社会化过程融于其父母的偏见文化之中，即儿童面临许多压力，使他们相符于父母和其他指导者的思想和行为。

一般地，儿童在社会化过程中习得偏见的具体途径可分为三种。第一种是直接学习。孩子周围的人运用赏罚强化其偏见态度。如父母不允许孩子同自己对其有成见的人的孩子一起玩，并灌输以“他们是一些肮脏无教养的孩子”的思想观念。第二种是模仿学习。儿童经常看到、听到自己周围的人议论反对某一群体及成员，从而逐渐地认同他们的观念和行为。第三种是环境气氛的熏染。这是学习者对特殊环境气氛的一种认知了解。如在种族歧视严重的国家里，白人、黑人分区而居，分校而读。黑人在的地方白人很少光顾，黑人喜欢的东西白人就远离，整个生活环境中弥漫着黑白有异、黑人劣等的氛围，久居其间就潜移默化地受到影响。

（三）个体的人格和心理因素

在同一社会文化氛围中成长起来的人在偏见倾向上并非一致，而是存在着很大的人际差异。这是因为一些独特的人格和心理因素影响着偏见的产生。

首先，具有权威主义人格的人易产生并固守偏见。权威主义人格一般具有以下特点：固守传统的等级观念，排斥、轻视违反传统价值的人；顺从于所属群体的道德权威，以权威和地位为行事的依据；敌视其他群体的人；对周围的事物偏好作两分法的简单判断。显然，具有这些特点的人是很容易产生偏见的。

其次，偏见和某些独特的心理作用与心理感受有关。弗洛伊德认为，偏见是一种人类倾向于投射的功能。投射有两种，第一种是相似性投射，即人们有把自己不受社会赞许的欲望投射到他人身上的倾向。按照这种观点，具有将他人视为有敌意和侵犯品质的明显倾向的人往往暴露了他自己的敌视和侵犯品质。第二种是互补性投射，如资本家剥削工人时可能认为，他们这样做不是因为他们贪婪，而是因为被他们剥削的工人能力低。除了投射这种心理作用可能导致偏见之外，许多社会心理学家还认为，挫折感也会导致偏见。

二、偏见造成的后果

偏见除了给社会生活的协调和谐造成破坏性的后果外，还会给受害者的心理带来不良后果。

（一）自我实现预言

美国心理学家罗森塔尔等所做的实验证明，如果教师对某些学生持有积极的看法，那么这些学生的课堂表现就会有显著的进步，学习成绩也会提高，尽管教师的这种看法可能是完全不正确的。既然积极的看法会导致积极的效果，那么消极的看法也可能导致消极的效果。如果学生知道老师看不起自己，认为自己愚蠢，那么这种消极的期望可能会变成他自我实现的预言。学生的成绩可能果然会变得很差，并且还会形成自卑感。社会中其他的对团体、对个人的偏见也通常具有这种效果。

（二）性别角色

在社会中存在着对女性的一些偏见，如认为女性是依赖的、被动的等。这种偏见对于形成女性心理和女性性别角色有着很大的影响。如西方心理学家所说的“灰姑娘情结”，即女性通常认为自己是无力的、依赖的，需要“白马王子”来追求和保护等，就和上述这种偏见紧密相关。此外，关于女性的偏见还造成了女性的逃避成就动机、在男性面前的自卑感等。

（三）疏离

社会的隔离会导致并强化偏见，而偏见又反过来会增加隔膜和疏离。在学校中，如果学生知道自己不受老师喜欢，就可能会避免见到老师，与老师疏远，并进而与同学疏远。这种疏远会导致受偏见的个体的人格失常，并对周围的人产生强烈的敌意感。

三、偏见的消除

在社会中，偏见是普遍存在的，并且产生了各种各样的消极后果。但是，偏见不是不可消除的。只要对症下药，便可达到预防和消除偏见的目的。社会心理学家对此做了大量的研究，提出了各种措施，总括起来主要有以下几点：

第一，消除刻板印象。偏见和一般的态度一样，也具有认知、情感、行为三种成分。而偏见的认知成分往往是一种社会刻板印象。一般人对某些群体的成员常有一定的刻板印象，如白人认为黑人智力低下、不求上进，男人认为女人有依赖性、被动性等。研究显示，若偏见对象表现出与刻板印象相异的行为，会有助于偏见的消除。例如，如果黑人从事一些社会地位较高的工作，并在其中取得成就的话，就有助于削减白人对黑人的偏见。

第二，增加平等的、个人间的接触。平等的接触和个人间的接触都是为了深入全面地了解接触双方的独特性。不平等的接触妨碍双方相互间深入、细致的了解，并且还易产生先入为主的、刻板化的判断，这种判断往往对地位低下者不利。同样，非个人间的接触通常也只能导致接触双方之间肤浅的、形式化的认识。只有平等的、个人间的接触，才有利于真实地了解对方独特的能力、性格、爱好、抱负等，避免先入为主的判断，从而达到预防和消除偏见的目的。

第三，共同命运与合作奖励。社会心理学家谢里夫在暑期夏令营的研究中发现，竞争可以引发两个原来互不相识的群体相互间的敌视和偏见。那么，如何消除这种敌视和偏见呢？在该实验中，谢里夫破坏了营区的供水系统，使两个群体都面临一个共同的命运，这个困难只有依靠两个群体全部成员的共同合作才能解决。结果证明，共同的命运与合作性的奖励是消解群体间敌对情绪和偏见的重要途径。

第四，制定有助于消除偏见的社会规范。人们都有服从并认同社会规范的行为倾向，如果社会规范对其他群体是可以接受的，则人们就比较有可能改变对其他群体的偏见。

在线自测

扫一扫　练一练

第九章　侵犯行为

本章提要

在西方，詹姆斯认为人类皆有好斗的劣根性，威尔逊（E. O. Wilson）在《论人性》一书中将攻击性、利他行为、性本能和宗教行为视为人类行为基本范畴，弗洛伊德用自我的概念来解释攻击本能，洛伦兹（K. Lorenz）确信攻击是人类生活不可避免的组成部分。在我国古代，管仲认为，仓廪实而知礼节，衣食足而知荣辱；孔子说，性相近也，习相远；墨子认为，染于苍则苍，染于黄则黄，所入者变，其色亦变；孟子认为，富岁，子弟多赖，凶岁，子弟多暴，非天之降才尔殊也，其所以陷溺其心者然也。可见，人类对于侵犯行为的原因和因素一直非常关注，也对侵犯的心理机制非常好奇。

引导案例

MAOA：暴力基因

西萨尔·龙勃罗梭（Cesare Lombroso）是第一个明确把犯罪行为与遗传联结起来，以表明犯罪性或犯罪倾向会遗传的科学家。

2011 年，佛罗里达州立大学的生物社会犯罪学专家毕维尔（K. Beaver）领导一个研究小组研究人类基因对犯罪的影响。他们比对了美国 2 000 个青少年的基因，MAOA 基因突变的青少年参加帮派的概率是那些此基因正常的人的 2 倍，而且那些基因变异的帮派成员使用武器的可能性更大。单胺氧化酶 MAO 会阻断大脑中用于传递信息的化学物质，它可将单胺分解成血清素，而血清素可以清洗人的大脑，使大脑保持清醒。当该基因有缺陷时，就不能产生正常的单胺氧化酶，于是大脑中的单胺含量就会过多，而血清素则过低，会使人暴怒、冲动、自制力差，易于产生暴力行为①。

当前，研究者也普遍认为，如果一个人既有这类高危的基因，又在幼小时受到暴力或性侵，那么成为罪犯的风险就高很多。而如果一个人有这类基因，但是童年时期生活安稳，那么成为罪犯的概率就降低很多。所以，单凭一个基因并不能绝对影响行为，但是一旦有一个催化的环境，可能就会产生完全不同的后果。

---

① 刘立敏，田相娟，张文新，王美萍．MAOA 基因与环境对反社会行为的交互作用及其可能的脑机制．心理科学进展，2017，25（6）：970－979.

案例思考：

1. MAOA 基因为什么被称为攻击性基因？
2. 侵犯行为是否具有原始生物性？
3. 如何理解侵犯行为的先天性与后天性？

侵犯行为是一种普遍的社会现象。无论人类社会怎样努力，利他行为并没有像人们期望的那样成为普遍的行为方式，侵犯行为也没有销声匿迹，侵犯行为仍以各种形式存在于人类社会之中。

第一节　侵犯行为的概念与种类

一、侵犯行为的定义

侵犯（aggression）最初源于拉丁语的词根“aggredi”，意思是“朝前走”“移近对方”，或者“带有伤害人的意图向前移动”。因而，侵犯行为有时也可以称为攻击行为[①]。在校学生之间的欺凌行为、球场上的球员斗殴、办公室同事之间的相互中伤与诋毁、人类战争等，都可以看作侵犯的不同表现形式。然而，在社会中，几乎每个人对侵犯行为都有自己的理解，要给它下一个较为准确的定义不是件容易的事情。20 世纪 70 年代以前，心理学文献对侵犯的界定一般以下述四个方面之一或其中几个方面为基础，这四个方面是行为的解剖学性质、行为的前提条件、行为的后果及观察者对行为所做的社会判断。与之相对应的是，心理学中对侵犯的定义也有四种，即解剖学定义、前提条件定义、行为后果定义及社会判断定义。其中，巴斯（D. Buss）认为，侵犯指任何伤害他人的行为，而不管其目的是什么。伯克维兹（L. Berkowitz）指出，侵犯必须具有伤害的目的或动机，侵犯是对他人造成身体或生理伤害的企图。因而，尽管犯罪分子的谋杀行为并没有得逞，但其行为确实是侵犯行为。而在对抗激烈的篮球比赛中，不小心伤害对方的运动员却不能认为是侵犯行为。

侵犯行为虽然在日常生活中非常常见，但是若要严格区分，的确不是一件容易的事情，因而对侵犯行为的定义需要从多方面加以考虑。一般认为，侵犯行为是违反了社会主流规范的、有动机的、伤害他人的行为。因此，当人们判断哪些是侵犯行为时，必须要分析三个方面的情况：第一是个体的行为是否违反社会主流规范，第二是个体的内在动机或意图如何，第三是个体的外在行为表现。行为表现可以直接被观察到，其是否违反社会主流规范也比较容易判断。而分析行为动机是一件困难且复杂的事，它不能直接诉诸人的感官。那么，该如何判断行为者是否具有侵犯动机呢？可以通过以下方面来加以判断：第一，行为发生的社会情境。任何行为都发生在一定的社会情境或环境之中，环境的特点可以向人们提供理解行为者动机和意图的线索。第二，行为者的社会角色。教师训斥学生通常不会被认为是有意的侵犯，因为教师是受人尊重的社会角色，其对学生的教育或训斥是

① 约翰·多拉德．侵犯与攻击．邢雷雷，译．北京：中国人民大学出版社，2018.

受社会认可的。当然，同样的例子发生在父子之间也是一样的。第三，行为发生前的有关线索。司机甲在行车时把路人乙撞成重伤，如果两个人此前并不认识或者关系一直比较好的话，人们通常会认为这场车祸只是一次意外。相反，如果两个人不但认识而且关系十分紧张，甲还曾经扬言要报复乙，那么，执法部门和群众就难免会猜测甲一定是在有意伤害乙。第四，行为者的身份特性。经济地位、性别、种族背景、受教育程度及职业地位等，也可以提供判断行为者动机的线索。人们倾向于认为，某种身份的人有一套适合该身份的行为方式。人们会按照这种观点来推断某种行为的动机。当然，上述四个方面并不是绝对的，在分析时需要综合考虑，有时还需要借助以往的经验，全面而细致地考察其他方面的因素，以便更加准确地判断是否有侵犯动机。

侵犯行为如果从性质上看，可以分为反社会的侵犯行为、亲社会的侵犯行为和社会认可的侵犯行为。这个分类是从是否违反社会规范和准则的角度出发的。人们一提到侵犯行为，往往首先想到的是反社会的侵犯行为，诸如人身侵犯、谋杀、斗殴等故意伤害他人的犯罪活动。事实上，这样的行为显然违背社会主流规范，因而是反社会的，它们无论是否构成犯罪，都是给他人造成身体、心理伤害或财物损失的行为。但是侵犯行为又不等于反社会行为，它仅仅可以被看作反社会行为的一个范畴或构成部分。它们之间的区别在于，侵犯行为是有意伤害他人的行为，其界定涉及行为的意图、伤害性等方面；而反社会行为可以被看作包括过失和行为失调在内的所有行为，是一个内容更为宽泛、成分更为复杂的概念。侵犯行为有亲社会性的吗？当然存在。这里，亲社会的侵犯行为是按照社会道德标准所接受的范围，以一种社会认可的方式所采取的侵犯行为，如维护社会治安、逮捕罪犯等。因而，亲社会的侵犯行为是指不但不违背社会主流规范，还可以为维护社会秩序服务的行为，如扫黑除恶等。

那么，什么是被认可的侵犯行为呢？所谓被认可的侵犯行为，是指既不违背社会规范，但也不是为社会规范服务所必需的，是经过长时间而形成的一种社会习惯，比如父母使用体罚方式教育不听话的孩子等，它是介于反社会的侵犯行为和亲社会的侵犯行为之间的一种行为。所以，侵犯是一方有意伤害另一方的任何行为，同时侵犯者必须相信这种行为将会伤害对方，对方也会试图躲避这种侵犯。

二、侵犯行为的种类

从不同的角度或依据不同的标准，可以对侵犯行为进行不同的分类。根据侵犯行为的表现形式，可以将侵犯行为区分为直接侵犯和间接侵犯。其中，直接侵犯是指通过打斗、口头语言、面部表情、姿态手势等来表示的行为，包括身体侵犯、言语侵犯、做威胁动作等外显性的侵犯方式。间接侵犯又称关系侵犯或心理侵犯，它不是面对面的行为，而是侵犯者一方通过操纵第三方间接对受侵犯者实施的行为，其主要形式为造谣离间和社会排斥。

按照侵犯者的动机，侵犯行为可以分为敌意性侵犯和工具性侵犯。敌意性侵犯由愤怒引起，以伤害为目的；而工具性侵犯只是把伤害作为达到其他目的的一种手段。简言之，如果侵犯者只是想让受害者遭遇不幸，目的在于复仇和教训对方的话，那么，这就是敌意性侵犯行为。如果侵犯者为了达到某种目的，只是把侵犯行为作为达到该目的的一种手段的话，这种侵犯就是工具性侵犯。

第二节 侵犯行为的理论解释

各种侵犯理论并不是互不相容的，每一种理论都强调了侵犯行为的一个侧面，都承认采取侵犯行为是最终的结果。

一、侵犯行为的生物学理论

在论及侵犯行为的生物学成因方面，研究者所持的观点大多是从进化本能、动物行为、行为遗传与激素影响等方面加以阐释的。心理学在19世纪后半期成为一门独立的学科，当时的理论家受达尔文进化论的影响，把人类的动机都归因于先天性本能，而暴力倾向被认为是人类最有力量的本能之一。其中，对侵犯行为的生物学解释往往倾向于认为侵犯是人类的本能。尽管目前主流的社会心理学认为，最好将生物学因素理解为环境刺激和侵犯行为之间的调节变量，但了解有关侵犯的生物学解释的确可以帮助人们更好地理解这种调节变量与侵犯行为之间的关系。威廉·詹姆斯认为，人类皆有好斗的劣根性，他相信侵犯倾向是通过祖先遗传而来的本能，人们基本不能摆脱它，只有通过替代性的活动消耗侵犯动力，才能使侵犯倾向得到控制。威尔逊在其《论人性》一书中，将侵犯性、利他行为、性本能和宗教行为视为人类行为基本范畴的四个方面。作为一名生物遗传决定论者，威尔逊认为，侵犯行为是人类为了确保自身安全而形成的一种本能。这种本能是经过长期的进化而发展起来的，侵犯性较强的个体往往具有更强的生存优势。

20世纪60年代，动物行为学家洛伦兹把人的侵犯行为与动物的侵犯行为作了比较。他认为动物的侵犯行为有两种，其一是掠食行为，目的是填饱饥腹，这种行为是一种不带情绪的、近乎天性的反应；其二是争斗行为，成群而居的动物会产生同种之间如何分配食物、性配偶与空间领域等方面的冲突问题，动物解决这种问题的方式常常表现为威吓、争斗和侵犯。这种争斗和侵犯具有求得生存，并使物种不断进化与发展的功能。洛伦兹认为，通过动物的争斗行为，可以了解人类的侵犯行为。他确信，侵犯是人类生活不可避免的组成部分，所以必须定期加以发泄。他建议人们采用消耗体力但没有破坏性的发泄方式（如体育竞赛）来代替破坏性的发泄方式。

生物进化学对人类侵犯行为的研究十分强调人类行为进化和发展过程。生物因素在人类侵犯行为模式的发展过程中扮演着重要的角色，即侵犯的能力是人类固有的。同时，行为遗传学领域也有大量的研究试图证明遗传因素在人类侵犯行为中所发挥的作用。其中孪生子、染色体差异、被收养者与亲生父母的比较等研究是比较常见的。

此外，研究者进一步发现激素活动与侵犯行为之间的关系。其中，雄性激素在动物的侵犯行为中发挥着重要作用。在这类研究中，经常把荷尔蒙浓度解释为原因，把侵犯解释为结果。

在新近的研究中，有学者强调大脑的某些区域破坏或被肿瘤、其他疾病损伤，也可以导致侵犯和暴力行为。研究发现，局限于额叶损伤的对象同非额叶头部损伤者、没有头部损伤的对照组相比，表现出更多的侵犯和暴力行为。研究者发现，双侧眶额皮质和左侧杏仁核受损后出现不可预测的冲动性侵犯行为。近年来随着磁共振、单光子发射计算机扫描、正电子发射计算机扫描技术在侵犯暴力行为研究中的应用，人们对侵犯暴力行为的认识取得了新的进展。

另外，在暴力侵犯行为的生理化、遗传与神经生化方面也有一些新的探讨。研究证实，母亲孕期吸烟对孩子儿童期和成年期的反社会行为有显著影响，即使控制了人口学因素、家庭因素及孕前期等生物社会因素，这种影响依然显著。动物实验和临床研究验证了低胆固醇水平与暴力侵犯行为的关系。研究发现，低胆固醇与高胆固醇饮食的猴子相比，其脑脊液中 5－HT 含量较低，侵犯行为增多。

总之，侵犯的生物学因素一直受到医学、心理学和生物学领域学者的关注，其研究一直如火如荼地进行，人们期待将来会有更多的研究发现。

二、侵犯行为的社会学习理论

社会学习理论是从人类特有的认知能力角度来探讨人类侵犯行为的获得及表现形式的。这一理论虽然认为刺激与反应在侵犯行为形成与发展中起着很重要的作用，但同时它又十分重视对外显行为有影响的那些内部的认知决定因素，所持的是一种刺激—认知—反应模式的观点。社会学习论者认为，挫折或愤怒情绪的唤起是侵犯倾向增长的条件，但并非是必要条件。对于已经学到采用侵犯态度和侵犯行为以对付令人不愉快的处境的人来说，挫折就会引发侵犯行为。

那么，侵犯的态度和侵犯的行为如何通过学习而得到呢？就人类来说，观察模仿是一个极重要的学习历程。班杜拉强调，在观察学习中，抽象认知能力起到非常重要的作用。当一个人耳闻目睹一种行为时，他会把观察到的知觉经验（包括行为者的反应序列、行为后果及该行为发生时的环境状况等）以一种抽象的符号形态贮存在记忆系统之中，经过一段时间后，若有类似的刺激出现，他会将贮存于记忆系统中的感觉经验取回而付诸行动。班杜拉把此种观察学习历程称为中介的刺激联结。

班杜拉认为，个体从观察他人的侵犯行为到表现自己的侵犯行为需要三个必要条件：第一，有一个榜样表现侵犯行为，如一个人在观察者面前侵犯、辱骂、殴打别人或表现出其他有意伤害他人的言行；第二，榜样的侵犯行为被断定为“合理”的，如观察者看到榜样的侵犯行为得到赞扬和支持或观察者自己认为榜样的行为是合情合理的；第三，观察者在榜样表现侵犯行为的时候必须在场，即观察者处在与榜样表现侵犯行为相同的情境内。以上三者缺一不可。

此外，还有一些并非必要但却是充分的条件：第一，观察者有足够的动机去注意榜样表现的侵犯行为及当时的情境状况；第二，榜样的反应即所作所为和所有的相关刺激必须贮存于观察者的记忆系统中；第三，观察者有能力做出所观察的行为序列中的有关反应。

若上述几项条件具备，个体观察了一种行为榜样之后，便可能产生三种效果：第一，经过个体认知系统的整理过程，将相关刺激线索联结起来，观察者习得了新的反应。第二，由于榜样的行为得到奖赏或处罚，观察者体尝到了替代的酬赏或处罚，从而修正了自己习得的行为表现。第三，榜样的行为助长了观察者表现已经习得的行为。也就是说，榜样的行为提示了观察者可以做些什么。

班杜拉之后又重复了同样的研究，但略有不同的是，成人榜样表现侵犯行为后，或给予奖赏或给予处罚。当成人因表现侵犯行为而受到奖励时，那么孩子就会模仿这位成人。当成人因为表现侵犯行为而受到惩罚时，那么孩子就不会模仿或很少模仿这位成年人。但是，孩子没有表现侵犯行为，并不等于他没有学会这种行为。当实验者要求那些看到了成人榜样所表现的侵犯行为，而自己没有侵犯表现的孩子表演成人榜样的行为时，他们都能准确无误地把观察到的侵犯行为表现出来。这意味着观察者把观察所得的知觉刺激保存于记忆系统中，当情况适合时就会有所表现。

三、媒介暴力对侵犯行为的影响

一直以来，大众传播的普及性和深入性，给人们提供了大量观察学习的机会。根据社会学习理论所提出的模仿学习的观点，学者就会很自然地考虑到媒介中的暴力内容会不会对青少年产生不良影响。媒介暴力的研究在西方已经有 70 余年的历史了，在这项研究中，心理学家布鲁默（H. Blumer）和社会学家豪泽（P. M. Hauser）认为，电影直接影响青少年犯罪倾向和行为。20 世纪 60 年代，媒介暴力研究开始走向成熟，形成了较为成熟的理论学说，如涵化理论、社会学习理论等。其中，社会学习理论前面已有所论述，这里简要了解一下涵化理论对媒介暴力的解释。涵化理论，也被称为“教养理论”“培养理论”，由戈布纳（G. Gerbner）及其合作者提出。根据涵化理论的假设，媒体作为现代社会中最主要的信息载体，对受众的认知层面具有潜移默化的效果。其所提供的符号世界是塑造受众认知、信仰及行为的重要力量，是人类建构主观世界的主要依据之一。通过涵化理论这一视角，可以更好地分析媒介形塑人类认知发展的过程，进而找到正确的利用媒介的方式，帮助人们学习有益的知识并培养正确的价值观。

媒介暴力是否会导致受众的侵犯行为是媒介暴力研究的核心问题，也是各种理论论争的焦点，而儿童与青少年的特殊性使他们成为最主要的研究对象。在一项早期研究中，研究者随机分派 5～9 岁的儿童观看暴力节目或观看非暴力的体育节目。之后，实验对象被告知他们可以“帮助”或“破坏”隔壁房间里另一伙伴正在设法赢取的一场游戏。他们还被告知，如果按“帮助”键，他们就能够帮助那个孩子更轻易地转动一个能使游戏制胜的关键操纵杆；如果按下“破坏”键，操纵杆将变得烫手难触，并最终破坏那个孩子的游戏进程。那些此前观看了暴力电影片段的儿童比起那些观看体育节目的儿童，更有可能按下“破坏”键并持续地按此键。

之后，研究者对儿童进行了另一实验，随机分派实验对象观看暴力动画片或观看亲社会行为节目。在随后两周的观察中发现，观看暴力动画片的儿童在与其他儿童的交往中，比那些观看亲社会行为节目的儿童更具侵犯性。这两个早期实验促进了人们对媒介暴力与儿童的侵犯行为之关系的关注。有研究者对加拿大的一个小镇进行了连续数年的侵犯行为变化的研究。最初，这个小镇不能接收电视信号，但在自然试验的过程中接收到了电视信号。研究者同样发现，侵犯行为随着接触媒介暴力内容的增加而增加。遗憾的是，由于现在电视信号的普遍深入，收集更多同类证据的可能性逐步下降。研究者观察了连续四天观看暴力或非暴力电影的受试者，结果发现，与早期的实验结果相同的是，观看了暴力电影的受试者随后的行为更具敌意。

那么，在怎样的情况下媒介中的暴力节目会产生影响人们行为的作用呢？社会心理学家认为需具备下述条件：观众所看到的媒介节目在某一主题和内容方面出现频繁而且相当一致；观众经常地、有规律地收看该主题内容的节目；观众知觉并学习该主题内容所表现的行为，可以直接或间接地应付和解决一些问题；观众对于主题内容所表现出的思想必须有某种程度的接受。

四、A 型行为模式与侵犯行为

侵犯行为是否与人格有着密切联系呢？20 世纪 50 年代，美国心脏病学家弗瑞德曼（M. Friedman）和罗德曼（R. H. Rosenman）首次发现冠心病人的典型特点，即雄心勃勃、争强好胜、缺乏耐心、怀有敌意和侵犯性、醉心于工作、有时间紧迫感等，并称这类行为为 A 型行为，而与之相反的则是 B 型行为。A 型行为模式实际上是指由高水平的竞争意识、强烈的时间紧迫感、较强的侵犯性、长期的亢奋状态、强烈的成就动机等行为特征所组成的模式。1959 年，弗瑞德曼和罗德曼主持了一项非常有影响的研究，从 1960 年到 1968 年追踪调查了 3 524 名男性公司职员，发现 A 型行为者冠心病发病率是 B 型行为者的 2 倍，复发率是 B 型行为者的 5 倍。

弗瑞德曼认为 A 型行为者不断挣扎，要在少而又少的时间内完成多而又多的事，容易发生侵犯、激动、发怒和不耐烦，即 AIAI 反应。这是一种在工业化、都市化迅速发展，社会生活的各个领域都出现竞争的历史背景下，个体为了在竞争中取得胜利而形成的一种习惯行为模式。A 型行为模式是在个性和环境的交互作用中产生和形成的，因而 A 型行为最主要的特点是竞争性、时间紧迫感、侵犯性和敌意。

五、侵犯行为的情境性因素

侵犯行为与本能、激素、人格甚至很多生化因素有关系，但是侵犯行为在一定程度也与某些情境性因素相关。

（一）侵犯性线索

任何经常反复与侵犯行为相联系的刺激，通过一个标准的条件作用过程，会变成诱发侵犯的线索。因此，情境中与侵犯相关的这些线索，如刀、枪等器械往往会成为侵犯行为产生的起因，伯克维兹将这种现象称为武器效应。在这项研究中，一些被试因为实验助手的电击而引发愤怒，另一些被试则没有。然后给他们一个对实验助手施加电击的机会，在他们施加电击活动时，所在房间的桌子上会放置一把枪或一副羽毛球拍。实验结果是，愤怒的被试看到一把枪时比看到一副羽毛球拍时施加了更多的电击。除了刀、枪等明显的侵犯性线索外，一些有侵犯性色彩的词语，以及与死亡、邪恶等相联系的黑色等颜色也会引发侵犯行为的加强。

（二）外在情境

有些社会性情境因素也成为侵犯性的线索。在挫折-侵犯理论中，多拉德（J. Dollard）

和米勒（G. A. Miller）提出，人的侵犯行为是因为个体遭受挫折而引起的。也就是说，侵犯是挫折的一种后果，侵犯行为的发生总是以挫折的存在为先决条件。反之，挫折的存在也必然会导致某种形式的侵犯。为此，心理学家巴克尔（R. G. Barker）曾经做过一项有趣的实验。他把一群孩子分为对照组和实验组，然后把他们都领到实验室的窗外，孩子们通过窗户可以看到里面放满了诱人的玩具。实验一开始，就允许对照组的孩子进实验室玩。而对于实验组的孩子，刚开始的时候只允许他们在一旁观看，而不让他们进去玩，直到过了一会儿，才让他们进去玩这些玩具。实验结果表明，实验组的孩子比对照组的孩子表现出更多的侵犯行为。这一实验表明，外在的挫折情境使人们容易产生侵犯行为。

但是，外在的情境一定会导致侵犯性行为吗？如果在个体所处的环境之内不存在给人以引导的认识线索，挫折不一定能导向特定形式的反应。换句话说，个体在遭到挫折之后将做出什么反应，表现出怎样的行为，是由环境内在的线索或者说环境提供的刺激来引导的，而反应或行为的强度，则决定于挫折所引发的侵犯唤起程度，即侵犯的准备状态。

这样，米勒又提出挫折是一种情境刺激，可以引起一系列的不同反应，侵犯反应只是其中一种形式而已。挫折的存在，不一定会导致侵犯行为，但是侵犯行为肯定是挫折的一种结果。伯克维兹也认为，挫折情境的存在并不一定会导致个体发生实际的侵犯行为，只能使个体处于一种侵犯行为的唤起状态，侵犯行为最终是否会发生，取决于个体所处的环境是否给他提供一定的侵犯线索。如果个体所处的环境并没有提供这样的线索，那么个体未必会表现出侵犯行为。也就是说，外在环境的侵犯线索是使内在侵犯冲动形成实际表现的必要条件，并且侵犯行为的反应强度取决于其唤起程度。

（三）兴奋转移

侵犯行为总是伴随愤怒等情绪的高度唤起，那么，其他刺激所引发的生理上的唤起状态是否会转移为侵犯性冲动呢？在一项实验中，让实验助手激怒男性被试，然后，有一半被试从事大量的运动，而另一半被试不运动。略微休息一会儿后，给被试提供一个电击实验助手的机会，结果愤怒而且运动的被试比愤怒但没有运动的被试用更高的电压电击实验助手。可见，由于其他刺激所诱发的情绪性激起会转移成更强的侵犯冲动。

（四）去个性化

去个性化指的是处于群体中的个体会由于对群体的认同淹没了个人的身份，使自身的自我控制系统的作用减弱甚至丧失，从而做出摆脱正常社会规范约束的极端行为。津巴多着重对去个性化在诸如敌视、侵犯等极端行为中的作用进行了研究。他以女大学生为研究对象，以 4 人为一组参加对陌生人的电击实验。一组被试彼此以真实姓名相互称呼，每个人胸前挂有写着自己姓名的牌子；另一组被试穿着宽大的衣服，并把头包得很严实。结果匿名组被试电击他人的概率要远远高于实名组被试。津巴多指出，诸如盗窃、抢劫、破坏等社会侵犯现象在大城市中的发生概率较高的原因就在于大量人群的聚集导致的以匿名性和责任分散为特征的去个性化。

（五）温度与酒精

在 19 世纪初，就有人发现天气变化与犯罪行为之间存在着一定的关系。近年来，针对外界环境因素对侵犯行为影响的研究也发现犯罪与温度的关系。有研究考察了美国达拉斯市和明尼阿波利斯市两年内的气温和身体侵犯记录，记录取自每天中的三个小时，结果发现侵犯行为随气温的升高而增多，但是当气温到了一定的点时，即使超过这个温度，侵犯行为也不随温度的升高而增加。另一些研究表明，在棒球运动中，热天时的侵犯行为比冷天时的侵犯行为要多，甚至在控制一些其他因素后也是如此。一项以大学生为被试的研究考察了温度对侵犯行为的效应，发现人们对高温效应和低温效应的信念是从警觉和能量水平、敌意和愤怒的感受、侵犯和暴力行为这三个维度进行评估的。人们相信高温提高了对敌意和愤怒的感知，降低了警觉和能量水平，增加了侵犯和暴力行为。

在酒精对侵犯行为的影响作用这一问题上，大多数人认为酒精会使人变得易于激怒和更加好斗。为了验证酒精在侵犯行为中的作用，泰勒等做了这样一个实验，他们让被试多量饮酒或少量饮酒，然后允许被试对他人施加电击，饮酒越多的被试所施加的电击越大。酒精之所以会导致侵犯行为加强的后果，其原因是醉酒的人降低了对行为潜在后果的注意。没有醉酒的被试可以注意到他们以为的和他人实际的行为之间的差异，而醉酒的被试则丧失了对自己和他人的理解力。此外，醉酒也提高了个体对情境具有高侵犯性的注意，并导致其做出相应的反应。酒精使人更倾向于将外部的刺激知觉为威胁、受挫或不怀好意，也使人对社会压力和侵犯更加敏感。研究者通过电击实验发现，当被试根本没有受到袭击和威胁，对手也没有侵犯性，只是有旁观者不同程度地劝说被试去电击对手时，酒精增加了同伴压力下的侵犯。

第三节　侵犯行为的预防与控制

侵犯行为的综合模型强调，影响侵犯行为的因素既有挫折，也有环境的刺激，如温度、噪声、拥挤、气味等。挫折刺激不是自动起作用的，而是根据个人对挫折的形成和程度的认识以及对造成挫折的人的特点和意图的理解。个人是否发生反应，发生什么样的反应，依赖于他过去的背景、过去对挫折的反应、人格特点、生物特点和身体状况。个人既可以把挫折刺激解释为严重的，也可以解释为轻微的，甚至可以解释为不是刺激，而理解成对自己的性格的考验，或者是退缩行为的信号。个人可能感受到各种情绪，要是感受到敌对和愤怒情绪，往往会发生侵犯行为或暴力；要是感到自己无能为力，则会产生目标转移，否认挫折刺激、增强自己对他人的善意或者是退缩。当个人体验到敌对、愤怒情绪时，是否发生侵犯行为，社会情境因素在其中起着抑制或者促进作用，如果周围的人同情受挫者，并鼓励侵犯行为，则会加强个人的侵犯行为；如果社会以处罚相威胁，不鼓励个人采取侵犯的方式，则会削减个人采取侵犯方式的可能性。

一、惩罚

惩罚是一种针对个体某种特定行为施以痛苦刺激或剥夺需要，以减少某种行为再次发生或制止某种行为与群体目标不一致的管理手段。如果错误的行为没有受到惩罚，或者管理者放弃了对违规行为的惩罚，那么惩罚赋予管理者的威信和作用将会降低，而且如果其他违规者也注意到这种不连贯性的话，那么更多的错误行为就可能发生。因而，惩罚被认为是激发个体良好行为和态度转变的一种有效方式。而在社会标签理论看来，受惩罚者可能会根据惩罚者所贴的标签行动，离正常的行为取向越走越远。除此之外，惩罚还可能因为其他原因产生相反的效果。频繁的惩罚也可能加重个体对自己是弱者的认知，并使其产生习惯性的失败体验，从而损害自尊心，造成情绪上的焦虑和恐惧，甚至有损于心理健康。

二、宣泄

宣泄最早是由古希腊思想家亚里士多德提出来的，意思是用文学作品中悲剧的手法，使人们的恐惧与忧虑等情感得以释放，以达到净化的目的。后来，这一概念被弗洛伊德引用到其学说之中。弗洛伊德认为，侵犯是一种本能，是人与生俱来的驱动力。每个人都有一个本能侵犯性能量的储存器，应当不断以各种方式使侵犯性能量发泄出来，如球赛、打拳、游泳以及培养人与人之间积极的情感联系等，还可以适当地表现一些侵犯的行为和举动，否则侵犯性能量滞存过多，后果将不堪设想。洛伦兹也认为侵犯是人的本能，是人类生活不可避免的组成部分，是需要宣泄的。比如战争是人的侵犯本能宣泄的结果，因此他主张以一种不具破坏性的宣泄途径来代替战争，如体育比赛、登山、航海等。这里，宣泄的基本假设是，侵犯性能量是一个常数，能量聚集得越多，发生侵犯性行为的可能性越大。若这些不良情绪得以合理宣泄，就可以减少侵犯性的强度，侵犯行为也会随之减弱。一切实际的侵犯行动或在想象中实施侵犯行为，都可以使侵犯性能量得到释放，从而减少侵犯性冲动，达到减少侵犯行为的目的。

由于社会道德与各种规范的限制，要寻求社会容许的有效方式来达到宣泄的目的。例如，引导人们参加文娱、体育活动，广交朋友等。当然，这些具体方式对宣泄能起到怎样的作用，尚需进一步研究和实验验证。

三、认知干预

信息加工模型认为，个体从面临某一社会线索到做出侵犯反应的信息加工过程包括5个步骤：

（1）译码过程，即个体通过感知，从环境中获取有关线索、信息；

（2）解释过程，即个体把知觉到的环境中的线索与他对过去事件的记忆、目标相整合，然后为这些线索寻找可能的解释，并赋予意义；

（3）寻找反应过程，即利用已知线索，形成潜在反应；

（4）决定反应过程，即对潜在反应的结果进行评估，并最终决定反应；

（5）执行反应过程，即将所选择的反应转化为行为，并对反应的过程做出解释。

可见，侵犯性个体在对社会情境做出反应的过程中可能存在若干认知偏差，而这些认知偏差正是造成其侵犯行为频发的重要原因。如何针对侵犯性行为的特点进行有效的认知干预，是近年来心理学工作者的研究重点。

四、社会技巧熟练

作为基本的社会技巧，移情能力的培养是预防和控制侵犯行为的基本途径。移情的定义非常复杂，它往往是与角色采择、情绪匹配及同情等概念联系在一起，这些概念都在一定程度上揭示了移情的不同心理过程。关于移情，人们能够确定的是，它与利他行为的培养和侵犯行为的控制有关。有研究通过元分析提出，侵犯行为应该与移情存在负相关，移情反应可能是侵犯性的一个抑制因素。一项对 10、12、14 岁的儿童的实验发现，移情与生理侵犯、言语侵犯和间接侵犯等均呈显著负相关，移情得分越高的儿童，其愤怒情绪、生理侵犯和言语侵犯越少，也较少地参与物质争抢。另外一项研究发现，对于高移情情绪的个体，移情能抑制酒精对侵犯行为的激发作用，而低移情个体不但没有这种抑制的能力，其移情反而会推动酒精对侵犯行为的激发作用。由于移情具有激发个体利他行为的动机功能和激活、强化道德原则的信息功能，因而以移情为基础的道德教育必定具有现实意义。要想矫正或预防个体的侵犯行为，培养其移情能力是途径之一。

五、社会公平

在现代社会中，完整的社会公平体系包括权利公平、规则公平、分配公平、社会保障公平等方面。其中，分配公平是社会公平中的重要内容，社会财务分配的合理性往往是人们评价一个社会是否公平的核心依据。在现代社会，尽可能地建立公平的社会体系有助于减少侵犯行为的发生。

在线自测

扫一扫　练一练

第十章　亲社会行为

本章提要

亲社会行为也被认为是助人行为或利他行为，是自发形成的，以帮助他人为唯一目的，且不期望任何外在酬赏的社会行为。在日常生活中，人们常常可以发现有人愿意无偿地帮助他人。亲社会行为是人类社会中一类美好的事物，也是社会生活中不可或缺的一部分。

引导案例

助人为乐可以减轻身体疼痛?

亲社会行为被人类社会所高度推崇。从史前社会到现代文明，亲社会行为促进人们彼此分享和相互合作，以应对各种各样的灾害。虽然亲社会行为对于助人者来讲其实是一件消耗个人资源（比如时间、金钱、食物等）的事情，但亲社会行为也有其积极影响的一面。

谢晓非及其团队2021年在《美国科学院院刊》发表了论文《亲社会行为缓解身体疼痛》，他们利用行为学以及fMRI技术，基于3个实验，探究助人行为。研究发现，实施亲社会行为，例如无偿献血、给地震受害者或者孤儿捐款、帮病友打扫房间等，都在一定程度上减轻了人们的生理疼痛。

原因也许是，人们的助人行为可以给助人者带来无形的收获，比如积极情绪的增多、自尊感的提升、较少的抑郁等。此外，乐于助人是一种美德，人们将助人行为和生活的意义联结起来。助人行为带来的意义感能够缓解人们在愁苦环境中的不愉悦感，减轻人们的疼痛感。

案例思考：

1. 如何更好地促进亲社会行为的发生?
2. 为什么亲社会行为可能减轻人的疼痛感受?
3. 助人行为还有哪些积极的正向作用?

人类可以表现出纷繁复杂、多种多样的社会行为，如果以行为的后果作为划分的标准，可以将社会行为分成两类：一类是对社会或他人有益的行为，或者称为亲社会行为；另一类是对社会有害的行为，即反社会行为。人类的亲社会行为是那些自发性地帮助他人或者有意图地帮助他人的行为，而以侵犯行为作为典型代表的反社会行为则明显对他人和社会具有极为不利甚至是破坏性的影响作用。

第一节 亲社会行为的定义

亲社会行为（altruistic behavior）是一种自发形成的，以帮助他人为唯一目的，且不期望任何外在酬赏的社会行为。从亲社会行为的定义中，可以看出亲社会行为有如下几个特征：以帮助他人为目的；不期望有精神或物质的奖励，例如荣誉或奖品；自愿性；亲社会者可能会有所损失。其中第二个特征是亲社会行为的主要特征。然而，人们助人的动机并非都十分单纯，通常的亲社会行为中既包含利他的因素，也含有利己的因素。某人志愿为某个慈善团体工作，以便给朋友们留下良好的印象或丰富自己未来找工作时简历的内容；一个慈善家大量捐款帮助穷人，他可能也会期望在社会上获得声誉的回报。如此说来，亲社会行为可能有不同的动机，其中有些行为是以利他为手段、以利己为目的，有些行为有微妙的利己动机，有些是纯粹意义上的利他主义，即为他人的幸福而助人，丝毫没有想到自己的得失。

社会学家和社会心理学家对亲社会行为的界定进行了一系列的分析，研究者明确区分了亲社会行为和偿还行为，认为亲社会行为以帮助别人作为唯一目的，而偿还行为则是指那些为了回报以往曾得到过他人的好处，或补偿自己使他人蒙受损失而产生的助人行为。但是也有研究者提出异议，主要针对亲社会行为中是否应含有赏酬的问题。研究者普遍认为亲社会行为不应该含有对外在赏酬的期待，但应该含有内在赏酬，也就是通过助人行为获得精神上的满足。亲社会行为虽然是不图日后回报的助人行为，但亲社会行为发动者在看到有人需要帮助的时候，会因为专注于自我的内心焦虑，或者专注于对他人的同情情绪而采取助人行为。从这个角度上看，亲社会行为存在两种取向：一种是为了减轻内心的紧张和不安而采取助人行为，这种情况的动机是为自我服务的，助人者通过助人行为来减少自己的痛苦，使自己感到有力量，或者体会到一种自我价值，可以称之自我利他主义取向；另一种是受外部动机的驱使，因为看到有人处于困境而产生移情，从而采取助人行为以减轻他人的痛苦，其目的是他人的幸福，这种情况才是纯利他主义取向。既然自我利他主义行为的目的是自我报偿，那么，这样的助人行为能否归结为亲社会行为呢？目前为止还没有定论，但是多数心理学家认为，所有的亲社会行为最终都可以产生自我报偿的结果。

社会心理学家对亲社会行为的研究涵盖了许多类型，其中最常见的是以下四种：第一种是人们在看到陌生人陷于困境时所表现出来的助人行为；第二种是人们制止或干预犯罪的行为，这种行为一方面能够帮助受害人，另一方面能使犯罪人无法得逞或遭到惩罚；第三种是个人约束自己不做出越轨的行为，这种行为通过克己的方式取得亲社会的效果；第四种是偿还行为，其目的是回报他人的恩惠或补偿自己曾经使别人蒙受的损失。

在选择了亲社会的行为方式之后，人们通常会产生良好的自我感觉，一般情况下，受助者会心存谢意，局外人也会对助人者给予赞扬和鼓励。但事实上，在有些情况下，受助者并不感谢助人者，助人者也怀疑自己的助人行为是否适当，甚至局外人也没有赞赏助人者的表示。在什么样的情况下，亲社会行为会产生这种消极后果呢？研究表明，在如下两种情况下，亲社会行为会产生消极的后果：一是当亲社会行为对助人者有利时；二是当亲社会行为对受助者有伤害时。根据前文所述，亲社会行为是需要助人者付出一定代价同时没有希望借此换取个人利益的行为，但是，人的动机很少如此简单，助人者往往会期望得到奖励或者回报。亲社会行为常常使助人者沾沾自喜，并能够满足他自我价值感的需要，使他感到自己是有能力的。亲社会行为也有可能是助人者对自己从前所犯错误的一种补偿，使他由此减少罪恶感，或恢复他原来在人们心目中的形象。一旦亲社会行为对助人者有好处，就会被认定为是助人者有所企图的行为，进而带来消极后果。此外，如果亲社会行为对受助者来说可能是得不偿失的，受助者就会因此而消极地看待助人者。因此，亲社会行为要恰到好处，才能体现出它的价值。

第二节 影响亲社会行为的因素

一、情境因素

情境因素对个体是否表现出亲社会行为具有重要作用，它主要体现为自然环境、社会环境、事件的紧急性和时间压力对亲社会行为的影响。

（一）自然环境

天气条件会影响人们表现亲社会行为的可能性。有研究者对天气的影响作用进行了两个现场研究，其中一个研究是请求路上的行人完成一份问卷，研究发现，阳光灿烂和气温舒适（冬天里相对较温暖的日子和夏天里相对较凉爽的日子）的天气条件下，人们较愿意去帮助研究者；另一个研究是在气温可以控制的餐厅中进行的，研究发现，阳光明媚的情况下，人们会更为慷慨地给服务生支付小费。可见，人们较有可能在晴朗的天气里帮助他人，而较少在寒冷和刮风的天气里帮助别人。

城市规模也是影响亲社会行为发生概率的重要因素。一个较为普遍的刻板印象是大城市里的人不友好，不喜爱帮助别人；而小城镇中的居民则是合作和爱帮助人的。这可能是由于大城市的某些因素降低了助人的可能，而小城镇的某些特点鼓励了助人行为。进一步的研究表明，一个人成长于大城市还是小城镇与助人行为无关，起作用的是个体目前所处的环境特征。有人针对澳大利亚 55 个不同规模的城市中居民的五种类型的助人行为（包括是否为走错路的路人指路、在看到他人跌倒时是否去搀扶、是否为慈善事业捐款、是否接受他人访问写下自己喜爱的颜色等）进行研究，结果发现，小城镇的人帮助陌生人的比例显著高于大城市中的居民。另外一项研究对美国 36 个人口规模各异的城市中的居民的助人行为进行研究，结果也发现，城市越小，提供帮助的人越多。但是应该注意的是，上述研究结论仅仅关注的是对于陌生人的助人行为，大城市居民对亲戚和朋友的帮助并不比小城镇和农村少。很多人认为导致这种差异的原因在于城市生活的匿名性、对犯罪的恐惧、压力过大等因素所导致的无助感，但目前尚无法下定论。

噪声也会使亲社会行为减少。在一项实验中，研究者故意将许多书和报告放在地上，看进来的人会不会帮他捡起来。结果发现，当房间内的噪声处于正常水平时，72%的被试会帮助收拾散落在地上的书籍；而当噪声很大时，只有 37%的人这样做。可能是噪声破坏了一个人的心境，也可能是噪声分散了人们对他人需求的注意力，或者噪声是一种人们难以承受的刺激。可见，人们在一定的时间内只能对一定数量的刺激做出反应，过多的刺激会使一个人的亲社会行为减少。

（二）社会环境

情境中的社会性因素也影响亲社会行为的发生。比如，是否知觉到他人在场对个体的亲社会行为具有影响作用。1964 年的一个晚上，纽约市的一名女子在回家的路上遭到了歹徒的袭击，当时她的 38 位邻居都听到了呼救声，而在长达 30 分钟的时间内，竟无一人给予救助，有人甚至目睹了惨剧的全过程却没有打电话报警。事发后，一些社会评论家将其看作一种道德腐败，但是社会心理学家拉坦（B. Latané）和达利（J. Darley）则表达了不同的看法，他们认为可能是旁观者的存在，成为亲社会行为缺乏的原因。当其他人存在时，人们不大可能去帮助别人，其他人越多，亲社会行为的可能性越小。拉坦和达利把这种现象叫作旁观者效应。

这一现象得到了一系列实验结果的支持。心理学家拉坦和达利做了一个简单但是很说明问题的实验室实验。研究者每次将一位大学生被试带进实验室，分配在单独的房间里，并让他认为自己是 2 人、3 人或 6 人讨论组的成员之一，正准备参加一个讨论会，同时告知被试在他们进行讨论时主试不在现场。在通过麦克风轮流发表个人看法的过程中，被试通过连接各个成员所在房间的扩音喇叭听到另外一个房间中的讨论组成员出现了紧急性的癫痫病发作，到底有哪些被试表现出了打开房门向主试求助的行为呢？结果表明，在 2 人一组的情况下，85％的被试在“癫痫病人讲话”结束之前就打开房门（他们显然是向主试求助）；在 3 人一组的情况下，有 62％的被试这样做；在 6 人一组的情况下，则只有 31％的被试这样做。实验的结论是：被试认为旁观者越多，就越不会轻易给予帮助。拉坦和达利于 1970 年开展了一个现场实验。研究者在收银员的帮助下设计了偷窃，偷窃发生在店内有 1 名或 2 名顾客的情况下。当收银员走到店铺后面检查货物时，两个年轻男子走进来，拿走了一打啤酒。与预期相一致的是，人们单独目击此事件比还有其他顾客也在店内更可能将偷窃事件报告给收银员。

为什么人们在群体里比单独时有较少的亲社会行为呢？对于这一问题有几种不同的理论解释，其中之一就是责任扩散。所谓责任扩散，是指当发生了某种紧急事件时，如果有其他人在场，那么，在场者所分担的责任就会减小，因为每个人都认为助人的责任和助人失败所带来的可能成本应该由大家共同承担，也就是说，提供帮助的责任扩散到其他人身上。如上面案件中，因为知道还有其他人在场，但是却不能和其他人谈话也不能看到别人的行为，个体会倾向于假设其他人已经提供了帮助而不再采取行动。旁观者效应的第二种可能原因为对模糊情境的社会性定义。当事件的性质模糊不清时，人们倾向于参考他人的反应来对事件做出判断，这种对情境的判断受他人反应影响的现象，就是对情境的社会性定义。拉坦和达利用实验证明了旁观者对情境的社会性定义的作用。在实验中要求男性大学生坐下来完成一份问卷，几分钟后有烟雾通过气孔进入房间，很快烟雾变得非常浓重，人们几乎无法正常看东西和呼吸。如果被试是一个人待在房间内的话，他们一般会跑出来查看烟雾的情况，75％的被试会向研究者报告这一情况；而当被试与两个实验助手同时待在房间内时，实验助手对烟雾没有反应，则只有 10％的被试向研究者报告出现了烟雾。可见，外部情境因素要在个体参照他人行为的基础上做出自主判断后起作用并引发个体的各种反应，对同一情境的社会性定义不同会导致不同的行为反应。影响旁观者效应的第三个原因是评价焦虑。如果人们知道别人正在注视着自己，就会按照别人的期待，以能够被大家喜爱和接受的方式表现自我，避免在别人面前表现得很不成熟，以减少社会贬低的发生，这种反应就是评价焦虑。所以在上述实验中，虽然被试都处于浓烟滚滚的房间之中，但由于他人都表现得很平静，被试害怕如果过多地表现出对烟雾的关注，会被别人认为是愚蠢或胆小，所以也做出和他人相同的反应。

（三）事件的紧急性

当人们判断外部环境中有紧急事件发生时，他们通常会表现出助人行为。那么，到底人们会将什么情况认定为紧急事件呢？研究者事先把“事件的紧急程度”区分为五个等级，从第一等级的非常紧急到第五等级的非常不紧急。他们列举了一系列事件，得到的分数是：割断动脉大量出血的平均紧急程度为 1；小孩中毒的平均紧急程度为 1；心脏病发作的平均紧急程度为 1；晚期癌症的平均紧急程度为 2；汽车在路边熄火的平均紧急程度为 2.72；电视节目中要求为营养不良的儿童募捐的平均紧急程度为 3.75；手里拿着香烟着急找火柴的平均紧急程度为 4.87；等等。然后让 69 名女大学生和 21 名男大学生对它们的紧急程度加以评价。结果发现，紧急事件有如下特点：突然或出乎意料地发生；当事人可能要受到伤害或已经受到伤害；随着时间的延续，情况越来越严重和危险；没有其他人可以帮助当事人；旁观者有能力给予当事人帮助。随后的几项研究也证明了无论是什么事件，如果人们将其判断为紧急的，就有给予帮助的更大可能，事件被认定的紧急程度决定了旁观者给予帮助的可能性。因此，事件的紧急性是亲社会行为唤起的决定性因素之一。

（四）时间压力

时间压力也会影响亲社会行为的发生。有时人们觉得自己太匆忙了，以至于没有足够的时间帮助他人。达利的研究对这一问题进行了探讨。在实验中，要求男学生从一栋建筑走到另一栋建筑中去听一个讲座。有一半的被试被告知不用赶时间，慢慢走就可以了，而另一半被试则被告知对方在等你们，必须尽快去。在前往另一栋建筑的途中，被试会看到一个衣衫褴褛的人倒在路上不停地呻吟。在研究后的访谈中，所有的学生都记得看到过受伤者。但是时间匆忙的学生仅有 10%给予了帮助，而没有时间压力的学生则有 63%给予了帮助。另一个实验进一步对时间压力问题进行研究。学生要单独被派往另一栋建筑中操作计算机。该实验为二因素实验设计，一个因素为是否有时间压力，一组被试被告知要尽快，而另一组没有这样要求；另一个因素为被试自认为自己的参与对研究者是否重要，有一半被试被告知他们的参与对研究者至关重要，另一半被试则被告知他们的数据并不重要。当学生走向另一栋建筑时，他遇到一个男学生摔倒在楼梯上并不停呻吟。结果显示，匆忙的被试（40%）比没有时间压力的被试（65%）更少给予帮助，但这一结果仅仅在被试认为他的参与对研究很重要的情况下才成立；被试认为自己对研究者来说并不重要时，匆忙的被试（70%）和没有时间压力的被试（80%）提供帮助的比率差不多。这说明被试在多重因素协同作用的情况下，会主动权衡各种因素的成本和收益，最终做出采取何种行动的决定。时间压力是是否引起亲社会行为的一个重要因素，但不是唯一决定因素。

二、助人者的特点和当时的心境

情境因素能增加或减少一个人表现出亲社会行为的可能性，但是决定是否表现亲社会行为的关键性因素还是人的因素，有些人在不利的情境中也会帮助别人，而有些人即使在最有利的条件下也不去助人，助人行为的个体差异广泛存在。

（一）人格因素

虽然在找出助人者人格特征的研究上并没有取得预期的成果，但是可以这样说，在一些特定的情境中，助人者所具有的特定人格特质和能力可以使其更愿意帮助他人。研究发现，对社会赞许有高度需要的成年人会比那些低需要的个体捐献更多的钱给慈善机构，但这仅仅出现在有他人在场时。可见，这些人之所以助人是为了获得他人的表扬和关注。一项研究对32个曾经干预了危险情境的人进行了深度访谈，危险情境包括银行抢劫、持械抢劫和拦路抢劫等。将这32个助人者与和他们在年龄、性别、受教育程度及道德背景相匹配的对照组进行比较后发现，这些人显著地比对照个体更高大、更强壮、受过更好的应对紧急情况的训练。但是这些人没有一个将自己描述为强壮的、有攻击性的、有原则的人。他们强调自己受过更多的生命救援、医学或警察的训练，认为自己在能力上能够胜任助人行动。有研究者对第二次世界大战中营救犹太人的406名营救者进行了深入的研究，发现这些人强调从家庭、社会中学到的社会规范的重要性，如帮助他人的责任；有的人因为同情和怜悯而营救；还有人提出是因为对他人的痛苦敏感和有关公正与责任的道德信念使其克服恐惧，将自己的生死置之度外。亲社会行为由很多因素引起，一个人是否会成为助人者，依赖于其能力、价值观和动机与当时情境要求的匹配程度，人格特征在亲社会行为中只是起到某种中介作用。

（二）当时的心境

大量的研究表明，当一个人心情好的时候，会更愿意给予帮助，积极的心境可以增加亲社会行为的可能性。哪些因素会影响人们的心境呢？研究结果表明，刚刚得到某种奖励、由于某种成功而获得了自信感、刚看过一部喜剧或悲剧电影、刚刚听到某些好的或坏的消息，甚至对幸福或伤心往事的回忆等，都会影响心境。好心情会提高个体向他人提供帮助的概率，这主要是因为提供帮助可以延长积极情绪状态保持的时间。但也有研究发现，积极的情绪所引发的助人效果只能保持大约20分钟。而且当助人者认为帮助他人会破坏好情绪时，这种好情绪反而会降低助人行为，因为心情好的人希望自己的良好情绪能够保持下去。坏心情对助人行为的影响要更为复杂一些，如果坏情绪使得人们更多关注自身的需要，就会降低对他人提供帮助的可能；但是如果帮助他人会使自己感觉好些，减少坏情绪，就可能会给他人提供帮助。

（三）内疚感

内疚感是指当人们做了一件自认为是错误的事而唤起的一种不愉快的情绪。为了降低这种情绪，人们常常会选择帮助他人。弗瑞德曼进行的一项研究证明了内疚感的作用。在实验中，被试坐在一张桌子边等待实验开始。在一种情境中，桌子极易被打翻，从而使桌子上的卡片散落一地。当桌子上的卡片散落在地上后，实验者告诉被试这些卡片是某个人写论文急需的资料，这样被试就因为弄混了卡片而产生内疚感。在另一种情境中，桌子很稳固，卡片没有散落到地上。结果表明，诱发内疚感的情境使人产生了更多的助人行为。个体因为自己的行为导致不良后果，会产生内疚感，而内疚感进而引发助人行为。在这个过程中，忏悔会对减少内疚起一定作用。所以，如果忏悔减少内疚，它同样也会减少对他人的帮助。史密斯（C. Smith）等的研究支持了这一观点。在一项实验中，实验者让被试相信，由于被试个人的原因破坏了实验的结果。而后，一部分被试有机会向实验者忏悔自己的错误，另一部分被试则没有这样的机会。除了这两组被试外还有一个控制组，该组被试并不认为自己破坏了实验结果。随后测量被试愿意继续参加实验的时间，结果显示：内疚感增加了被试的助人行为，而忏悔则会降低助人行为的发生。

（四）个人困扰和移情

个人困扰是指自身对于他人困境所产生的情感反应，如震惊、恐惧、焦虑、无助或任何类似的情绪。当人们看到一个事件而引发了自身的情感反应时，个人困扰就产生了。移情是个体在关注到不幸者的需要和情感时，体会他人痛苦的感受或见解，分担他人的痛苦，产生对他人的同情和关心的感受。个人困扰会使人们感受到焦虑和恐惧，移情则让人们感受到对他人的同情和悲悯。可见，个人困扰和移情是两种不同类型的情感。个人困扰所引起的不适感虽然可以引发人们通过帮助他人减轻自己的不适，但是人们同样也可以通过离开当前情境或忽视现实情况来缓解个人困扰。所以个人困扰和助人之间没有必然联系，而且即使一个人为了减轻个人困扰而引发助人行为，这种助人也是自私性的而非亲社会性的，因为个人困扰的焦点在于个体自身。相反，由于移情把焦点放在了受害者身上，关注的是提高他人的幸福感，所以移情所引发的助人是亲社会性的。有研究表明，移情可以引发个体的亲社会行为。在另外一项研究中，主试告诉被试一个叫卡罗尔的学生在车祸中双腿骨折，这使得他的功课严重落后。在听完对卡罗尔的采访后，被试被问及是否愿意帮助卡罗尔。通过改变指导语控制移情的发生，高移情组被试被告知应从卡罗尔的角度想象一下他对受伤的感受以及这次意外对他的生活所造成的影响；低移情组被试被告知应尽可能客观仔细地注意呈现给自己的信息，不用关心感受。结果发现，高移情组被试有71%的人愿意提供帮助，低移情组被试只有33%的人愿意提供帮助。设身处地地从遭遇不幸的人的角度考虑问题会促进亲社会行为。

三、求助者的特点

（一）是否值得他人帮助

求助者是否值得去帮助是决定人们是否给予帮助的重要因素。人们不愿意帮助一个喝得醉醺醺、晃晃悠悠地走在路上的酒鬼，但却会去帮助因生病而晕倒的路人。根据归因理论，潜在的助人者会考虑寻求帮助的人需要帮助的理由。一般来说，人们更容易帮助那些他们认为没有解决问题的能力，但却必须求得帮助的人。例如，迷路的小孩比迷路的大人更容易得到别人的帮助；尽管当前对女人的看法有所改变，不再像从前那样认为她们没有能力自助，但是，人们仍然认为女人应付困难的能力比男人低，因此，人们会感到有责任去帮助一个遇到麻烦的女人。

另外，如果有人由于外在的不可控制的、大家也认为合理的原因（比如疾病或意外事故）而面临困难的话，他们会比那些自己造成困难的人更容易获得帮助。也就是说，人们往往拒绝帮助那些由于自己的过错或不适当的行为而遇到麻烦的人，例如酗酒者、粗心大意而酿成大错的人等。因此，比起去滑雪度假而缺课的学生，一个教师可能会花费更多的时间帮助一个由于家中有人亡故而缺课的学生。对于那些由于个人责任而导致问题的人，人们会感到愤怒和轻蔑并拒绝给予帮助。

旁观者对别人陷入困境所应该承担的责任也是他们决定是否给予帮助的原因之一。研究显示，如果求助者在与旁观者谈话时要求他们帮忙照看一下东西的话，那么，旁观者在事后就更有可能帮助求助者寻找被别人拿走的东西，因为他们会感到自己有责任帮助求助者照看好东西。

（二）是否受他人喜欢

人们更愿意帮助自己喜欢的人，而外貌的吸引力和与自己具有相似性是较为重要的两个因素。在许多情况下，长相漂亮的人更可能获得他人的帮助。一个现场研究将一份填好的研究生入学申请表放在机场的公用电话亭里，申请表上已经贴好邮票，只等寄出了。研究者控制了求助者外貌特征这一变量：有的申请表上贴上很漂亮的照片，有的则贴上不漂亮的照片。结果表明，如果申请表照片上的人外表很有魅力，无论是男性还是女性，信件被寄出的可能性都更大一些。平均来说，有吸引力的人的申请表有47%被寄回，而没有吸引力的人的申请表只有35%被寄回。

助人者与求助者之间的相似性程度也会影响助人行为的发生。一项以嬉皮士为被试的研究发现，一个嬉皮士帮助另一个嬉皮士的概率为77%，而帮助一个非嬉皮士的概率只有32%。可见具有某些相似的态度等都能促进亲社会行为的发生。

（三）性别的影响

求助者的性别也会影响助人行为。有研究表明，当发生危险时，男性比女性表现出更高的助人倾向，但这仅仅针对女性求助者，尤其是漂亮的女性求助者，而不是男性求助者。女性助人者则不会受到求助者性别的影响，而且女性也会表现出较高的助人倾向，这可能与女性具有较高的移情能力有关系。

第三节　亲社会行为的理论解释

一、社会生物学

达尔文曾经指出，经过一个自然选择的过程，有利他天性的生物更有可能使它们的物种留存下来。当代著名的社会生物学家威尔逊进一步阐述了这一观点，他指出任何遗传上具有高生存价值，即有助于个体持续生存的决定性特质，往往具有向下一代遗传的倾向，而帮助他人的倾向对团体的基因来说具有很高的持续生存价值。例如一只雄鸟有6只幼鸟，每只幼鸟一半的基因源于其父亲，加起来6只幼鸟是父亲自身基因的3倍。如果雄鸟牺牲自己来保护幼鸟，它特殊的基因库就已经得到了复制。其他亲属拥有该个体不同比例的基因数，也可以对这些亲属作类似分析。帮助血缘关系较近的亲属可以增加个体自身基因在子孙后代中的存活率，这是进化生物学的基本原则。

社会生物学家特瑞沃斯（R. L. Trivers）指出，只有相互的或互惠的利他才有生物学基础。根据他的观点，个体给他人帮助的潜在成本可以从获得他人帮助的可能性中得到补偿。但是这一相互帮助的系统受到了潜在“欺骗者”的威胁，即他们接受帮助却不回报他人帮助。为了使欺骗最小化，罪恶感天性以及通过社会规则强化相互帮助的倾向经过自然选择而被保留了下来。

进化理论产生了几个具体的假设。例如，动物最愿意帮助那些基因上与它最接近的个体；比起远亲或陌生个体，它们更愿意帮助家庭成员。父母对健康的后代比对不太可能存活的不健康后代更无私。进一步的假设是，母亲通常比父亲更多地给后代以帮助。其原因是在一些物种中，雄性拥有繁殖大量后代的生物学基础，所以不需要对任何一个后代投入太多，也可以使自己的基因永恒不灭。雌性则只能繁殖出相对较小数量的后代，所以必须帮助每一个后代以保证自己基因的传递。

人类也天生具有亲社会行为的倾向。韦克斯勒（D. Wechsler）等对年幼儿童的观察研究也证明了人类天生有亲社会行为的倾向，如不到 1 岁的儿童明显地试图安慰受伤的父母或兄弟姐妹，给坐在旁边的人喂食物，把自己的玩具给别人玩，看到父母痛苦的表情时表现出畏缩和痛苦等，在看到另一个儿童受伤时倾向于表现出与他自己受伤时同样的痛苦。3～5 岁的学前儿童在一个小时中会表现出 15 次帮助他人的行为，包括给小朋友玩具、安慰伤心的伙伴或帮助老师。而那些与他人分享、帮助或安慰小伙伴的儿童更受同伴的欢迎。当然，这些行为不完全就是亲社会行为，有些只是观察模仿成年人的行为。

虽然许多社会心理学家假设亲社会行为有遗传机制，但是迄今为止还没有研究证实该机制的存在。

二、社会进化论

尽管社会生物学观点曾经在 20 世纪 80 年代极为盛行，但它也遭到了大量的批评。因为影响亲社会行为的社会因素远比生物学基础更为重要。社会进化论的代表人物坎贝尔（D. Campbell）指出，在人类文化与文明的历史发展中，人类在逐步并有选择地演进某些能够增加群体繁荣幸福的技巧和信念。因为亲社会行为通常对社会有益，并且是遍布于整个社会中的行为，因此它们也在进化中得到提高，成为社会规范的一部分。

所谓社会规范，就是行为、态度和信仰的模式。这些模式是社会组织以正式或非正式的方式建立起来的、认为是适当的行为准则。一般来说，社会中的个体面临着必须遵守这些规范的压力，如果他们违背了这些规范，就有可能遭到社会排斥或各种各样的惩罚。与亲社会行为有关的特别重要的社会规范有社会责任规范、互惠规范和社会公平规范。

社会责任规范是指人们有责任和义务去帮助那些依赖人们并需要人们帮助的人。按照这种规范，家长有责任保护孩子的健康和安全，老师有责任帮助学生解决学习中遇到的问题。这种规范主要针对助人者而言。

互惠规范是指人们之间的助人行为应该是互惠的，应该帮助那些帮助过自己的人。有研究已经表明，人们更愿意帮助那些曾经帮助过自己的人。这种规范对维持人际关系的协调和稳定有重要意义。

社会公平规范是指为达到公正和资源公平分配而出现的助人行为。如果两个人对任务贡献相等的话，应该得到一样的报酬，得到报酬较多的人可能会给报酬较少的人一些钱；一个观察到这种不公平事件的旁观者也可能对受到不公平对待的人给予支持。这种较多利益中重新分配报酬以达到公平的现象已经得到研究证实。

另外，亲社会行为在不同的文化背景中也很不相同。米德根据不同社会对早期儿童抚养的实践对这些差异进行了解释。她在新几内亚比较了两种不同的社会，发现阿拉佩什社会的成年人比较喜爱和纵容他们的孩子，因而培养了该社会儿童彼此亲密和同情他人的品格，这种品格一直保持到他们成年。而蒙杜古马社会的人比较注重独立和自我奋斗的行为，对待儿童比较淡漠，很少培养儿童的同情心，因此该社会的儿童在成年以后也没有助人的愿望。米德认为，儿童早期养成的同情心很可能是成年以后亲社会行为的一个重要的文化因素。儿童的行为也可能是对其父母行为的模仿。还有人对亲社会行为的文化差异做出了另一种解释，这一解释认为某个社会的财富和资源影响了该社会的人的亲社会行为。

在社会责任规范中也显示出不同文化的差异，即不同的社会具有不同的社会责任规范。这为不同社会中人们亲社会行为的差异提供了另一种解释。布朗芬布雷纳（Urie Bronfenbrenner）曾对美国和苏联的儿童进行了比较。他的研究表明，社会责任规范在苏联的学校中得到了特别的强调，苏联的学校制度非常强调社会责任。这一规范教育儿童要有社会责任感，促使人们对违反社会规定的人进行批评指责。这一规范也可以导致亲社会行为，儿童认为在课余时间帮助学习有困难的儿童是理所应当的。社会责任规范对人们分担责任和在工作与生活中密切合作的作用在社会中也随处可见。

三、学习理论

学习理论认为，儿童在成长过程中有关亲社会行为的规范的掌握是学习的结果，具体来说是通过强化和观察学习来实现的。

按照传统的学习理论，亲社会行为（与其他行为一样）是通过强化而建立的。若儿童帮助母亲干家务，将好吃的东西留给别人，或在别人难过时试图进行安慰，父母可能会用赞扬的话、糖果来奖励他们，父母对他们的赞扬就是一种社会性强化。同样，如果儿童不愿意帮助别人则会受到父母的指责甚至惩罚。按照学习理论，儿童将重复那些已经得到过奖励的亲社会行为，并去除自私的行为，这就是强化的作用。

赞扬要比物质奖励等形式达到更好的效果。一项研究让 8 岁的儿童和 9 岁的儿童玩一种游戏，获胜就可以得到筹码换取玩具。随着实验的进行，所有的儿童都贡献过自己的筹码给其他的儿童。这时给予儿童两种类型的赞扬：一种赞扬被称为人格倾向赞扬，强调儿童的人格特征，如“你是一个非常友好、爱帮助人的好孩子”。另一种赞扬被称为一般性赞扬，强调儿童的行为特征，如给贡献过筹码的儿童这样的表扬“这是非常好的帮助他人的行为”。然后让儿童再次玩游戏，并告诉他们：“如果愿意，你们可以把自己的筹码分给没有玩具的孩子，但这不是必须的。”获得人格倾向赞扬的儿童显著地比那些获得一般性赞扬或没有得到赞扬的儿童更愿意与他人分享自己的筹码。可见人格倾向赞扬比一般性赞扬更有效。

除了强化的作用外，观察学习也是个体产生亲社会行为的重要原因。当个体仅仅是观察到他人表现出亲社会行为，即使没有物质奖励或表扬，他们也会在类似的情景中表现出亲社会行为。

四、决策理论

任何行为的发生都包含了复杂的社会认知和理性决策的过程，亲社会行为也不例外。

任何亲社会行为的第一步是注意到有事件发生并且决定是否需要帮助。在这个阶段，人们要判断是否有紧急事件发生。人们主要根据以下五种特征来知觉一个事件是否为紧急情况：某件事突然地、出乎意料地发生；对受害者存在明显的伤害；如果没有他人干预，对受害者的伤害会随时间延续；受害者很无助，需要外界的帮助；某种有效的干预是可能的。第二步是考虑个人的责任。当人们明显感觉到他们存在个人责任时，显然更可能提供帮助。个体所知觉到的个人责任水平的高低是影响是否助人的重要因素。除此之外，个人的能力也是影响责任知觉的因素之一。决策观点认为，人们会考虑到一种特定行为的潜在所得和损失。如果一个人帮助他人的收益大于不帮助的收益，他就会表现出亲社会行为。而亲社会行为是否会给自身安全带来可能威胁，是否需要付出时间、精力，帮助他人是否会给自身带来心理满足感等都会影响助人的成本权衡，进而影响是否表现助人行为。有研究者发现，至少在部分情境下，成本与收益考虑确实会影响助人行为。第三步是决定给予什么类型的帮助并采取行动。例如，当有人在家门外打架时，人们是会直接去劝架还是打电话报警？在这个阶段，个体要具体确定怎样采取行动。

在线自测

扫一扫　练一练

第十一章　人际沟通

本章提要

人与自然、人与社会的辩证关系是人类社会永恒的主题。人与社会是辩证统一的关系，不能脱离对方而存在。人际沟通是社会中人与人之间的联系过程，即人与人之间传递信息、沟通思想和交流情感的过程。人不是孤立的荒岛，每天都在通过语言或其他符号系统与社会互动，进行人际沟通。凭借社会互动与人际沟通，人与人建立关联、相互影响。社会互动和人际沟通提供了人们维持人类社会行为所必要的信息，成为信息交换、互通有无、建立并维持相互联系的工具。

引导案例

Emoji 的社交功能

1999 年，人们创造了 Emoji（表情符号）。目前，它已成为数字交流中代替肢体动作、面部表情等非语言线索的主要形式，并成为全球普遍使用的交流工具。日常生活中，人们可以使用肢体语言、面部表情和语气声调等非语言线索表达情绪情感，而在网络空间中，人们则可以借助各种表情符号传情达意。目前，全球约有 90%的在线用户频繁使用 Emoji，每天有 60 亿个 Emoji 表情符号被传送，这些表情符号在网络交流中可以表达情感、表现言语功能、维持或促进人际关系[①]。

研究显示，影响 Emoji 的因素包括性别、文化、平台和语境等。在性别因素中，女性比男性更爱使用表情符号。同时，女性倾向于使用单个 Emoji 或者在信息中分散使用多个 Emoji，而男性则倾向于连续多个使用 Emoji。另外，由于男性和女性兴趣爱好的不同，男性更喜欢运动型 Emoji，而女性更喜欢与生活和消费相关的 Emoji。同时，Emoji 受到人格的影响，有研究者发现，Emoji 使用频率与大五人格之间存在相关关系。其中，外向性低的人 Emoji 使用频率最高，神经质低的人使用频率最低；高宜人性的个体使用 Emoji 的表情更多；外向性低的个体更喜欢隐性的视觉语境；神经质的个体更多地使用 Emoji 来描述情绪和感受。在文化因素上，个人主义文化中的个体表达情感更为直接，而集体主义文化中的个体则会在考虑别人感受的情况下呈现面部表情，从而其情感表达更间接。

案例思考：

1. Emoji 在人际交流中的语言功能是什么？

---

① 靳宇倡，邓成龙，吴平，等. Emoji 图像符号的社交功能及应用. 心理科学进展，2022，30（5）：1062－1077.

2. Emoji 在维护和促进人际关系中有什么作用？

3. 你认为人际交流过程中新技术的互动有何利弊？

在人际关系中，沟通存在于生活的每一个阶段和方面。社会性是人的本质属性，人们通过语言、穿着、表情、身体动作等一系列符号在一个特定的环境中力图让他人了解自己，同时也理解别人，调和冲突，达到共赢。

第一节 沟通的本质

沟通是影响行为的工具，也是改变行为的有效途径。及时相互沟通意见，有利于人与人之间传达思想、交换信息，取得信任、理解、支持和帮助。

一、沟通的功能

沟通（communication）也被称为人际沟通（interpersonal communication），是社会中人与人之间的联系过程，即人与人之间传递信息、交流情感的过程。这个过程不仅包括口头语言和书面语言，也包括肢体语言、个人的习气和方式、物质环境等。沟通在社会生活中具有重大的影响和功能，其中包括协调整合功能、心理保健功能、心理发展动力功能和社会心理构建功能。

沟通的协调整合功能体现在两个方面：其一，协调情感，即人际沟通可以使沟通者心理得到某些满足；其二，协调动作，即沟通者从沟通的信息中自动调整自己的行为。沟通有利于提供信息，调节情绪，增进了解，增强团结。人们通过沟通相互之间进行联系，形成一定的社会关系。如果群体内部的人际沟通不充分，容易发生误会、矛盾和纠纷，导致群体涣散，群体成员行动不能一致。

沟通是人类最基本的社会需要之一，同时也是人们赖以同外界保持联系的重要途径。沟通保证了个人的安全感，增强了人与人之间的亲密感。如果沟通的需要得不到满足，就会影响个人的身心健康。事实表明，沟通剥夺同感觉剥夺一样，对人的心理损害是极其严重的。

沟通的心理发展动力功能体现在，通过沟通，人与人之间交流各种各样的信息、知识、经验、思想和情感等，为个体提供了大量的社会性刺激，从而保证了个体社会性意识的形成与发展。婴儿一出生就通过与父母的沟通获得生理和心理的满足。随着年龄的增长，个体与他人沟通的范围日益扩大，接受各种社会思想，形成一定的道德体系，逐渐完成了各个年龄阶段的人生发展课题，社会意识由低级向高级迈进，形成健全的人格特征以适应复杂的社会生活。

沟通的社会心理构建功能反映在人的社会心理正是在同他人进行人际沟通的过程中逐渐形成和发展起来的。社会心理现象主要包括个体在社会、群体和他人的影响下心理发展变化的规律，个人对群体、群体对个人的相互影响和心理效应，以及群体间的相互影响和作用，而这些心理现象和规律无一不是以信息交流为前提的。没有人际交流，就没有社会心理的形成，社会心理形成后又作用于个体心理。

二、沟通的结构

人际沟通的过程就是信息交流的过程，它服从信息传递的一般规律。实现沟通的必要结构包括发送者与接收者、信息、信息渠道、反馈、噪音和环境等[①]。

（1）发送与接收者：没有发送者（信息源），就无法进行人际沟通。没有接收者，沟通也不能实现。发送者和接收者，即沟通的双方互为沟通的主体和客体。

（2）信息：信息是沟通的内容。人们进行沟通，要是没有内容，沟通的必要性就不存在了。所有的沟通信息都由语言符号和非语言符号组成。语言中的每一个词都是表示特定事物或思想的语言符号，语言符号又包括具体符号和抽象符号。非语言符号是人们不用语言而进行沟通的方式，如声调、表情、肢体动作、空间距离等。

（3）信息渠道：信息渠道是信息的载体，即信息通过何种方式、用什么工具从信息源传递给接收者。信息需要通过一种或几种信息渠道，才能到达接收者。在沟通中，选择合适的信息渠道十分重要。不同的沟通目的、信息内容和沟通背景，要求发送者选择不同的信息渠道。

（4）反馈：信息发送者发送一个信息，接收者回应信息，使其进一步调整沟通内容，因此沟通成为一个连续的相互的过程。沟通中及时反馈是很重要的，反馈可以减少沟通中的误会，让沟通双方知道信息是否按他们预期的方式正常传递。

（5）噪音：这是沟通中阻止理解和准确解释信息的因素。比如环境中的噪声、沟通双方的情绪、信念和偏见、跨文化沟通中对符号不同的解释等，都是沟通的噪音。噪音可以存在于沟通的任何一个环节。噪音包括外部噪音、内部噪音和语义噪音。

（6）环境：沟通发生的环境影响沟通的效果，包括物理环境、心理环境和社会环境。

三、沟通的种类

（一）沟通线路的分类

1. 单向沟通和双向沟通

从信息发送者与信息接收者的地位是否变换的角度来看，可将沟通分为单向沟通和双向沟通。单向沟通是发送者与接收者的地位不变，发送者只发出信息，接收者只接收信息而不做出反馈。双向沟通是发送者与接收者的地位不断变换，双方互为信息发送者和接收者。心理学家莱维特（H. J. Leavitt）曾经做过关于单向沟通与双向沟通效率的比较研究。实验者用两种方式要求被试在纸上画一系列的长方形。采取单向沟通方式时，被试背向实验者不准提问；采取双向沟通方式时，被试面对实验者，可以提问。通过比较实验，莱维特得出了有关单向沟通和双向沟通的几个一般的特点：单向沟通的速度快，易失真，信息接收者对自己的判断无信心，信息发送者的心理压力较小；而双向沟通与此正好相反——其速度慢，准确度高，信息接收者对自己的判断有信心，信息发送者要承受较大的心理压力。

---

① 彭凯平，王依兰．跨文化沟通心理学．北京：北京师范大学出版社，2009.

2. 上行沟通、下行沟通和平行沟通

在组织群体中，地位高低的差异使得组织里的人际沟通呈现上行、下行和平行的趋势。其中，上行沟通又称上沟通，是指组织中地位较低者主动向地位较高者的沟通，其沟通的信息常是向上级报告工作情况、汇报某个成员的问题、向上级提出要求等；下行沟通又称下沟通，是指组织中地位较高者主动向地位较低者的沟通。一般是前者将工作指示、工作信息、工作程序、工作方法、工作评价和工作目标等传递给后者；平行沟通，是指组织中身份和地位相仿者之间的沟通，平行沟通可以协调人际关系，加强成员间的友谊，增强团体的凝聚力。

（二）沟通方式的分类

1. 假相倚沟通、非对称性相倚沟通、反应性相倚沟通和彼此相倚沟通

根据沟通者之间相互依靠、相互联系的情况，将人际沟通分为假相倚、非对称性相倚、反应性相倚和彼此相倚。

假相倚沟通时，沟通者只按照自己预先制订的计划，即按自己的意愿进行沟通，根本不顾及对方的反馈。例如，在讨论场合中，有些发言者只根据自己事先拟好的稿子发言。在履行某种社会仪式的过程中，人们常刻板地进行沟通，也属假相倚。

非对称性相倚沟通是指沟通的一方按照自己预先制订的计划进行沟通，而另一方则根据对方的沟通内容来调整自己的言行。如人力资源部经理和求职者之间的沟通就是如此，前者按照事先准备好的问题发问，后者只是根据这些问题答复。口试时，教师和学生之间的沟通也属非对称性相倚沟通。

反应性相倚沟通是指沟通双方都以对方的言行作为自己沟通的依据，做出相应的反应，而并不按照原来的计划进行沟通。例如，顾客看到销售人员的冷漠态度而发脾气，销售人员则以更生硬的态度对待顾客。

彼此相倚是指沟通双方一方面以自己的沟通计划同对方沟通，另一方面又考虑对方的反应来调整自己的沟通行为。例如，朋友间的谈心就是彼此相倚沟通。

前三种相倚在人际沟通中所占比例较少，绝大多数的沟通都属彼此相倚沟通，即沟通双方根据对方的信息反馈不断进行思路、情感等的调整，做出信息上的回应。

2. 工具式沟通和感情式沟通

按沟通功能，可以划分成工具式沟通和感情式沟通。工具式沟通是发送者将知识、想法、要求等传递给接收者，影响和改变接收者的行为，达到组织目的。感情式沟通是沟通双方表达感情，获得同情、谅解与理解，满足精神上的需求，最终改善人际关系。一般的人际沟通通常会涵盖这两方面的内容，很少有单纯的工具式沟通或感情式沟通，但在具体的沟通中沟通者会有工具式或感情式的侧重。

3. 正式沟通和非正式沟通

按沟通渠道，可以把沟通分为正式沟通和非正式沟通。正式沟通是指在一定的组织系统中通过明文规定的渠道，进行信息的传递与交流，即信息按企业规章制度的安排，以正式的渠道传递。例如，上级向下级下达指示、发送通知，下级向上级呈送材料、汇报工作，以及定期的会议等。非正式沟通是指在正式组织系统以外进行的信息传递与交流，它

以个人为信息的主要传递渠道。非正式沟通传递的信息又被人们称为“小道消息”。非正式沟通的方式，包括组织员工间的非正式接触、交往、聚餐、闲谈等。非正式沟通建立在团体成员的社会关系上，它是由成员交互行为而产生的、伴随非正式组织而来的一种正常且自然的人类活动。

正式沟通受组织的监督，信息源真实可靠，接收者严肃认真，所以沟通的信息真实、准确。但因为这种沟通往往必须逐级进行，沟通速度较慢，有可能延误信息传递的时间。非正式沟通灵活方便，速度快。它不受组织系统的监督和限制，自行选择沟通渠道，可以提供正式沟通难以获得的某些消息，人们的真实思想和意见也往往能在非正式沟通中表露出来。但在非正式沟通中，信息的可靠性无法保证，由于小道消息通常是不完整的，所以即使它的细节都是对的，也会产生极大的误解。组织里的沟通者虽试图通过非正式沟通传播事实，但很少能够传播事实的全貌，非正式沟通的这种不充分性在传播中还会不断累积，致使它整体上产生比其本身小部分错误信息可能引起的大得多的误解。

4. 口头沟通和书面沟通

按沟通工具来划分，可分为语言沟通和非语言沟通两大类。其中语言是最常用的信息渠道。按语言的不同形式，人际沟通又可分为口头沟通和书面沟通。以语言为媒介，借助口头言语进行的沟通称口头沟通，如演讲、讨论、会谈、电话联系等。其优点是简便易行，灵活迅速，尤其可伴有手势、体态和表情，增强传递信息的效果；缺点是信息保留的时间较短，使用也受条件的局限。以文字为媒介，借助书面言语进行的沟通称为书面沟通，如布告、通知、书信等。其优点是信息可以长期保存，对一时辨别不清的信息可以反复研究；缺点是信息对语言文字的依赖性强，沟通效果受文化修养的影响很大，对情况变化的适应性较差。随着电子信息技术的广泛应用，从书面沟通发展出一种新的沟通形式，即电子沟通。网络载体的沟通以其快速高效和有强大的多媒体功能支撑等特点已在很大程度上取代了借助纸笔的书面沟通的某些重要人际沟通功能，甚至削弱了口头沟通的某些功能。但不能忽视的是，人是社会人，人的情感沟通更需要人与人之间的口头沟通。

（三）沟通网络的分类

沟通网络是根据人际沟通中信息传递的方向而形成的路线形态。根据群体组织里正式沟通和非正式沟通的情况，沟通网络又分为正式沟通网络与非正式沟通网络。

1. 正式的沟通网络

20 世纪 50 年代，贝弗拉斯提出小群体沟通网络的概念。他认为沟通网络是一个小群体里成员之间较固定的沟通模式。后来，莱维特以五人小群体为研究对象，发现沟通网络有四种形态：Y 型沟通、链型沟通、圆型沟通和轮型沟通。由于在轮型与 Y 型沟通中，沟通者之间的信息传递要受居于中心位置的人控制，故称这种类型的沟通网络为中心化的沟通网络；在链型和圆型沟通中，沟通者不必受居于中心位置的人控制，可与其他人进行直接沟通，所以这种类型的沟通网络被称为非中心化的沟通网络。后又有学者在此基础上加入全通道型沟通，并将五种沟通网络相比较得出它们各自的特点。全通道型沟通也是一种中心化的沟通网络，但它除处于中心位置的沟通者控制信息沟通外，其他沟通者也能通过其他通道彼此间传递信息，因此是一种全方位的沟通。就成员满意度而言，非中心化的沟通网络比中心化的沟通网络要高一些。但在非中心化的沟通网络中难以产生领导者，因此在领导控制力上不如中心化的沟通网络。

2. 非正式的沟通网络

非正式的沟通网络是群体组织里进行非正式沟通形成的信息传递渠道，一般包括单线型沟通、集束型沟通、流言型沟通和偶然型沟通。非正式的沟通网络也就是人们通常所说的传播小道消息的渠道。集束型是指将小道信息有选择地告诉相关的人，这也是传播小道消息最普遍的形式，传播速度最快；流言型是一个人将小道消息传播给所有的人；单线型是通过一连串的人将小道消息传播给最终的接收者；偶然型是将小道消息随机地传播给其他人。小道消息由于其灵活性和个人化，传播的速度极快。小道消息还因其可穿越严密的组织保密屏障的不同寻常的能力而著称，通常能够跨越组织防线而直接与知情人进行交流，所以小道消息也成为秘密信息的来源。

第二节 非言语沟通

作为信息传递的过程，人际沟通必须借助一定的符号系统才能实现，所以，符号系统是人际沟通的工具。可以把符号系统划分为两类，即语言符号系统和非语言符号系统。语言符号系统是利用语言进行的言语沟通。语言是人类最重要的沟通工具，也是信息传递的最有力的手段。非言语交流与言语交流各有作用，在人际沟通中往往是相互依存、互为补充的。由于语言符号系统已经熟知，这里重点来看一下非语言符号系统的作用。非语言符号系统是指在人际知觉和沟通过程中，凭借动作、表情、实物、环境等进行的信息传递。人们常常认为非语言符号系统是不重要的，但是事实并非如此。美国传播学家梅拉比安（A. Mehrabian）通过实验把人的感情表达效果量化为一个公式，即 100%的信息传递＝7%的语言＋ 38%的语音＋55%的非语言符号系统。从这一公式可以看出，非语言符号系统在沟通中具有重要的功能，它能补充、调整、代替或强调语言信息。

一、无声的非语言沟通系统

手势、面部表情、体态变化等都属于这个系统。动态无声的皱眉、微笑、抚摸或静止无声的站立、倚靠、坐姿等都能在沟通中起作用。除此之外，身体空间也传递了一些人际交往的信息。

动态符号系统主要包括人的面部表情和肢体语言。人的脸部能做出许多种不同的表情，喜、怒、哀、乐、悲、恐、惊等各种情绪都能通过面部表情表露出来。研究表明，世界各地不同文化背景的人，当其感受到某种基本的情绪时，所显示的脸部表情颇为相似，只有一些细小的表达方式可能会有差异。人们依赖脸部线索的程度远大于口语线索或口语信息本身。由于社会存在界定各种场合失当行为的规范，其中也包括了表现失当情绪的规则，所以有时候人们必须隐藏真正的情绪。艾克曼（B. Ekman）认为，人在某一情境中用来掩饰真正情绪的表现规则有三种：情境特定性的表现规则、文化特定性的表现规则和个人特有的表现规则。例如，通常情况下，可以假设人们的面部表情显示了个人内心的情绪状态。实际上，表情和情绪的关系非常复杂。人类只有少数几种基本情绪拥有清晰可辨的表情模式。人类的面部表情不是人类的内心状态的反应，其本质是社会性的，人们的面部表情是为了激发他人的反应，是在社会互动中用来影响他人的。

与沟通有关的肢体活动虽不如面部活动丰富，但由于人们不善于控制细小的肢体动作，它通常能比面部表情透露出更多的沟通者的真实意图。因此，身体语言经常能揭示和传达他人的情绪状态。比如抚摸是传达感情非常有力的一种交往方式，心理学研究显示，对于早产儿，每天 3 次 15 分钟的抚摸可以使他们茁壮成长。阿诺夫（E. Aronoff）的研究证实了不同的身体倾向或姿势表达了不同的情感状态。他们首先从传统的芭蕾舞中区分了两组角色：一组扮演危险的或具有威胁性的角色，另一组扮演热心的同情者的角色。然后，他们考察实际的芭蕾舞中这些角色跳舞的情况。研究结果表明，危险的或具有威胁性的角色更多地采用对角线状或直角状的姿势，而热心的同情者更多展示圆滑的姿势。这些相关研究表明很多的身体动作和姿势能提供关于他人情绪甚至表面特质的重要信息。

对于静态符号系统而言，静态姿势也是非常重要的非言语沟通手段，一定的姿势通常透露一定的态度，传达一定的信息。如身体的倾向，当信息传递者倾向于信息接收者时，常被视为对后者怀有正面的态度，也有助于产生亲密感。

另外，个体的空间距离也是沟通时需要注意的符号系统。这里，个体空间的一般距离会因文化有异，也会因地位差异与性别有别。有关人们在人际互动中如何使用空间和距离的研究，被称作空间关系学，这是由霍尔（G. S. Hull）提出的概念。他将人际空间距离分为四种：亲密距离、个人距离、社会距离和公众距离。亲密距离（0～46 厘米），属于亲密的人（如家庭成员、最好的朋友），在此区域中，可以有身体接触，如拥抱、爱抚、接吻等，话语富于情感，并排斥第三人加入；个人距离（46 厘米～1.2 米），同学、同事、朋友、邻居等在此区域内交往，由于距离有限，在此区域内说话一般避免高声；社会距离（1.2～3.6 米），在此区域人们相识但不熟悉，交往自然，进退也比较容易，既可发展友谊，又可彼此寒暄；公共距离（3.6 米以上），与陌生人的距离，在此区域人们难以单独交往，主要是公共活动，如做报告、等飞机等。

二、有声的非语言沟通系统

有声的非语言沟通包括辅助语言系统和类语言系统。其中，辅助语言是言语非词语方面的特点，包括说话过程中的音量、声调、节奏与强度、说话速度等。例如，较低的音调有传达兴奋、生气、惊讶的作用，但悲哀及沮丧时却刚好相反。同样一个主题，不同的演讲者表达就有不同的效果。在这种差异中，辅助语言是一个很重要的影响因素。研究发现，沟通中 39%的含义受声音的表达方式的影响，在英语以外的语言中，这个百分比可能更高。研究显示，在交往中，语速对于第一印象有重要影响。讲话急促表达的是激动兴奋，并可能具有表现力和说服力，但讲得太快会使对方神经紧张。辅助语言的相关研究发现，鉴别他人说谎的最可靠的因素是声调。尽管老练的说谎者可以控制自己的语言和表情，但其说谎时声调提高却是不自觉的。同时，一句话的含义常常不是决定于字面意思，而是决定于它的弦外之音。语言表达方式的变化，尤其是语调的变化，可以使相同的词语表达不同的含义。例如“谢谢”一词，可以动情地说出，表示真诚的谢意；也可以冷冷地吐出，表达轻蔑的含义。

类语言是特指无固定语义的发音，哭笑、呵欠、呻吟等都是类语言。这些同样有个人差异，也有沟通思想和交流情感的重要作用。

非语言符号系统在人际沟通中起着十分重要的辅助作用，可以加强或减弱口头语言的力量。但也因为它的使用具有较大的不确定性，每个人用起来都不大一样，放在不同的情境里也有很大差异，还需沟通者有较强的理解能力。非语言符号系统需要和语言符号系统配合使用，才能取得最好的沟通效果。

第三节　沟通的改善

人际沟通会因为很多人际沟通特有的特点产生障碍，同时人际沟通作为一种信息沟通，也会受到信息传递过程中的干扰的影响。为了克服沟通中的障碍，实现成功的沟通，沟通者在不同的场合应选择相应的沟通策略和技巧。

一、沟通的障碍

社会障碍是沟通障碍的主要来源。社会中每个个体都处在一定的社会地位上，由于地位各异，人们通常具有不同的意识、价值观念和道德标准，从而造成沟通的困难。不同社会地位的成员，对同一信息会有不同的甚至截然相反的认识，他们对同一政治、经济事件往往持有不同的看法；职业差别更有可能造成沟通的鸿沟。沟通适应理论认为，人们在人际互动过程中倾向于适应彼此的讲话风格以改善沟通，并通过互惠和提高相似性来增强吸引。

组织结构中也可能出现沟通障碍。有些组织规模庞大，层级重叠，信息传递的中间环节太多，从而造成信息的损耗和失真。有些组织结构不健全，沟通渠道堵塞，缺乏信息反馈，导致信息无法传递。另外，不同的组织氛围会影响沟通，鼓励表达不同意见的组织氛围促进沟通。组织内信息泛滥会导致沟通不良。处于组织不同层级的成员，对沟通的积极性不同，也会造成沟通的障碍。

时空距离也是常见的人际沟通障碍。假如一个人与另一个人之间的空间距离很远，彼此间的中介环节会随之增多，在信息传递过程中造成的信息量的消耗及对信息的歪曲必然增多。

文化背景的不同给沟通带来的障碍是屡见不鲜的。如语言不通带来的困难，社会风俗、规范的差异引起的误解，等等。不同地域的人所处的文化圈不一样，从小到大经历的事件不同，接受的教育培训也不可能完全一致，这些都成为与他人沟通的文化背景，可能会导致沟通障碍。

此外，个体的个性和心理也会给沟通带来障碍。气质、性格等的不同，会造成人们对同一信息的不同理解，给沟通带来困难。如果个体对沟通存在恐惧心理，沟通也将无法进行。

二、沟通改善的策略

（一）印象整饰

印象整饰就是一种给人际交往对象留下良好认知的策略，它通过有意识的言语或非言语的行为来修饰自己，以此来操控别人对自己的印象形成。例如，外貌的修饰、符合社会公认标准及社会角色的行为的展现等。

（二）倾听

倾听是沟通策略中的重要一环。相较于说，听是较被动的，人们可以主动地表达自己的意见，但是当听的时候，就得力图去理解他人的想法和感情，这就要求人们搁置自己的偏见和先见，所以倾听是很需要修养的一项沟通技巧。在日常交流中，听是多于说的。虽然人们花在听上的时间最多，但在沟通技能中，倾听却是被教得最少的一项技能。在倾听时，流露全神贯注的神情，视线经常投注在对方身上，身体略微倾向沟通对象，全身展现一种轻松、自然、开放的姿态，这些都是优秀的倾听者所必备的。

（三）非言语行为的掌握

人们认为，在人际沟通中，非言语行为比言语行为能够透露出沟通者更多的真实意图。与沟通言语一致的非言语行为或者能表达对沟通对象关心、关注的非言语行为是有助于人际沟通的，而与沟通言语不一致的非言语行为会让沟通对象觉得非常不舒服，因而妨碍沟通。非言语行为的掌握需要注意许多方面，包括面部表情、目光、身体姿势、肢体动作、语音语调等，一切以传达沟通者的真诚、尊重与关注为好的标准。

（四）自我表露

社会渗透模式论认为，自我表露可以诱发人际交往中的进一步吸引力。自我表露除了传递有关沟通者自己的信息，让沟通对象更了解自己以外，也传递着对沟通对象的信任这样一个信息，被信任的沟通对象也会给予回馈，袒露更多有关自己的信息，这样人际沟通进入一个良性循环。自我表露还能让自己为他人熟悉，这也符合人际吸引的熟悉原则，有助于建立更紧密的人际关系，使沟通更加顺畅。从来不谈论自己的人，不管能力多强，只能让人信服，却无法缩小与他人的距离感，沟通障碍就会存在。虽然自我表露促进沟通，但是自我表露并不经常发生。一方面，人们对自我表露心怀恐惧；另一方面，社会对自我表露有限制，过多地谈论自己或者在亲密关系以外谈论自己，会被认为是不合适的。因此，人们要学会把握自我表露的程度，利用适当的自我表露来促进人际关系。

（五）恰当表达

作为沟通的一方，自己的表达方式直接影响对方对信息的理解。因此好的沟通者，必然是擅于表达自己的，包括表达自己的观点、态度、感情和需要。清晰的表达会让对方及时做出回应，促进良性沟通。人们在表达的时候首先要清楚自己要传递什么信息，希望对方了解什么，然后也要分析对方的状态，要运用对方可以理解和接受的语言与方式来表达自己。

在线自测

扫一扫　练一练

第十二章　人际关系

本章提要

从出生到死亡，关系一直是人生经验的核心部分。人际关系是同人类起源同步发生的一种古老的社会现象。人与人之间终生的相互依赖性使人际关系成为人类生存的核心，关系是人的基本需求，它影响认知、情绪和行为，它使人们彼此参与、相互依赖、共同活动。人不是抽象的人，不是纯粹自然界中生物学意义上的人，而是社会关系的总和，个体必然处在一定的社会关系和人际关系中，因此人际关系成为社会心理学最具焦点的研究主题。

引导案例

强大的弱关系

20 世纪 60 年代末，还在哈佛大学读研究生的马克·格兰诺维特（Mark Granovetter）通过调研波士顿郊区的居民如何找工作（包括技术类和管理类等工作）来探索社会网络，他惊讶地发现那些属于强关系的朋友或同事并没有提供主要作用，反而是那些属于弱关系的朋友更能提供有用的信息。可以简单看一下调研数据：在通过自己的社会网络找到工作的人中，只有 16.7%是通过经常联系的朋友，55.6%是偶尔才有联系，剩下的 27.7%是几无联系的①。

马克·格兰诺维特根据情感亲密程度和互动强度将人际关系分为强关系和弱关系两类。强关系来自家庭成员、同事、同学，人与人之间有较强的情感关系，比如血缘关系、地缘关系、业缘关系等。弱关系是平时联络并不多，且可能没有较强的情感联系和互动机会的社会关系。他发现，在获取新信息的时候，弱关系或许比强关系更有效。

强关系连接是一种稳定深厚的社会关系；弱关系连接相较于强关系连接是一种灵活广泛的社会关系。强关系中交往的人群从事的工作、掌握的信息大部分是趋同的，人与人的关系紧密且有很强的情感因素；弱关系交往面很广，交往对象可能来自各行各业，因此可以获得的信息也是多方面的。当人们想要了解一个新的领域、寻找一份新工作、获得新的商业机会或新信息时，弱关系连接可能更有价值。

案例思考：

1. 什么是强关系？什么是弱关系？

---

① 马克·格兰诺维特．镶嵌：社会网与经济行动．罗家德，译．北京：社会科学文献出版社，2015.

2. 强关系和弱关系在哪些方面会起作用?

3. 在人际关系中，为何弱关系具有更无形的强大力量呢？是否受到跨文化心理的影响呢?

米尔格拉姆曾做过一个连锁信实验，他将一套连锁信件随机发送给居住在内布拉斯加州奥马哈的 160 个人，信中放了一个波士顿股票经纪人的名字，要求每个收信人将信寄给自己认为是比较接近那个股票经纪人的朋友。最终，大部分信在经过五六个人后都抵达了该股票经纪人。这个结果被称为“六度间隔”，又称“小世界现象”，即在这个社会中，任何两个人之间建立一种联系，最多需要通过 6 个人。无论这两个人是否认识，生活在地球上任何偏僻的地方，他们之间都只有六度间隔。因此，人们几乎可以和任何一个没有联系的人只通过简单的中介就发生关联。人际关系正是人们在人际交往过程中所结成的心理关系。

第一节　人际关系的本质

人际关系（interpersonal relationship）是人们在共同活动中彼此为寻求满足各种需要而建立起的相互间的心理关系。可以说，人际关系是同人类起源同步发生的一种古老的社会现象。人是社会性的动物，具有合群与群居的倾向。人们大部分时间都是与他人一起度过的。有研究对人们的时间利用进行探讨，实验者让一个成人群体和一个青少年群体中的每一位被试在一周内随身携带一台呼机，每天从清晨到深夜，实验者随机呼叫被试若干次，被呼叫的被试需要填写一份简短的问卷，说明他们正在做什么，是独自一人还是与其他人在一起。结果表明，人们在将近 3/4 的非睡眠时间中都与他人在一起，只有在做家务、洗澡、听音乐或在家学习时才独自一人。与此相对，当人们在学校或是工作的时候，更倾向于和其他人在一起，并且和其他人在一起时，个体表现得更快乐、警觉和兴奋。

阿特金森（J. W. Atkinson）认为，影响人们的社会交往的动机有两种：一种是亲和需求，是一个人寻求和保持积极人际关系的愿望，即人们有需要和他人相伴的倾向；另一种是亲密需求，是人们追求温暖、亲密关系的愿望。关于前者，沙赫特（S. Schachter）设计了一个没有窗户但有空调的房间，里面除了一张桌子、一把椅子、一张床、一个马桶、一盏灯外再无其他东西，一日三餐通过房门底的小洞口送入。谁能在这样的房间待上一天就能得到一笔可观的报酬，实验的目的是想测量一下人在这样与世隔绝的情景下能待上几天。5 名大学生充当了被试，结果其中一人只待了 20 分钟就受不了放弃了实验，有两个人待了 2 天，最长的一个被试也只待了 8 天。这个探索性的研究表明人对孤独的忍耐力是有差异的，但几乎没有人能无止境地生活在孤独的、缺乏人际关系的环境里。对于后者，津巴多设计了一个实验，研究了焦虑、恐惧与亲和的关系。实验者向被试提出一些特殊的要求以操纵被试的焦虑反应和恐惧反应，研究发现，高、低焦虑组的实验结果与高、低恐惧组的实验结果刚好相反：高焦虑的被试比低焦虑的被试更愿意单独一个人等待实验开始。这表明恐惧会增加亲和需求，焦虑却会减少亲和需求。

那么，人们日常生活中的人际关系的状态又是怎样的呢？相互依赖模型以图解方式对人际关系的各种状态及其相互作用水平的递增关系做了直观描述，把共同心理领域和情感融合范围作为描述人际关系的指标。该模型认为，良好的人际关系需要经过一个从表面接触到亲密融合的发展过程。在两人彼此并没有意识到对方存在时，双方关系处于零接触状态。此时双方是完全无关的，谈不上任何个人意义上的情感联系。只有一方开始注意到对方，或双方相互注意时，人们之间的相互交往才开始，彼此之间都获得了初步印象，不过这种状态还没有情感的卷入。因为双方还没有进行直接的言语沟通，彼此之间还只能算是旁观者，处于知晓状态。表面接触是人际关系的真正开始，从双方开始直接交谈的那一刻起，彼此就产生了直接接触。当然，这种接触是表面的，彼此之间还没有共同的心理领域。随着双方交往的深入和扩展，双方共同的心理领域也逐渐被发现。共同的心理领域的多少，与情感融合的程度是相适应的。共同的心理领域越多，双方之间认同、接受和信任的程度就越高，情感融合的程度也越高。

心理学家按照情感融合的程度将人际关系分为轻度卷入、中度卷入和深度卷入三种。交往双方所发现的共同心理领域较小，双方的心理世界只有小部分重合，也仅仅在这一范围内，双方的情感是融合的，这属于轻度卷入；交往双方已发现较大的共同心理领域，双方的心理世界也有较大的重合，彼此的情感融合范围也相应较大，这属于中度卷入；双方已发现的共同心理领域大于相异的心理领域，彼此的心理世界高度重合，情感融合的范围覆盖了大多数的生活内容，这属于深度卷入。

需要注意的是，人际关系双方心理世界并不存在完全重合的情况。无论人们的关系多么密切，情感多么融洽，也无论人们主观上怎样感受彼此之间的完全拥有，两个人的心理世界都不能达到完全重合，每个人都保留有自己最隐私的部分。人与人之间只存在多大程度上一致的问题，而不存在完全一致的情况。

第二节 人际关系的维度与类型

人际关系的三维理论由美国心理学家舒尔茨（D. Schuts）于 1958 年提出，他称自己的理论是基本人际取向理论。舒尔茨认为，人际关系的维度大致可以通过三种人际需要，即包容的需要、支配的需要和情感的需要来加以解释。每个人都有三种最基本的人际需要。其中，包容的需要是指个体想要与别人接触、交往、相容的需要，或者说是个体想与他人建立并维持一种满意的相互关系的需要；支配的需要是指个体控制他人或被他人控制的需要，亦即个体在权力问题上与他人建立并维持满意关系的需要；情感的需要指个体爱他人或被他人所爱的需要，换句话说，是个体在与他人的关系中建立并维持亲密的情绪联系的需要。对于这三种基本的人际需要，人们有主动表现和被动表现两种形式，二者互补，从而形成六种人际关系取向。

人际关系有多种分类方式：依个体扮演的不同角色，分为夫妻关系、亲子关系、师生关系、同学关系、朋友关系等；依关系的情感表现性质的不同，分为亲密关系、疏远关系、敌对关系等；按关系中所包含的需求性质的不同，分为工具性关系和情感性关系；按关系持续时间长短的不同，又可分为长期关系与临时关系。

在人际关系类型的划分中，以莱维奇（P. Lewicki）的划分方法较有代表性。他利用

“人际关系测量游戏”方法，把人际关系归纳为如下八种类型：

（1）主从型。主从型人际关系的特点是，一方处于主导的支配地位，而另一方则处于被支配或服从的地位。主从型人际关系是八种类型中最基本的一种，几乎在所有的人际关系中都有主从型，主从型人际关系也是最牢固的一种关系。

（2）合作型。在合作型人际关系中，双方有共同的目标，为了达到既定的目标，彼此能默契配合和互相忍让。当双方发生分歧时，往往能够互相谦让。一般来说，人们都希望与他人结成这种类型的关系。

（3）竞争型。竞争型人际关系是一种令人兴奋又使人精疲力竭的不安宁的关系。竞争的双方为了达到各自的目标，常常会竭尽全力去争取胜利。这种人际关系的主要优点是有生气、有活力，缺点是竞争时间过久，难免令人感到精疲力竭。

（4）主从-竞争型。这是一种难以相处的人际关系。双方在相互作用时，有时呈现为主从型人际关系，有时则呈现为竞争型人际关系。这种不断的变化使双方不得安宁、无所适从。而且，在这种混合型的关系中，常常包含了主从型和竞争型中最不好的特点。这种关系的结局常常是人们在忍无可忍时，不得不中断他们的联系。

（5）主从-合作型。这是一种互补和对称的混合型人际关系。此种人际关系较为理想，双方能够和谐共处，即使有些摩擦也没有多大危害性。如果在这种关系中合作因素超过主从因素，那么双方会感到更加融洽。

（6）竞争-合作型。这是一种自相矛盾的混合型人际关系。此种人际关系中的双方，时而呈现出竞争关系，时而呈现出合作关系，如此反复循环。

（7）主从-合作-竞争型。这也是一种混合型人际关系。这种人际关系中的双方，往往陷入困境，因为在他们的相互关系中，同时具有主从、合作、竞争三大类人际关系的特点，所以他们的矛盾冲突比其他类型的关系要多。

（8）无规则型。这种类型的人际关系较为少见。其特点是双方毫无规则，不清楚他们在干什么，只要外界对他们施加一种外力，就会转变成其他类型的人际关系。

莱维奇的八种人际关系类型，对于一般意义上的人际互动具有一定的普遍性和指导性。

第三节　人际关系的文化差异

在全球一体化的形势下，各个国家、各个民族之间有越来越多的趋同性，但是不同的民族有着迥异的文化特征，这使得许多社会心理学的研究在全球化的背景下更多地关注本土化的研究。在人际关系的文化差异性中，学者比较关注的是以东方和西方为代表的两个文化阵营的研究，其中突出的是以美国为代表的西方人际关系与以中国为代表的东方人际关系的显著特点的研究。

许多测验式的文化比较心理学研究显示：和美国对照组相比较，中国受试者显得自主性较低，攻击性较低，社会外向性较低，顺从性较高，妥协性较高，较尊重权威，同时较容易受到有权力之他人的影响。以上结果一再反映出中国人社会取向的特性，与美国人的个人取向正好相反。一项文化比较的实验，以 96 位女性作为受试者，其中 48 位中国人、

48 位美国人。研究者要求每位受试者与每一位陌生人（其实是研究者）一起做加法的工作。受试者必须以其较不常用的手从一份本国文字的文稿及另一份外文稿件中抄写数据。最后，受试者发现她们所完成的工作是同伴的两倍或只有一半。然后，研究者要求受试者分配一笔款项给她自己及同伴作为酬劳。结果显示：中国受试者往往比美国受试者更能衡量客观情况而采取较公平的策略来分配酬劳。这说明，在中国，在熟人情境中，人们遵循亲和需要，而在陌生人环境中，中国人更关心公平与否。

其中，研究中国人际关系是揭示中国人社会心理与行为的关键所在，以往有不少学者在较抽象的层次上对这一问题做过概括性和实践性的讨论。梁漱溟的伦理本位认为，中国人际关系表现为自家庭而社会，进而至于整个“天下”的层层伦理序级，最终将中国构成一个文化共同体。他强调，“举整个社会各种关系而一概家庭化之，务使其情益亲，其义益重”。费孝通的差序格局认为，西洋的社会像田里捆柴，几根稻草束成一把，几把束成一扎，几扎束成一捆，几捆束成一挑。每一根柴都属于一定的捆、扎、把。每一根柴也可以找到同把、同扎、同捆的柴，分扎得清楚不会乱的。在社会，这些单位就是团体。西洋社会常常由若干人组成一个个的团体。团体是有一定界限的，谁是团体里的人，谁是团体外的人，不能模糊，一定分得清楚。在团体里的人是一伙，对于团体的关系是相同的，如果同一团体中有组别或等级的分别，那也是先规定的。中国格局不是一捆一捆扎清楚的柴，而是好像把一块石头丢在水面上所发生的一圈圈推出去的波纹。每个人都是社会影响所推出去的圈子的中心。中国社会中最重要的亲属关系就是这种丢石头形成同心圆波纹的性质。亲属关系是根据生育和婚姻事实所发生的社会关系。从生育和婚姻所结成的网络，可以一直推出去包括无穷的人，过去的、现在的和未来的人。以“己”为中心，像石子一般投入水中，像水的波纹一般，一圈圈推出去，愈推愈远，也愈推愈薄。这便是中国社会人际关系的特性。许烺光提出“情境取向”概念说明中国人的心理特征。他认为：中国、印度和美国三个国家的民族都以自己的文化为背景，都有自己独特的世界观、心理文化取向和行为模式：印度人的处世态度以超自然取向和片面依赖为特征；中国人的处世态度以情境取向和相互依赖为特征；美国人的处世态度以个人取向和自我依赖为特征。后来，他又提出“心理社会均衡”概念，说明人在与他人及社会文化事物的关系中，维持一种心理的与人际的均衡，并认为这一概念不仅适用于情境取向的中国人和日本人，而且也同样适用于个人取向的美国人及其他西方人。

自 20 世纪 80 年代迄今，有不少华人学者通过考虑华人文化的独特因素对华人人际关系进行概念化。这些研究者认为，中国社会中的人际关系被区分为情感性关系、混合性关系和工具性关系。当请求资源支配者将他掌握的资源作有利分配时，资源支配者首先进行的是“关系判断”。对于被他界定为情感性关系的人，他将按照需求法则对待；对于被他界定为混合性关系的人，他将按照人情法则对待；对于被他界定为工具性关系的人，他将按照公平法则对待。但无论是哪一种交往法则，都是“回报”的规范的衍生物。在情感性关系中，不管是在回报的资源还是期限上都没有明确的范围，比如父母抚养子女时竭尽所能，不会以算计的心态付出。在混合性关系中，“礼尚往来”“投之以桃，报之以李”的回报方式则成为维系彼此关系的法则。而在工具性关系中，回报通常是等价并且即时的。在此基础上，促使中国人对别人“做人情”的主要动机之一，是他对别人回报的预期。杨中芳提出，中国人际关系可以被分解为既定成分和交往成分。既定成分指两人在某时点通过交往所建立的社会既定联系，这种联系可以是先天的（如父子关系），也可以是后天建立的（如师生关系），而每个既定成分都有相应的行为义务。交往成分则指关系双方在互动过程中所得到的经验，并进一步划分为情感成分和工具成分。前者为交往过程中双方在自发情感交流层面的亲密程度，后者指在工具层面，即以利益交换和履行作为关系基础的义务的满意程度。

第四节　人际关系的测量

一、社会测量法

社会测量法是一种测定个体在人际交往与相互作用的过程中形成喜爱、冷淡或反感的数量指标的方法。1934 年，莫雷诺（J. L. Moreno）首次使用了这种方法，后来经过许多社会心理学家的进一步探讨，这种方法有所改进，应用范围也越来越广泛。社会测量法的目的就是要了解群体内人与人之间心理上的关系并予以数量化的表示，是对小群体心理结构研究特别有效的一种方法。社会测量法涉及的变量是纯社会性的，能评定个人在小群体内互动中的地位。它易于实施，且无须太多的经费支出，其研究结果可作具体的应用。同时可以唤起被试的强烈兴趣与动机，对于诸如偏见、士气、社会地位、吸引与互斥等实证性的概念，能以容易被接受的指数加以说明。

社会测量法的实施步骤非常简单，问题的提出通常伴以简要说明，包括限定团体的范围，提示测验的目的和告诉被试测验的保密性，以使被试安心选答。社会测量法在结果整理中有两种基本方式：一是列表法，称为“社会测量矩阵”；二是图示法，称为“社会测量图”。其中，社会测量矩阵又叫人际关系矩阵。首先将团体中的成员进行编号，然后按照编号把团体中每个人所作的选择填入事先印制的卡片上，再填入矩阵图。矩阵图的张数与选择标准的数目应是一致的，即每一个选择标准就有一份单独的表格。肯定的选择用“＋”号表示，否定的选择用“－”号表示，没有选择用“0”表示。这是一个 $n\times n$ 的方形表格（n 代表团体人数）。

从社会测量矩阵和社会测量图可以明显地看到，社会测量法是一种极为有效的方法。借助于这一方法，可以很清楚地描绘出团体内部的各种情绪倾向的图景。在教育领域中，其应用于分组、诊断、治疗和评估等方面；在管理方面，它被应用于领导才能评价、工作分配、士气考察等。但是，这种方法也有其局限性。首先，这种方法并不能使人们去进一步了解为什么在一类共同体中，个体与群体产生对立，而在另一类共同体中却没有这种对立现象。其次，这种方法也无法测得成员的选择动机，也就是说，成员在选择一些人而拒绝另一些人时，他们所持的动机是什么，在“好感”与“恶感”背后隐藏着什么原因等，这类问题是没法从测量中获得的。

二、参照测量法

彼得罗夫斯基发展了莫雷诺的社会测量法，提出了参照测量法。他认为，被人们所喜欢的人，不一定是群体中最能发挥作用和最有威信的人，莫雷诺的测量方法难以发现这种最能发挥作用的人，参照测量法则能解决这个问题。该方法具体操作如下：

首先，让一个小群体的所有成员相互进行书面评价，再把所有的评价都放到标明被评价人姓名的大信封里，然后对全体成员说："你们可以看看别人是如何评价你的，但是不会把所有人的评价意见都给你，只给你几个人的，你愿意看哪几个人的?"结果发现，被试力求了解对他最有意义的评价，他所选择的人是他心目中最有威信、最有见解或者最值得信赖的人。那些被选择提名较集中的人，可能是在群体中最能发挥作用的人。在这些人中，有的可能并不被人喜欢，但他们往往见解独特，可能还很固执，然而他们确实很有能力，是人们心目中的权威。参照测量法可以发现群体中的这种人物。参照测量法与社会测量法相比，其突出的优点是隐去了真实的目的，被试在不知不觉中反映了自己的真实心理。

第五节 人际关系的改善

研究人际关系，就是为了改善人际关系，形成良好的人际交往环境。为了达到这个目的，社会心理学家提出了许多关于改善人际关系的理论与方法。

一、海德的平衡理论

海德（F. Heider）提出了认知平衡的 P-O-X 模型，认为平衡的认知引起一种令人愉悦的满意状态；若认知不平衡，则有向认知平衡转化的趋势。他强调认知结构中评价因素与情感因素一致性在维持认知平衡中具有重要作用。基本要素有：认知者 P（person），与认知者相对应的个体 O（other person），认知对象 X（attitude object）。3 个要素之间的关系有两种：P 与 O 之间是感情关系，包括肯定止关系和否定负关系，如喜欢和不喜欢；P 与 X、O 与 X 之间是人或物的所属、所有等单位关系，也包括肯定正关系和否定负关系，如接近和分离等。3 个要素、2 种关系构成认知者 P 的认知系统。海德假定了 8 种认知状态，其中有 4 种均衡状态和 4 种不均衡状态，如图 12－1 所示。

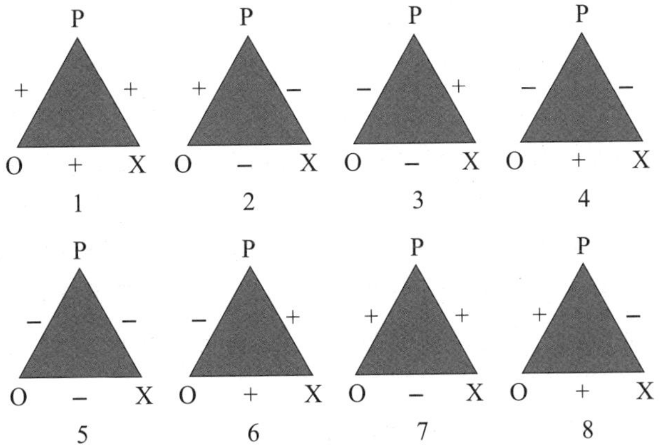

图 12－1 海德平衡理论示意图

在海德的 P-O-X 模型中，只要 3 个要素之间有 3 个正关系，或者 2 个负关系、1 个正关系，认知者P的认知系统就处于均衡状态；凡是3个要素间有3个负关系，或者2个正关系、1个负关系，认知者P的认知状态不均衡。克服认知不均衡的办法有两种：一是改变P与O的感情关系；二是改变P与X的单位关系。

二、纽科姆的沟通活动理论

美国社会心理学家纽科姆把海德的平衡理论推广到人际沟通领域。因此，在纽科姆的理论中就更加明确地讨论了人际关系的改善问题。如果说海德的平衡理论重点是考察知觉者内部的认知结构的话，那么纽科姆主要讨论的则是通过人际沟通而达到对现实的人际关系的改变。纽科姆的理论被称作“A-B-X”模式。A表示知觉主体，B表示另一个体，X表示与A、B都有关系的客体。当A和B对X的关系相似或相同时，将产生A与B之间的依恋性。相反，当A和B对X的关系有差别甚至完全不同时，将产生A与B之间的不和睦。同样，A与B之间沟通的发展，也将导致他们对X关系的相似性。

纽科姆的这一公式，对于人际关系改善的意义就在于三者之间的关系由不协调到协调的转变。如果在对待X的态度上，A与B之间产生了差别，并且A与B本来是处在相互肯定的关系之中，那么在A、B、X之间就出现了不协调，为了达到新的协调，可能的方法有如下三种：第一，A改变自己对X的关系，以便使自己对X的态度与B对X的态度类似；第二，B改变自己对X的态度，从而使自己对X的态度与A对X的态度一致；第三，A改变自己对B的态度，或反之，也可以使三者之间的关系趋于特殊的协调。

三、T小组训练法

人际关系的改善不仅仅是一个理论问题，还是一个实践问题。除了以上的一般理论原则之外，还有一些具体的操作技术，T小组训练法就是一种常见的改善人际关系的方法。

T小组训练法又称敏感性训练，是美国社会心理学家勒温创造的。T小组的主要目的有二：一是为了提高个体的社会敏感性，二是增强个体行为的灵活性。总的目标是通过群体相互作用的体验，学习对自己、对他人、对群体及对组织的理解和洞察，并掌握如何处理这些社会关系的技能。其通常的训练方式是把10～15名受训者集中到实验室，由心理学家来主持训练。在这个小组里，成员没有要解决任何特殊问题的意图，也不想控制任何人，互相坦率地交谈，交谈的内容只限在“此时此地”发生的事情。这种限定在狭窄范围里的自由讨论，逐渐使受训者陷入不安、厌烦的情绪中。所谓“此时此地”的事情，实际上就是受训者的这些心理状态和心理活动。随着这种交谈的进行，受训者逐渐更多地注意自己的内心活动，开始更多地倾听自己讲话。同时，由于与他人坦率地交谈，也开始发现他人那些原来自己没有注意到的语言和行为上的差别。经过一段时间的训练之后，受训者慢慢地发现了自己的内心世界，发现了平时不易察觉到的或者不愿意承认的不安和愤怒的情绪。另外，由于细心倾听了他人的交谈，也能够逐渐地设身处地地体察他人、理解他人。

实践证明，T小组训练法是一个有效地改善人际关系的方法。一些研究还证明，参加过T小组训练的学生比没有参加T小组训练的学生在达到自己的目标方面取得了更大的进步。另外的一些研究则表明，参加过T小组训练的人种族偏见明显减少，参加过T小组训练的人比未参加 T 小组训练的人形成了更大的内部控制倾向以及增加了对他人的信任感等。

在线自测

扫一扫　练一练

第十三章　人际吸引

本章提要

人类始终拥有一种强烈的需要，即与他人建立持续而亲密的关系的需要。对于人类的祖先而言，只有相互依存才能使族群得以生存。人际关系既是人的社会属性的表现方式，也是人的社会属性的实现途径。人际吸引作为人际关系的具体因素，是社会心理学探索的一个重要领域。人们生活在这个世界中，不可避免地要与人打交道，交往就是人对人的加工。对于男性和女性而言，因爱结合而有了后代，父母相互支持，共同抚养孩子，人类才得以繁衍生息。

引导案例

人类的择偶策略

巴斯在其著作中用演化理论解释人类行为，拉开了心理学领域达尔文主义革命的序幕。巴斯说："那些无法成功择偶的人也无法成为我们的祖先……每一个活着的人都是那条漫长且绵延不断的成功择偶链的后裔……我们的择偶心智——浪漫的喜悦、激情的迸发、爱情的成功是这一演化历程的幸运产物。"《欲望的演化》从演化视角出发，揭示出隐藏在人类择偶行为背后的种种无意识动机、规律与基因策略①。

对于人际吸引而言，进化论带来一套较为强烈的对美丽标准的期望。进化心理学发现，身体外貌特征，比如丰满的嘴唇、明亮的肤色、光滑的皮肤、明亮的眼睛、富有光泽的头发、强健的身体、活泼年轻的步态、活跃的面部表情，是年轻和健康的信号，也是优秀生育能力的信号，构成了人们对审美标准的关键要素。健康和年轻的线索体现在吸引力标准中是在生命早期就已经出现的。当然，吸引配偶的行为并不能脱离社会而存在，为了赢得心仪的伴侣，追求者之间还会展开激烈的社会竞争，展示爱、承诺和奉献都能有力地吸引对方，标志着个体愿意长期投入精力与努力。总之，生活中人们都希望爱与被爱，进化视角中的人类择偶策略则从不同文化背景中的择偶行为出发，研究人类吸引性中的那些根深蒂固的进化的力量。

案例思考：

1. 什么是进化心理学？
2. 进化心理学如何解释人类的吸引性？

① 戴维·巴斯．欲望的演化：人类的择偶策略．王叶，谭黎，译．北京：中国人民大学出版社，2020.

3. 你在生活中还能找到哪些社会心理现象中的进化痕迹？

第一节　人际吸引的规则

人际吸引是人与人之间的积极态度或喜爱情感，是在合群需要的基础上发展起来的。也就是说，合群是吸引的基础。但是，合群仅是愿意与他人相伴随的倾向，并不涉及是否喜欢他人。在合群过程中，人们不仅相互感觉、相互认识，而且也形成一定的情感联系，这种情感联系集中表现在人际吸引上①。可以说，人们彼此之间的相互喜欢这种积极情感是人际吸引的核心，也体现了人际吸引和合群的本质区别。要吸引别人或与他人成为朋友，必须了解人际吸引的五个基本规则。

一、接近性

接近性（proximity），又称邻近性，是指在人际交往的早期阶段，人们由于在地理距离的接近而彼此喜欢对方。换句话说，人们在生活中经常相互接近、互相熟悉，能增进彼此间了解，较易产生相互吸引。接近性包含两层含义：易得性和相互交往。所谓易得性，就是指人们更可能接触到自己周围的人，进而诱发喜欢。所谓相互交往，就是指邻近的人常常见面，有较高的交往频率容易产生吸引。那么，为什么地理距离的接近会导致人们彼此产生人际吸引呢？它背后的心理机制是什么？

其中一点是因为“曝光”能促进人际吸引。曝光效应又称单纯接触效应，仅仅因为熟悉就可以诱发喜欢。换句话说，仅仅经常看到某个人就能够增强对他的好感。扎荣克（R. B. Zajonc）用实验证实了这种效应。在一个研究中，扎荣克给被试呈现不同面孔的照片，每张面孔呈现的次数不同。研究发现，面孔被看到的次数越多，被试对这张面孔报告的喜好程度越高。在另一个研究中，研究者征募了4名女性作为现场实验的研究助理。预先测试的结果表明，4位女性被认为具有同等的吸引力。在实验中，她们以学生身份参加了一个社会心理学的课程。每个人的出勤不同，在整个学期中分别参加了1、5、10、15次讲座。在期末，研究者通过幻灯机呈现随意拍摄的4名女性照片，要求学生们给她们打分。研究发现，这4名女性在课堂出现的次数越多，其他学生对她们的好感越强。

那么，为什么熟悉性能促进人际吸引呢？第一，多次接触能够提高人们的再认能力，这对开始喜欢上某人是关键的一步。第二，当人们变得越来越熟悉彼此时，他们同时也更能预测对方的行为。第三，人们会假设自己熟悉的人与自己很相似。熟悉让人们假定对方是与自己相似的，进而导致人际吸引的机会大增。

二、外表吸引力

人们见到陌生人时可能最先注意到什么？当然是长相。虽然人们都知道不应该以貌取人，但是却很难避免在外貌基础上形成对他人的印象。当其他条件相同时，人们更喜欢有外表吸引力的人。人们一般喜欢外貌美的人，外貌美对于第一印象的形成尤其重要。那

① 戴维·迈尔斯．魅力何来：人际吸引的秘密．寇彧，译．北京：人民邮电出版社，2012.

么，什么样的相貌具有吸引力呢？一般说来，无论是对于男性还是女性，恰到好处、匀称的脸部特征都被认为是有吸引力的。有研究发现，采用电脑合成的由不同脸孔特征组合而成的脸部特征匀称的头像，比所有其他的脸孔都要迷人。当然，这并不意味着漂亮的人有着普通的长相。研究还发现，有吸引力的面孔每一处都是与其他部位成比例的。例如，不会有太大的鼻子，脸的双侧是对称的，两只眼睛一般大小，两颊的宽度也是一样的。当然，漂亮的女性和英俊的男性是有区别的。具有“娃娃脸”特征（如大眼睛、小鼻子、小下巴、饱满的双唇和灿烂的笑容）的女子更女性化、青春可人，因此显得更为迷人。而拥有线条分明的下巴和宽阔前额的男性看上去坚强而有主宰力，通常被认为是英俊的男性。

为什么外貌美能促进人际吸引呢？一个重要的原因是人们有一种“美的就是好的”的刻板印象：即人们倾向于认为，相对于相貌平平的个体，外貌迷人的个体具备更好的社会交往能力，从事更好的职业，拥有更美满的婚姻，更受大众的欢迎，更有可能获得成功。无论是男性还是女性，他们都认为，外貌具有吸引力的人比外貌不具吸引力的人更可能有以下特点：性感、善良、坚强、外向、有教养、敏感、尊贵、有趣、好相处。还有研究表明，在学业成绩相同的情况下，教师评价漂亮的学生比不漂亮的学生更聪明、更受欢迎。

三、相似性与互补性

所谓相似性，是指人们倾向于喜欢在态度、兴趣、价值观、背景和人格上和自己相似的人。这种相似性正应了那句古话：物以类聚，人以群分。伯恩（E. Byrne）通过实验证明了相似性与人际吸引之间的关系。他先让被试填写形容他们自己态度的问卷，然后让他们阅读据称是由“陌生人”填写的问卷。实际上，这些所谓“陌生人”填写的问卷是研究者有意伪造的。研究者伪造了一些和被试的答案十分相似或者中等相似或者十分不同的答案，然后要求被试说出他们认为自己可能会在多大程度上喜欢他们所读到问卷的填写者。研究表明，态度的相似性极大影响了喜爱程度。态度越相近，被试的喜爱程度越高；而对那些与自己态度迥异的“陌生人”，被试则表示非常不喜欢。相似性的重要性不仅仅在态度相似中有所体现，种族背景、社会阶层、教育背景和年龄上的相似都会影响吸引。在恋爱交往或者婚姻中，选择与自己相似伴侣的倾向被称为匹配原则。为什么相似性原则会导致人际吸引呢？这是因为相似的人肯定了人们自己的信念、价值观和个性品质，起着正强化作用，而不相似的信念、价值观和个性品质起着负强化的作用。通过这种正负强化的作用，人们喜欢与自己相似的人，不喜欢不相似的人。

相似性并不排斥互补性。互补性是指人们之间因为可以在角色或需求上相互扬长补短和互相满足而形成人际吸引。人际互补吸引，往往体现在角色间能互相满足需求，互相解决困难和问题。例如，一个有支配性格的人容易和被动型的人相处，这是因为彼此之间可以取长补短，互相满足对方的需求。互补性原则看起来似乎与相似性原则是矛盾的，但从角色作用的观点看却是一致的。例如，“支配型男性”和“顺从型女性”对男女角色的看法是一致的，他们认为男性应起支配作用，女性应当顺从。

四、互惠性

所谓互惠性，是指互动双方因能够满足彼此的需要而产生吸引。互惠性表现在两个方面：第一，喜欢自己的人不仅让人们当时体验到了愉快的情绪，还让人类最强烈的渴望——“受人尊敬”得到了满足，他们对自己的喜欢、欣赏、赞扬，让人们拥有的是快乐，他们在自己的眼中是友好、热忱的形象，人们也回报他们以同样的友好与热忱，更愿意与他们接近。因此，一个人喜欢对方的程度，可以反过来预测对方喜欢他自己的程度。第二，人际吸引也遵循社会交换原则。当人们认为与某些人的交往是有利可图的时候，也就是说收益高于成本的时候，就喜欢这些人。一项研究让大学生列出他们在恋爱关系中获得的收益和付出的成本。列出的收益包括志趣相投、被爱的感觉、幸福感、亲密、自我理解和性的满足。知觉到的恋爱关系的成本包括对于关系感到有压力和忧虑、缺乏和其他人进行社会交往或约会的自由、维持关系需要时间和努力、吵架以及感到对对方有依赖感。当收益高于成本时，人们觉得对方是有吸引力的。

第二节　友谊

友谊是个体之间的相互依赖的关系，它表现为个体之间自愿从事共同的活动，愿意为对方提供支持和帮助。友谊是人们在人际吸引的基础上，在交往活动中产生的一种特殊情感，它与交往活动中所产生的一般好感是有本质区别的。友谊是一种来自双向关系的情感，即双方共同凝结的情感，任何单方面的良好情感，不能称为友谊。友谊遵循的原则是，在需要的时候自愿提供帮助，尊重朋友的隐私，保持信任，信赖并向彼此倾诉，当对方缺席的时候能代表对方，不在公开场合批评彼此，表现出感情性的支持，在交谈中注视对方的眼睛，相伴的时候努力使对方快乐，对彼此的关系不嫉妒或不批评，对彼此的朋友宽容，与对方分享成功的消息，寻求个人化的建议，对朋友表露自己的情感或遇到的问题。

虽然友谊一般是由亲密的、面对面的互动发展而来，然而，随着网络通信技术的发展与普及，已出现了一种新的友谊形式，即线上友谊。与一般的友谊不同，线上友谊的产生和发展并没有面对面的互动，而是通过以计算机为媒介的网络交流建立的。线上友谊与线下友谊的比较研究发现，由于信息来源的不确定性、对信息准确性的怀疑、个人外貌和非语言线索等社会背景线索的缺失及网络的匿名性，从总体上讲，线上友谊的关系质量普遍低于线下友谊。

自我表露可以增进友谊，它是一种特殊交谈的形式，是人们与朋友分享隐秘信息与感受的过程。如果人们不向朋友透露这些信息与感受，对方就无从得知。自我表露分为描述性表露和评价性表露。前者是与朋友分享有关自己的信息，例如自己的收入、自己的住处或者自己在最近的选举中投了谁的票；后者是与朋友分享自己的观点、情感或感受、例如自己对收入的满意程度、自己对恋人或家人的感受、自己对某人的评价或者自己对自己的评价。总之，自我表露就是人们向朋友敞开心扉，与朋友分享他们的秘密。自我表露与友谊之间的关系是相辅相成、互相促进。自我表露建立在友谊的基础上，如果双方没有友谊，就不会彼此自我表露。

自我表露的原因有多种。第一，友谊的发展。分享个人信息，是彼此信任的体现，因而是发展友谊的一条重要途径。第二，自我澄清。在与他人分享自己的感受或经历的过程中，通过观察对方的反应，能知道自己的观点或态度是否正确和恰当，能知道自己所考虑的问题是否合乎情理，因而可以进一步了解自己。第三，社会认可。自我表露得到朋友的认可、赞赏和鼓励，人们可以增强自信心，改善自我形象。第四，社会控制。人们可以把表露或隐藏自我信息作为一种社会控制的手段。例如，人们会突出那些自认为可能给倾听者留下良好印象的话题、观点，也可以谨慎地避免谈论自身以保护隐私。

虽然自我表露可以增进友谊，但是自我表露同时也带来了人际交往中的风险。这种风险表现在以下几个方面：第一，冷淡。人们与朋友分享隐秘信息与感受是发展友谊，但有时可能会发现对方对自己的自我表露无动于衷，他们根本就没有兴趣了解。第二，拒绝。表露的自我信息可能会导致他人对我们的社会拒绝。第三，失去控制。有时朋友会利用我们所表露的信息伤害或控制我们。第四，背叛。当人们把自己的隐私袒露给所信任的朋友时，往往希望甚至明确要求对方保密，但是这种信任有时会被出卖。

友谊本身要求人们坦诚相待，但是，由于自我暴露要冒一定的风险，人们有时会隐藏自己的部分隐私，保护内心世界不受窥视。只有在自我表露和保持隐私之间保持适度的平衡，友谊才能正常发展。

就同性之间的友谊而言，男性的友谊与女性的友谊是有区别的。男性的友谊通常围绕着共同的活动，例如朋友可以一起去郊游、一起打球；而女性的友谊通常以感情分享为特点，例如她们更愿意花更多的时间与朋友讲电话，更可能聊个人的感情问题。

在不同的文化背景中，友谊的模式有所不同。由于西方文化更强调个人主义，而东方文化更强调集体主义，友谊在西方社会更多的是自由选择的，而友谊在东方社会在一定程度上依赖于社会关系。相对于传统的东方社会，在现代西方社会中，人们更可能从一个社会阶层流动到另一个社会阶层，从一种社会地位流动到另一种社会地位，从一个地方到另一个地方。因此，在现代西方社会中，友谊往往是相对短暂的；而在传统的东方社会，友谊保持的时间更长。

第三节　爱情

爱是人类的一个古老而又永恒的课题，爱也是一个较广泛的概念，包括对国家、对父母、对师长等的爱。而爱情一般专指男女之间的亲密关系。爱情不但是艺术家关注的主题，也是社会心理学家研究的新课题。六种不同类型的爱情分别为：

（1）激情之爱：处于激情之爱的人寻找对自己有外表吸引力的异性。

（2）游戏之爱：处于游戏之爱的人希望能跟更多的异性发生性关系。

（3）同伴之爱：同伴之爱是深思熟虑的、温暖的、富于同情心的。

（4）实用之爱：实用之爱是挑选一位合适的伴侣，它要求的就是两个人之间的关系平稳，并且满足双方的需要，它追求满足而不是激情。

（5）癫狂之爱：癫狂之爱是一种完全燃烧的体验，一见钟情是这种爱的典型代表，外表吸引则是关键。

（6）无私之爱：无私之爱把爱视为给予、利他而毫不利已，将爱作为一种责任。

斯腾伯格（R. Sternberg）运用定量分析与定性分析相结合的研究方法，在进行大量文献综述和实证研究的基础上提出了爱情三角理论。他认为人类爱情包括三种成分：激情、亲密和承诺。他将这三种成分形象地比喻为爱情三角形的顶点①。其中，激情是爱情中的性欲成分，是情绪上的着迷。激情是一种强烈地渴望跟对方结合的状态，就是见了对方会有一种怦然心动的感觉；和对方相处有一种兴奋的体验。性的需要是引起激情的主导形式。亲密是指在爱情关系中能够引起的温暖体验，它在爱情关系中使双方感到亲近、相互关联。这个成分包括对爱人的赞赏、照顾爱人的愿望，自我表露和内心的沟通也很重要。斯腾伯格认为无论是对爱人的爱，还是对孩子或者好朋友的爱，其中包含的亲密成分在本质上都是相同的。亲密在所有这些爱的关系中都是最常见的核心成分。承诺指维持关系的决定期许或担保。承诺由两方面组成：短期的和长期的。短期方面就是要做出爱不爱对方的决定。长期方面则是做出维护这一爱情关系的承诺，包括对爱情的忠诚、责任心，是一种患难与共、至死不渝的承诺。总之，激情可以看作对爱情的动机性卷入，亲密可以看作对爱情的情感性投入，承诺可以看作对爱情的认知性的决定与坚守。因此，激情是“热烈”的，亲密是“温暖”的，而承诺是“冷静”的。

根据爱情三角理论的这三个成分，可以将爱情分成以下六种类型：

(1) 完美的爱：同时具备三要素，即同时包含有激情、亲密和承诺，是爱情的最高体验，但这是一种理想化的爱情，在现实生活中很少见到。

(2) 喜爱：只有亲密，没有激情和承诺。双方在一起感觉很舒服，但是觉得缺少激情，也不一定愿意厮守终生。这种爱也常见于亲密朋友之间。

(3) 浪漫的爱：有亲密和激情，却没有承诺。例如，有些大学生谈恋爱，他们之间有亲密关系和激情体验，但由于对未来的取向不确定，双方并不彼此对对方负责，等到毕业了就只有分手。

(4) 伴侣的爱：有亲密和承诺，但没有激情。这种爱情在结婚多年的夫妻之间很常见。

(5) 空洞的爱：只有承诺，但既没有激情也没有亲密。这种爱情既存在于旧时代的包办婚姻中，也存在于那种乏味却持久的婚姻中。

(6) 痴迷的爱：有激情但无承诺也没有亲密。双方彼此都认为对方有强烈吸引力，除此之外，对对方了解不多，没有想过将来。

那么，人们在伴侣选择方面有哪些考虑呢？理想的伴侣应该有哪些标准？研究者发现，人们选择伴侣的标准受到一系列因素的制约。

首先，文化与伴侣选择。不同的文化背景下，人们心目中理想的伴侣是否有差异呢？就这一问题，巴斯进行了一项大型的跨文化比较研究。他们发现，在不同的文化背景下，人们的理想伴侣存在着巨大差异。在同一文化中，男性与女性心目中的理想伴侣也存在着差异。

其次，短期伴侣与长期伴侣的选择。人们在恋爱时，有时考虑与之展开一段短暂恋情，把对方作为短期伴侣；有时愿意与之建立长期关系，成为结婚的对象，把对方作为长

① 罗兰·米勒，丹尼尔·珀尔曼．亲密关系．郭辉，肖斌，译．北京：人民邮电出版社，2011.

期伴侣。

再次，社会经济地位与伴侣选择。研究发现，在选择伴侣的时候，男性宁愿选择社会经济地位较低的女性，而不选择社会经济地位较高的女性；而女性刚好相反，因此存在社会学家所强调的“甲女丁男”现象。

最后，爱情与伴侣选择。人们在选择婚姻伴侣时，是否是以爱情为基础的？在巴基斯坦和印度等一些传统的集体主义国家，有超过一半的人表示，他们可以与不爱的人结婚；而在美国、澳大利亚等一些个人主义国家，绝大多数人表示，不可能与自己不爱的人结婚。这是为什么呢？在个人主义的文化中，人们在爱情上高度重视个人的选择，把个人的爱情看作婚姻伴侣选择的至高无上的准则。在集体主义社会中，人们结婚往往遵循父母之命和媒妁之言，是为了整个家族乃至社会的利益，他们更可能牺牲自己的个人利益而与不爱的人结婚。

第四节　亲密关系的维持与解体

亲密关系是建立在两个独立个体之间信任基础上的社会合作，或是通过妥协使得具有不同目标的个体为实现他们的共同目标而建立起来的关系。亲密关系一般具有默契性、高依赖性、高承诺性、高亲密性和不可替代性。

相互依赖理论认为，人们在寻求以最小代价获取能提供最大奖赏价值的人际交往，人们只会与那些能够提供足够利益的伴侣维持亲密关系。根据这一观点，与他人相互交换获得的奖赏是社会生活所必需的，这一过程就是社会交换。人际交往的奖赏是我们与他人接触时所获得的令人高兴的经验，而代价是具有惩罚性的、令人不悦的经验。某一特定的人际交往所带来的奖赏和代价之和就是结果，即交往中的一方综合得到的净收益或净损失。如果奖赏小于代价，那么亲密关系就面临结束的可能。

依恋理论进一步讨论了成人的亲密关系。成人婚恋关系中的情感联结也可以被理解为一种依恋关系，它有着和早期依恋相似的生物系统，都是自然选择的产物。对于成人依恋的研究发现，具有安全型依恋风格的个体在和他人的关系中感到安全，因此在遇到威胁和不确定时更愿意做出亲密行为，更希望和他人靠近。具有回避型依恋风格的人在和他人的关系中感到不安全，他们往往表现出强迫性，和他人保持距离，遇到威胁和不确定时显示出不屑一顾和超脱的行为。具有焦虑型依恋风格的人在和他人的关系中同样缺乏安全感，但他们和回避型个体的表现不一样。焦虑型个体强迫性地寻求接近，对关系频繁地表达出担忧，遇到威胁和不确定时过多地表现出想与他人接近的渴望。

日常生活中，亲密关系是会结束的。亲密关系的解体并非一个单一的事件，而是一个有着许多步骤的过程：

（1）个体层面阶段，包括关注伴侣的行为、测算伴侣的行为是否适当、描述并评估这段关系的消极方面、思考退出关系的成本、测算替代选择的积极方面、面对爆发还是沉默的两难抉择。

（2）两个个体间层面阶段，包括面对爆发或沉默的两难抉择、面对伴侣、对关系进行协商与讨论、尝试关系的修复和妥协、测算退出关系的成本或是降低双方的亲密感。

(3) 社会层面阶段，包括与伴侣就分手后的问题进行协商、在朋友与家人中就关于分手问题的讨论、思量并面对朋友、家人和其他人的反应以及寻求调解团体。

(4) 回到个体层面阶段，包括追忆爱的往事、反思与分析亲密关系解体的原因、公开传播并接受亲密关系解体的事实。

亲密关系结束同样具有典型脚本，这些脚本一般包括 16 个步骤，虽然实际的分手过程往往具有特异性，但是从这个共同脚本显然可以看出，人们期望中的亲密关系结束过程在最终结束前往往具有矛盾反复、迂回曲折的特征。这些步骤是：伴侣一方开始失去对亲密关系的兴趣；失去兴趣的伴侣开始注意其他人；失去兴趣的伴侣开始退避，行为更加疏远对方；伴侣双方试图努力解决问题；伴侣共处的时间更少；兴趣的缺乏再次浮现出来；伴侣考虑分手；沟通彼此的情感，达成共识；伴侣双方再次试图解决问题；伴侣一方或双方再次关注他人；共处的时间再次变少；与其他潜在的替代伴侣外出；试图一起回到过去；伴侣一方或双方考虑分手；感情破裂，准备采取行动；最终分手，亲密关系解体。

对于亲密关系的结束原因，不同的学者给出了不同的答案。面对亲密关系结束的可能性时，人们可能会有破坏性行为或建设性行为。破坏性行为包括主动损害关系行为（如虐待伴侣、威胁分手、结束关系）和被动旁观关系恶化行为（如拒绝解决关系中存在的问题、忽视伴侣或者很少花时间相互陪伴、对关系不进行投入）。建设性行为包括主动尝试改进关系（如讨论问题、尝试改变、向心理咨询师求助）和被动地保持对关系的忠诚（如等待并希望事情会变好、表现出支持和乐观的态度等）。亲密关系的质量和稳定性之间存在正相关，即亲密关系的质量越高，稳定性越好。亲密关系持续的时间越长，当事人在亲密关系上投入的个人资源越多，亲密关系解体的损失也就越大。替代选择假说认为，亲密关系的稳定性来自亲密关系本身的吸引力、亲密关系之外其他选择的诱惑（替代性选择）和解除亲密关系的结果。当阻碍亲密关系结束的因素和本身的吸引力保持不变时，其他选择的吸引力越大，亲密关系受挫的危险性越大。亲密关系中的行为互动模式和过程是导致关系解体的主要原因，如过多的指责、防卫、轻蔑等消极互动等。

在线自测

扫一扫 练一练

第十四章 社会影响

本章提要

社会深刻地影响着每个人的信念、态度、情绪与行为，这种影响正改变着人们的态度和行为，促进和抑制特定的社会行为出现的频率和强度。社会影响是在他人影响下，个人的信念、态度、情绪与行为所发生的变化，它反映了社会中个体的相互作用。个体接受社会影响的方式多种多样，从众、众从和服从是其中最典型的方式。

引导案例

网络狂欢中的集群行为

法国社会心理学家勒庞在《乌合之众：大众心理研究》中写道："群体的一个普遍特征是极易受人暗示，集合行为中的暗示更接近催眠。集合行为的参与者通常处于昂奋激动的精神状态，这种状态使他对周围的信息失去理智的分析批判能力，表现为一味地盲信盲从。"① 网络集群行为是一定数量的相对无组织的网民针对某一共同影响或刺激，在网络环境中或受网络传播影响的群体性努力。

美国学者尼尔·斯梅尔塞提出导致和促进集群行为的六项必要条件。第一，结构性紧张，即使人们感到压抑紧张的社会结构或背景。第二，环境条件，即有利于产生集群行为的周围环境。第三，诱发因素，即集群行为并非事出无端，往往需要一个导火索。第四，普遍情绪或共同信念，即人们对自己的处境形成某种共同的集体信念。第五，行动动员，即领头人物出现并鼓励他人采取行动。第六，社会控制机制，即社会控制机制的软弱无力或失败，以致无法阻止这种行为。网络环境的虚拟性为个体提供了自由选择和转换角色的空间，为其实现自我表达、与他人互动和减少认知失调创造了条件。网络技术的分权、网络把关的弱化及网络强大的传播力，促进了网民自我议程设置和网络议程的环形流动模式的出现，这在彰显网民主体性的同时也容易对网络流言、网络暴力等网络集群现象起到推波助澜的作用。

案例思考：

1. 什么是网络集群行为？
2. 网络集群行为产生的机制是什么？
3. 网络暴力是否属于网络集群行为？你认为其有哪些危害？

---

① 古斯塔夫·勒庞．乌合之众：群体心理研究．亦言，译．北京：中国友谊出版社，2019.

日常生活中，人们常常会遭遇他人试图改变自己态度和行为的各种压力，纷繁多样的社会影响让人们无处可逃。很多人会感到来自同伴的强大压力，使他们不得不遵守群体的这些不成文的各种规范，并以此为手段来融入群体。那么，个体的行为是如何受其他人及群体影响的呢？社会心理学家很早就认识到这一问题的重要性，因此社会影响成为社会心理学的中心问题之一。

第一节　他人在场

他人在场是一种在社会生活中经常发生并发挥作用的心理现象，触及和影响着生活的各个方面。人是一种社会性动物，时刻会感受到来自他人、群体、社会的影响，他人在场是否会对行为产生影响？如何影响？有时候，他人能让自己更加努力、表现更佳；有时候，集体工作会令自己有所松懈，努力程度减少；在群体中，还可能会让个体感到自我身份意识的缺失，导致冲动偏差行为增加。

社会心理学研究发现，在一个人从事某项活动的时候，如果有其他人在场，就会感到有一种刺激，这种刺激会影响他的活动效果，在一些场合会促进活动的完成，在另一些场合反而会干扰活动的完成。这里把这两种情况分别称为社会促进和社会抑制，也有学者将其合称为“他人在场”。他人在场对个体绩效会产生积极或消极的影响。拉坦提出了社会影响理论来关注这些影响的大小。该理论认为，他人对个体总的影响取决于他人（影响源）的 3 个属性：数量、强度和直接性。也就是说，当周围人数量增加时，来自他人的社会影响也增大。社会影响理论能够帮助人们解释为什么他人的存在有时会导致社会促进而有时又会导致社会抑制。在促进的情况中，人们往往是他人影响的唯一目标，他人对个体的社会影响也会增加。相反，当很多人一起工作而只有一名旁观者时，社会抑制往往就会发生。每个个体只是来自群体外的旁观者的目标之一。因此，旁观者的社会影响就分散到每个人身上，随着群体规模增加，每个个体感受到的压力随之降低。

一、社会促进

很多人都有这样的体会：工作时，如果和几个人合伙干，干劲就大一些，工作也干得快一些。一些学生也认为，在家里一个人做作业，不如在学校和同学一起做得快，做得准确率高。做作业行为，并没有提出竞赛的要求，仅仅是因为结伴活动，就提高了活动效率。这种现象被称为“结伴效应”。结伴效应指出，几个人共同从事相同的一项活动时，相互之间会产生一种刺激作用，从而大大提高行为效果。这种情况也被称为“共同行为效果”，它们被统称为“社会促进”。具体来说，社会促进是指人们在有他人旁观的情况下，工作表现比自己单独进行时优异的现象。最早对此问题进行研究的是特里普利特（N. Triplett），他对社会促进的证明也是最早的社会心理学实验。特里普利特注意到在有竞争时人们骑车的速度比单独骑的时候快，因此设计了一项实验，探讨儿童在有他人存在时是否会工作得更勤快。结果证明了他的预期，儿童在转动钓鱼轮绕线的实验中，当有他人存在时工作更卖力。

那么人们不禁会问，为什么会产生社会促进的行为呢？扎荣克的解释是：他人存在影响社会促进。他人的存在会使人们的激起增强，而这种生理激起会进一步强化人们的表现。但是，这种激起对工作绩效起什么样的作用还与工作的性质有关，若从事的工作是人们已经掌握的，他人的存在对工作绩效起促进作用；若从事的工作是新的任务，人们还没有掌握，他人的存在对工作绩效起阻碍作用。也就是说，他人的存在对完成简单工作起促进作用，而对完成复杂工作起阻碍作用，两方面加在一起统称社会促进。评价恐惧理论认为，在有他人存在的环境中，人们由于担心他人对自己的评价而引发了激起，并进而对工作绩效产生影响。在一项研究中，扎荣克设置了三种情境：第一种情境是让被试单独从事一项工作；第二种情境是在被试完成工作时实验助手出现，并与被试做同样的工作；第三种情境是一个双盲实验，被试和助手做同样的工作，但他们都不知道实验的目的，实验者告诉他们正在进行一项知觉实验。结果第二种情境中表现出了社会促进作用，他人存在和评价恐惧两者均能对此加以解释。然而双盲这一组没有发现社会促进作用出现，被试的反应与第一组没有差异。由于双盲组中的他人只是生理上的出现，没有对被试的绩效进行评价，所以这一结果支持评价恐惧理论，而与他人存在的解释相矛盾。按照评价恐惧理论的观点，如果他人只是出现了，而没有对他人的工作表现加以注意，他们的出现不会产生社会促进的效果。该理论可以解释噪声、闪光等刺激对工作绩效的促进或损害作用。

二、社会抑制

林格尔曼（M. Ringelman）最早发现了社会抑制现象，他发现人们一起拉绳子时的平均拉力比单独拉时的平均拉力要小。随着人数的增加，每个人付出的个人努力程度会逐步下降。在研究中，他让被试用力拉绳子并测拉力，实验包括 3 种情境：单独、3 人组和 8 人组。结果表明，独自拉时，人均拉力为 63 千克；3 人一起拉时，人均拉力为 53 千克；8 人一起拉时，人均拉力只有 31 千克。

社会心理学将这种随着团队成员数量的增加，个人努力程度下降，个体在团队中的实际表现与潜在表现存在较大差异的现象称为社会抑制。社会抑制产生的主要原因是过程丧失，即团队活动中存在着不恰当的互动过程，其中包括两大内容：（1）协调性丧失，即当群体规模扩大时，成员之间的工作联结点增多，工作协调的难度增加，出现相互干扰，导致成员无法尽全力或力量互相抵消，这样合力作用无法实现；（2）动机性丧失，即群体工作中，个体的工作动机水平比单独工作状态下要低，这样个体的努力与贡献程度就会下降。

那么，为什么会出现社会抑制呢？

社会影响理论主要强调社会惰性的外部影响因素。在社会环境中，个体的心理与行为会受到外界压力源的影响，压力会随着压力源的数量、直接性、重要性和强度的增强而增加，个体会根据他们所承受的压力大小来决定努力的程度。一般来说，压力越大，努力程度就越大；反之就会减小。但是，同一压力源的影响效应会因为目标个体的数量、直接性、重要性的增加而减弱，即在个体单独状态下，发生社会惰性的可能性较小，但是在群体情境中，个体承受的压力大大减小，出现了责任扩散现象，这时个别成员表现出社会惰性现象的可能性就会增加。团体规模越大，社会惰性产生的可能性就越大。可以看到，社会影响理论过多强调社会惰性形成的外部情境因素，而忽略了社会惰性形成的内在心理过程。

觉醒降低理论关注社会惰性形成的内部动机因素，认为个体在群体情境下的觉醒水平比平时要低，但是这个过程会受到工作难度的影响，这是导致社会惰性的主要原因。个体在群体情境下从事相对简单任务的时候较容易出现社会惰性行为，但是在从事困难、复杂任务的时候，个人的觉醒水平和努力程度又会增加，这时社会惰性行为产生的可能性会减小。觉醒降低理论认为，社会惰性现象一般发生在任务相对简单的群体工作情境中。

评价的可能性是指当群体中个体的绩效不可辨认或被评价的可能性较低时，就会导致动机性丧失，产生“迷失在团体当中”的感觉。因为在群体中，个体的工作绩效一般很难直接评价，如果个体相信自己的表现无法辨认，不可能被评价或行为与结果的联系不紧密，就会采取努力极小化策略，继而表现出社会惰性行为。反之，社会惰性产生的可能性就会大大减小。有研究者让被试单独大喊或在群体中大喊。第一种实验情境是，让被试相信他们的表现总是可以被辨别出来；第二种实验情境是，让被试相信只有当他们单独一人时才能被辨别出来；第三种实验情境是，被试的表现永远不会被辨别出来。结果显示，当被试觉得他们的努力在群体中不能被辨别出来时，成绩最差。由此证明，当个体认为只有群体的成绩可以被识别而个体的贡献不被识别时，社会抑制就会发生。

努力的可缺省性是指在团体性工作中会减少努力，个体觉得他们的努力对于群体的整体表现并不重要或无足轻重时，便会采取搭便车行为。在团体中，由于个体认识到自己的努力会埋没在人群中，所以对自己行为的责任感会降低，从而不大去努力，致使作业水平下降。从这一点上来看，社会懈怠现象的产生与责任分担有关。研究者认为在群体中，由于个体认识到自己的行为不会被单独评价，个人的努力会淹没在人群中，评价焦虑减弱使其对自己行为的责任意识下降，行为动力相应减少，从而导致努力程度下降。

努力的比较观点主要考察在群体情境中，当个体发现团体中的同事不努力或工作效率不高时，会认为同事无能或工作动机较低，出于不想过多付出或多做贡献，就会选择降低努力程度而不是帮助他人的行为策略。另外，由于担心别人搭便车而使自己的利益受到损害，个体可能会进一步降低其努力水平，而且随着团体规模的扩大，搭便车的效应越来越明显。因此，这种彼此缺乏信任和归因偏差使个体进行努力比较，最终导致社会惰性行为的出现。

自我注意理论强调自我监控对个人行为的指导作用。当个体产生自我觉知，即个体将自己的某方面与标准进行比较发现有差距时，自我就会成为注意的焦点，这个时候自我监控行为就会出现。团体性工作会降低自我觉知水平，导致自我监控水平下降，当个体的自我监控机制失效时，社会惰性就会产生。

报酬论观点认为，对群体绩效的不同报酬也会对社会抑制产生影响。对群体高绩效提供报酬会降低社会抑制。研究者设计了这样一个实验：一些学生被告知如果他们所在的群体针对某一问题能够想出的解决方案越多，就可以越早离开。而另一些学生被要求完成同样的任务，但没有可以提早离开的奖励。研究发现，在这一情形下，对高努力回报的期望抵消了社会抑制效应。当任务有意义、复杂或有趣时，社会抑制也不容易发生。当任务困难或有挑战性时，个体一般也不会松懈。

三、社会促进与社会抑制的解释

社会心理学家从不同角度研究这个问题，提出各种各样的理论，做了许多有趣而又有说服力的实验。将这些实验和理论归纳起来，主要是从主体状态和客体条件两个方面进行了不同程度的探索。

（一）优势反应强化说

对社会促进和社会抑制的科学解释，始于20世纪60年代扎荣克的科学假说。1965年，扎荣克提出了优势反应强化说，总体上概述了社会影响的原理。扎荣克研究发现，他人在场是产生社会促进作用还是社会干扰作用，取决于个体从事活动的性质。他由学习理论中的动机原则想到，一个人在动机很强烈的时候，他的优势反应能够很轻易地表现出来，而较弱的反应会受到抑制。所谓优势反应，是指那些已经学习和掌握得相当熟练，不假思索就可以表现出来的习惯动作。如果一个人从事的活动是相当熟练的，或者是很简单的机械性动作，则他人在场使之动机增强，表现更加出色。相反，如果他所从事的活动是正在学习的、不熟练的，或者需要费脑筋的，他人在场反而会产生干扰作用。科特雷尔（S. Cottrell）等让学生学习词汇的实验也证明了这一理论。他们让大学生默记难易不同的两类双音节词，一类是诸如熟练—灵活、荒芜—不结果这样的关联词，另一类是诸如贫困—发脾气、荒芜—最重要这样的无关联词。首先由大学生单独默记，然后在有他人在场的条件下默记。结果发现，对第一类词，他人在场时默记效果好；对第二类词，单独默记效果好。很明显，默记关联词比较容易，默记无关联词比较困难。前者属于熟练工作，后者属于非熟练工作。实验者让被试在两种不同情况下走简单的与复杂的迷津，也获得同样的结果。这个结果与人们看到的许多体育竞赛的情形是一样的，一个技术熟练的运动员，在有人观看比赛的情况下，技术发挥得更好，会取得很好的成绩；而技术欠佳的运动员，其技术水平的发挥还不如练习时的表现。

（二）具体因素说

影响社会促进和社会抑制的因素包括作业性质、个体特征、社会竞争、评价的自我知觉度、外界刺激的干扰、注意的分配与转移等。

（1）作业性质。他人在场起促进作用还是抑制作用，取决于活动者的作业性质。如果所从事的工作是简单的机械操作或手工操作，则有其他成员在场时，会使活动者工作得更出色；如果从事的是正在学习并需要一系列复杂的判断推理的思维活动，则其他成员在场就会干扰工作。

（2）个体特征。他人在场对儿童的活动影响比较大。儿童正处于迫切需要了解自己的时期，对外界有较强的依赖性，对他人的评价，反应十分敏感。同时，儿童又希望充分地表现出自己的能力，获得他人的好评。而成年人的社会经验比较丰富，各方面的发展已趋稳定，在很多问题上都有自己的成熟看法，受外界的干扰相对较小。性格、气质不同的人，受他人在场的影响也有所不同。内倾、顺应困难、独立性差、易受暗示的人对他人在场的反应更加强烈一些。这些人的自信心和自主精神比较差，很重视外界的评价，易受环境的左右。对他们来说，有他人在场往往会产生社会干扰。特里普利特在做儿童转动钓鱼轮绕线的实验中，发现不同年龄、不同性格的人对他人在场的反应是不同的。参加实验的40个儿童中，有20个儿童在结伴工作时明显超过单干时的效率；有10个儿童很少受到影响，这10个中大半是年龄大一些的儿童；还有10个儿童结伴工作的效率反而不如单干时好，因为他们出现了情绪兴奋的现象，失去了自我控制的能力，这和他们的年龄、性格、气质有关系。

（3）社会竞争。扎荣克的优势反应强化说虽然提出了他人在场强化了个体的动机，唤起了其内驱力，但是提高了哪些动机、唤起了什么样的内驱力，则没有予以说明。后来，许多社会心理学家的研究继承了这些任务，取得了可喜的成果，使扎荣克的理论进一步完善和具体化。他人在场可能提高了多种动机，而不同的具体条件，可能会使某一种动机被突出提高。一般情况下，被提高的动机包括竞争动机、社会赞誉动机、成就动机、归属动机等。应该指出，这些动机的提高是个体几乎意识不到的，因此，它和有意的竞争、竞赛有着明显的区别。比如清晨跑步，由于一种没有明确意识到的归属动机起作用，人会弥补主客观因素造成的减速和暂停，十分自然地追上同伴。动机是激励人们活动的一种内在动力，在有人在场的情况下，人们都希望把自己的才能与潜力发挥出来，超过或至少不落后于别人。造成这种竞争心理的是社会赞誉动机和成就动机，而社会赞誉动机和成就动机又源于被人评价的意识。一个人如果单独工作，没有他人在场，就不会想到或很少想到要得到他人的赞誉和表扬，成就动机和社会赞誉动机就不那么强烈，而他人在场就会产生被人评价的意识，强化这种动机，努力工作，希望被他人评价为“好”“有水平”，从而产生社会促进作用。但是，竞争的心理和被人评价的意识如果在外部条件作用下被过分强化，就会分散人的注意力，处于这种主体状态的人如果面对的是较为熟悉的工作，工作程序已近乎一种习惯动作，达到“自动化”的水平，那么，注意力的暂时分散不会破坏非常连贯的动作而产生社会抑制，如果面对的是较为复杂的工作，那么，注意力稍微转移就会干扰本来就不熟悉的工作，产生社会抑制。

（4）评价的自我知觉度。研究者认为，只要有他人在场，就可以提高个体的动机水平，影响他的活动效率。但是，后来的研究发现，并非在任何条件下，他人在场都可以提高个体的动机水平。要提高个体的动机水平，需要在场的他人对个体的活动进行明确的评价，也需要个体能够对于这种评价有适度的认知。

（5）外界刺激的干扰。外因是变化的条件，没有外部条件，就不会导致人的心理的变化，产生社会促进和社会抑制现象。不同状况、不同性质的外部条件，会引起不同的心理反应。有时候，在团体活动时，还会发生外界刺激的干扰作用。一般来说，他人在场对个人活动也有不利的一面，即干扰活动者的注意。活动者的注意由于受到外来刺激的影响而发生了分散，因此对其活动成绩起到抑制作用。活动的性质越复杂，他人的干扰作用越大。

（6）注意的分配与转移。有些社会心理学家从注意分配和转移的角度来解释社会促进和社会抑制现象。他们认为，从事生疏的或复杂的工作，必须把注意高度集中在工作上，否则就会影响工作效率。他人在场势必造成工作者注意的分散和转移，这样就影响了工作的正常进行。不过，对于简单熟练的工作，由于工作者已经形成了一定的习惯动作，有的几乎达到近似“自动化”的程度，注意的短时转移或部分分配到别处，不会影响动作的连贯性。

总之，对社会促进和社会抑制现象的解释，既不能只分析其客观条件，也不能过分注重人的心理因素，而应当具体地分析外部条件的不同情况和人的心理素质的差异，然后将二者结合起来，进行综合研究和具体分析，才能真正地对某一特定的社会促进和社会抑制现象做出科学的解释。此外，还必须和活动的性质结合起来。如果活动难度大而复杂，个体虽然有被他人评价“好”的动机，但这种动机越强烈，焦虑情绪就越大，心理上的干扰作用也越大，从而发生了抑制作用。

虽然社会抑制普遍存在，但并不意味着它必然发生，人们可以用一些方法来减少社会抑制现象：(1) 单独评价。即不仅公布整个群体的工作成绩，而且公布每个成员的工作成绩，让成员感到自己的努力和成绩是可被单独评价的。如果让被试相信自己的行为效率和努力程度可以被鉴别出来，即使与群体一起完成一项工作，也不会产生社会抑制现象。(2) 提高认识。帮助群体成员认识他人的工作成绩，使他们了解不仅自己是努力工作的，他人也和自己一样努力。(3) 控制群体规模。群体规模越大，社会作用力越分散，社会抑制就越严重。因此，在群体共同完成一项任务时，要注意控制群体规模不要太大。除了上述方法外，以群体整体成功为目标的奖励导向，增加工作本身的挑战性，增加群体的凝聚力等，都能有效地减少社会抑制，提高群体工作效率。

第二节　从众

一、从众的定义

对于从众，不同心理学家的观点不尽相同。有学者认为，从众是个体在真实或想象的群体压力下改变行为与信念的倾向；也有学者把从众定义为对知觉到的群体压力的一种屈服倾向。尽管表达上有差异，但实质相同。从众是个体在群体压力下，为了和群体中的大多数人保持一致而采取的改变知觉、判断、信仰或行为的倾向。事实上，在日常生活中，参照群体、群体规范与群体压力是广泛存在的，个体在受到群体的暗示或提示时，会被引导做出群体要求或期待的行为或对情境做出一定反应。当然，从众也有不同的表现形式，可以表现为在临时的特定情境中对占优势的行为方式的采纳，也可以表现为长期性的对占优势的观念与行为方式的接受。

(1) 真从众。这种从众不仅在外显行为上与群体保持一致，内心的看法也认同于群体，也就是人们通常所说的表里如一、心服口服的从众。真从众对于一个群体的关系处理有着积极的作用。在真从众的情况下，群体成员保持着与群体真实的一致性和对群体的真实认同，群体成员在心理上也不存在冲突，这是一种群体与成员之间的理想关系。

(2) 权宜从众。这是指在某些情况下个体虽然在行为上保持了与群体的一致，但内心却并不认同群体的看法，仍坚持自己的意见，只是迫于群体的压力才暂时屈从于群体的选择。这类从众由于外显行为同内心观点不相一致，常使个体处于认知失调状态。如果群体压力始终存在，而个体又无法脱离群体，个体就倾向于改变个人自身的态度，与群体取得意见上的一致，这时权宜从众可能会转变为真从众。或者个体会找出新的理由将自己的行为合理化，从而减少观点与行为之间的差距，达到一种新的平衡状态，使认知系统重新协调。

（3）不从众。这是从众的对立面，是指个体在群体中不被群体意见所左右，而保持自我原有选择的一种行为。不从众的情况有两类：一类是表面上不从众，内心其实是一种接纳状态。这种从众行为往往在比较特定的条件下发生，通常表现为内心倾向虽与群体一致，但由于某种特殊需要，行动上不能表现出与群体的一致。如在群体由于某种原因而群情激奋时，作为群体的领导者，情感上虽认同于群体，但行动上却需要保持理智，这是表里不一致的假不从众情况。另一类是内心观点和行动都表现得与群体不一致，这是表里一致的真实不从众情况。通常情况下，真实不从众只有在群体对个体缺乏吸引力时，或个体在行动中不需要考虑与群体的一致性时才出现。另外，个体的个性特点也可能会影响不从众行为的产生，一个比较自我、主见非常强的人，往往不从众行为的比例会相对高一些。

二、从众的经典研究

（一）谢里夫的规范形成研究

美国社会心理学家谢里夫做了许多关于群体形式、冲突和合作方面的自然实验，也做了许多关于社会判断、态度和青少年自然群体形成方面的现场研究。谢里夫的从众研究侧重于社会规范的研究。他利用游动错觉研究个体反应如何受其他人反应的影响，这是从众研究中的经典范式。所谓“游动错觉”，是指在黑暗的环境中，当人们观察一个固定不变的光点时，由于视错觉的作用，这个光点看起来好像前后左右移动，即产生自主运动现象。实验者让大学生被试坐在暗室里，在其面前呈现一个固定的光点，然后让被试估计光点移动的距离。在单独估计时，被试的判断差异极大。谢里夫把被试分成 3 人一组，在同一房间里共同观察和判断，但每个人还是报告自己的估计。结果显示，第一次，不同个体通常会给出十分不同的答案。但经过一段时间后，他们就会产生相互影响，彼此的判断趋于一致，趋向大家判断结果的平均数。也就是说，大家对这个问题形成了一个共同的标准。谢里夫认为这个阶段实际上已建立起群体规范。后来，谢里夫让被试在参加完群体判断后再次单独判断光点移动的距离，他们的回答仍处于群体所建立起来的大致范围内。这说明群体规范一旦为个体所接受，便会有力地左右他的思想和行为。有意思的是，在研究结束时，研究者问被试他们的判断是否受到他人的影响，被试都加以否认。

（二）阿希的群体压力研究

在谢里夫的实验中，被试对于正确答案是十分不确定的。那么当刺激情境清晰时，人们还会从众吗？为了找出答案，阿希进行了一系列经典研究。事实上，在谢里夫的实验中，人们会从众是很自然的。因为实验者设置的是一个高度模糊的刺激物，被试只好以他人的判断作为自己判断的参考系。但是，当人们处于一个明确的情境中时，阿希预测他们会理性客观地解决问题，当群体的言行与一些显而易见的事实相违背时，他们会相信自己的知觉从而做出独立的判断。为了验证这一假设，阿希设置了以下实验情境。当志愿参加一项知觉实验的男大学生来到实验室时，他们看到 6 名与自己一样参加实验的被试已经在等着了。实际上，这 6 人是阿希的实验助手。阿希让真被试和这 6 个人围着桌子坐下，并依次指定为1号到7号。真被试被安排在倒数第二个回答。实验者一次展现18套两张一组的卡片。两张卡片中，一张上面有一条线段（标准线段），另一张卡片上有三条线段，分别标有A、B、C，其中一条与标准线段长度完全相同，而另外两条线段的长度与标准线段差异非常大。阿希告诉被试，他们的任务就是报出A、B、C中哪条线段与标准线段一样长。呈现图片之后，7名被试按座位顺序大声报告自己的判断。显然，这一判断任务极为容易，只要视力正常的人都能看出B是正确答案。前两轮实验中，实验助手都选择了正确答案，所有被试反应都一致。然而，在第三轮实验时，第一个被试仍像以前那样仔细地观察线段，但却给出了一个明显错误的答案。第二个被试也给出了相同的错误答案，以此类推，所有实验助手都异口同声地选择了错误答案。在这种情况下，真被试会不会从众呢？由于知觉判断本身很容易，控制组实验中，被试单独作判断的准确率超过98%。因此，阿希预测表现从众的被试不会多。但结果却与其预测相反，在整个实验过程中，76%的被试至少都发生了一次从众现象。在实验中，被试普遍体验到一种严重的内心冲突和压力。实验结束后，实验者个别访问被试，询问其做出错误选择的原因，从被试的回答中，可以把错误归纳为三种类型：第一，知觉歪曲。被试确实发生了错误的观察，把他人（假被试）的反应作为自己判断的参照点，根据他人的选择辨认“正确”的答案。当刺激物的特性十分鲜明时，发生这种歪曲的极少。第二，判断歪曲。因为对自己的判断缺乏信心，对后果没有十分把握，被试虽然意识到自己看到的与他人不同，但却认为多数人总比个人要正确些，发生错误的肯定是自己，于是从众以求心安。属这种情况的人最多。第三，行为歪曲。被试确认自己是对的，错的是其他多数人，但是不愿意成为“一匹离群之马”，所以表面上采取了从众行为，跟着多数人做了同样的错误选择，而一旦群体的压力解除，他就会说出自己真正的意见。

三、从众的基本原因

在阿希研究的基础上，学者对从众原因进行了说明。根据他们的观点，从众行为的产生有两个原因：一是信息性社会影响，二是规范性社会影响。

（一）信息性社会影响

所谓“信息性社会影响”，是指人们把他人视为指导行为的信息来源从而顺应其行为。谢里夫的实验正是信息性从众的一个经典研究。该观点认为，人们从众是因为人们相信其他人对一个模糊情境的解释比自己的解释更正确，而且可以帮助自己选择一个恰当的行为方式。基于信息影响而产生的从众倾向依赖于情境的两个维度——人们认为群体掌握的信息程度如何和人们对自己独立判断的信心如何。人们越相信群体的信息，越重视群体的观点，就越容易与群体保持一致；而刺激越模棱两可，任务越困难，人们对自己的判断越容易失去信心，越容易从众于群体的判断。信息性社会影响的一个重要特点就是它能导致个人接受而不只是公开顺从，对这两者进行区分是十分必要的。前者是真从众，人们真诚地相信其他人言行的正确性，因而顺应他人的行为；后者则是一种权宜从众，一个人虽然在公开场合顺应他人的行为，但私下不一定相信。当从众源于信息影响时（人们确信群体成员是正确的），人们通常在改变行为的同时也改变了自己的观念。因此，信息影响可被看作一种公正的理论推理过程。在这种推理过程中，其他人的行为改变了人们的观念或人们对情境的解释。情境模糊不清也是信息性社会影响发挥作用的关键变量，它决定着人们在多大程度上会以他人作为信息的来源。当你不确定什么是正确的反应、适当的行为、正确的观点时，你将最容易受到他人的影响。你越是不确定，就越会依赖他人。危机是另一个促使人们以他人作为信息来源的变量，而且常常与模糊情境同时发生。在危急时刻，人们通常没有时间可以停下来思考应该采取什么行动。人们需要立即行动。如果人们感到害怕、恐慌而不知所措，很自然地就会去观察别人的反应，然后照着做。此外，通常一个人拥有越多的专业知识，其在模糊情境下的指导越有价值，越容易产生信息化社会影响。

（二）规范性社会影响

规范性社会影响是由社会规范而引发的从众行为，并不是因为我们以别人作为信息来源，而是为了不引人注目，不被他人嘲笑，不至于陷入困境或遭到排斥，因为群体成员一般都讨厌偏离者。人们通常希望别人能够接受自己，喜欢自己，友好地对待自己。当人们为了获得社会接纳而改变自己的行为方式，使其符合群体的规范和标准时，规范性社会影响便起了作用。有研究通过实验证明群体对偏离者采取惩罚态度。被试是一些互不相识的人，实验者通过操作，首先使被试们相信，小组中有五人意见一致，只有一名被试和大家意见不一致，使之成为大家心中的偏离者。然后，实验者让他们挑选一人去参加一个有惩罚的痛苦的学习实验，结果大家一致推选了那个被视为偏离者的人。而当实验者要求被试群体选择一人参加另一种有奖励的愉快的学习实验时，大家却尽量避免推选那个偏离者。另外，阿希的实验也可用规范性社会影响来解释。该研究中，情境十分明确，正确答案显而易见。参与者并不需要从其他人那里获得信息作判断。这里，规范性压力发挥了作用。即使其他的参与者都是陌生人，对成为孤独的异议者的强烈恐惧也会引发人们的从众行为。这种情况下，与信息性社会影响相比，规范性压力常常会导致人们公开的顺从群体的信念和行为，但私下并不一定接纳，也没有必要非得改变自己的个人观念。

四、从众力量强弱因素

（一）群体规模

一般而言，群体规模越大，从众越容易发生。这是因为，在一定范围内，人们的从众率随群体规模增大而提高。假想你在一个让你感到寒冷的屋子里，如果屋子里还有另外一个人，他抱怨屋子里太热，你可能会认为这个人不是在说胡话就是发了高烧。但是如果屋子里还有另外 5 个人，而且他们都说屋子里太热，你可能会再重新思考一下，怀疑自己是不是什么地方出了毛病。5 个人比 1 个人更倾向于使人相信。一般来说，群体规模越大，引起的从众率也就越高。按照社会影响理论，影响源群体增大，影响力也会相应增大，从而诱发更多的从众。但群体成员的人数是有限度的。在阿希的系列实验中，他通过改变小组成员的数量，发现随着人数的增加，从众也更易发生。但这个人数有一个极限，即不超过 4 人，如果超过这个范围，人数增加并不必然导致从众行为的增加。米尔格拉姆在纽约市的一个热闹的街头，让实验助手站在街边，抬头看街对面的办公大楼六层的一个窗户，并测试从这里经过的人的从众行为的发生情况。实验助手的群体规模分别是 1 人、3 人、5

人、10 人和 15 人五种情况。实验结果表明，过路人同样也抬头观望的人数明显随群体规模的增大而增多，5 人内群体规模引起观望人数的增加非常明显，超过 5 人时，从众行为人数增加速度放慢。

（二）群体的一致性

群体一致性越强，从众越容易发生。这是因为，个体在面对一致性的群体时所面临的从众压力是非常大的。当群体中意见并不完全一致时，从众的数量会明显下降。阿希在进一步的实验中，让一位假被试做出不同于其他多数人的反应，结果被试的从众行为减少了 3/4，因为被试有了一个“同盟者”，从中得到了巨大的支持力量。即使这个假被试并没有发表与被试相同的意见，只要他与群体意见相异，就会增强被试的信心，削弱从众行为。群体不一致意见一旦出现，无论持不一致意见者与真被试在情感和态度上是否相同，都会导致从众率的下降。其中，群体意见不一致导致从众率下降的原因有三方面：第一，出现不一致的时候，人们对于多数人的信任度会降低，这给本来就对群体意见有所怀疑的个体找到了支持力量，并提供了可以怀疑的空间，这就削弱了人们将多数意见作为判断参照的依赖性，导致从众率下降；第二，这种来自他人的支持力量同时也能提高个体对自我判断的信心，从而降低从众率；第三，群体不一致会减少人们的偏离焦虑恐惧，降低群体对个人造成的压力，使得人们进行独立判断的倾向增加，从而使从众率下降。

（三）群体的凝聚力

群体凝聚力越强，从众越容易发生。这里，群体凝聚力是指群体对其成员的总吸引力水平。群体的凝聚力越高，个体对群体的依附性和依赖心理越强烈，越容易对自己所属群体有强烈的认同感。他们与群体有密切的情感联系，有对群体做出贡献和履行义务的要求。在一般情况下，群体的凝聚力越大，从众的压力越大，人们的从众行为越可能发生。在竞争的情境中，群体成员会努力地、有意识地、自愿地尽量达成一致意见，更容易从众。

（四）个体在群体的地位

个体在群体中的地位越高，越有权威性，就越不容易屈服于群体的压力。一般来说，地位高的成员经验丰富、能力较强、信息较多，他们的看法和意见能对群体产生较大的影响，并使地位低的成员屈从，而地位低的成员很难影响到他们。老师在学生面前、军官在士兵面前、领导在下属面前都会较少从众，甚至特意通过不从众来显示自己的与众不同。

（五）时间因素

时间因素也是影响从众行为的情境因素之一。时间因素对从众行为的影响可以从两方面理解：一方面，群体交互作用过程中的不同阶段对从众行为的影响是不同的，交互作用的早期阶段更容易发生从众行为，因为这一阶段双方处在相互适应阶段，双方都试图建立规范。在这样的情况下，双方相互接纳对方的程度较高，比较易于被说服和接受他人观点，而到了交互作用的后期，相互之间会试图巩固自己的地位，从而变得不易接受影响而从众。另一方面，在早期阶段如果个体自我怀疑，同时又有高群体压力，则易发生从众。这个时候如果在表达自己的意见前，先了解别人的想法并写下来，那么轮到自己表达观点的时候，就会表现出较多的从众，但是如果在听别人说之前先思考过，那么表达的时候就会表现出较少的从众。

（六）刺激物的性质

刺激物的性质是影响从众行为的情境因素之一。人们更容易对模棱两可的刺激物做出从众反应。在阿希的实验中，如果 A、B、C 三条线段长短相差无几，那么，被试屈从群体压力、做出错误选择的可能性就大。单凭记忆做出判断，被试更容易表现出从众行为，因为这时刺激物在他头脑中的印象已经相对模糊了。另外，如果刺激物对被试来说是无关紧要、不涉及原则问题的，人们就容易从众。如果涉及伦理、道德、政治等原则问题，人们不太容易丧失立场。可见，在伦理道德等原则问题上，人们往往能坚持自己的判断。

（七）文化因素

文化对从众行为有显著的影响。很多跨文化的研究表明，与那些个人主义的国家相比，在集体主义文化浓厚的国家里，人们更关注别人的反应，因此更容易出现从众行为，并且倾向于在与集体意见有分歧时，保留自己的喜好和意见。已有的研究结果也表明，中国儿童比美国儿童更容易接受社会的影响。一些跨文化研究也发现某些民族比其他民族更容易产生从众行为。

（八）个人因素

在性别与年龄方面，人们通常认为男性比女性更不容易从众。但男女在从众行为上表现出的差异在心理学领域还没有一个非常一致的结论。研究发现，问题难度与从众率的相关系数男性为 0.58，女性高达 0.89，即问题越困难或缺乏客观标准，从众率越高。女性在相应的困难程度下比男性更倾向于从众。也有学者认为，过去的研究之所以得出女性比男性更容易从众的结论，是因为选择的实验材料更为男性所熟悉，如政治、球赛、汽车驾驶等，这会使女性表现出较多的从众行为。后来，研究者在实验中分别选择了男女均适用的材料，结果表明在男性比较熟悉的实验材料上，男性表现出较少的从众行为，而在女性比较熟悉的实验材料上，如烹调、服装、照料孩子等，男性则表现出较多的从众行为。在中性刺激材料面前，男女被试的从众程度没有什么差别。由此研究者认为，两性之间在从众行为方面差异很小。从年龄上看，儿童和青少年比成人更容易从众，因为这个时期的个体处于发展阶段，通常也被称为可塑期。随着年龄的增长，性格的稳定，在从众行为上年龄差异就不再明显。

个性特征与社会行为之间是否存在关联呢？事实上，个人的能力、自信心、自尊心、社会赞许需要等都与从众行为密切相关。能力强、自信心强的人，不容易发生从众。有较高社会赞许需要的人，特别重视他人的评价，往往以他人的要求与期望作为自己的行为标准，所以从众的可能性更大。性格软弱、受暗示性强的人，也容易表现出从众行为。

知识经验会成为影响因素吗？实际上，人们对刺激对象越了解，掌握的信息越多，就越不容易从众；反之则越容易从众。如果一名医生和一群教师讨论教育问题，他往往不会反对教师们的意见，因为他对此问题不甚了解；而如果讨论营养问题，他可能会反对教师们的一致意见，因为他在这方面有丰富的知识经验。

个人在卷入程度上会有影响吗？一种意见一旦被表达出来，人们会更强烈地意识到自己已经选择了某种态度。如果由于群体压力，人们被迫表露与多数人相同而与原来选择不同的态度，人们也会明确知道自己屈服群体压力而做出了态度改变。很显然，这种意识会激发人们的抗拒反应，促使人们保持自己态度的一致，不轻易屈服于他人的压力，从而使人们倾向于做出不从众的选择。如果意见是当众表达的，则不仅有上述自我意识更为强烈的问题，还有一个在公众面前是否有独立性、是否能坚持自己意见的自我形象问题。这种意识会使人们选择不从众的倾向更为强烈。随着自我卷入水平的增加，人们保持自己最后行为与原先判断相一致的倾向也越来越强烈，因而从众的比率也越来越小。

五、从众的价值

关于人们如何来抵制从众的社会压力的问题，这里主要介绍了从众的消极性意义。比如，从众行为容易给个体和群体带来惰性，抑制创造性，从众行为倾向于“舆论一致”，这种压力容易窒息成员的独创性。因为一个人如果不敢脱离“舆论一致”的束缚，而受其控制，便会人云亦云，埋没创见，创造力就难以发挥。另外，如果从众会造成无形的巨大压力，群体内多数成员的从众容易使决策或决定出现偏差。在做决策或决定时，人们往往由于受到某种压力而不愿发表个人的不同意见，以致出现表现一致的强行通过或仓促做出不正确的结论。如果群体内的个体被迫的从众行为过多，可能会成为大的事故隐患，一旦遇有合适条件，容易引起群体的极端行为，给组织和群体带来重大损失。此外，从众行为过多还可能导致组织内部风气变坏。

那么，从众行为是不是一无是处呢？显然不是，它也同时具有许多积极性的意义。第一，从众可以促进人们维护社会秩序和发扬良好的道德风尚，抵制不良的社会风气和消除不正确的思想观念。对于社会上的良好风尚，就要进行大力宣传，造成一种社会舆论，使人们感到有一种无形压力，从而发生从众行为。例如，宣传环境保护，人人不乱丢垃圾，保护城市环境等。第二，从众行为在一定程度上可以帮助领导者实现预定目标。从众行为的实质是通过群体来影响和改变个人的观念与行为，增强了群体行为的相似性和一致性，这样便增加了群体的力量，提高了群体的凝聚力和工作效率，更便于目标的实现。第三，从众行为能使个体达到心理平衡。在组织或群体中，当个人意识到自己与大多数人不一样时，往往会产生一种焦虑紧张的情绪，难以适应外部的环境，而从众行为能在一定程度上缓解或消除这种不安的情绪，使个人得到群体的接纳，满足个人的安全和交往的需要。第四，从众行为有助于领导意图的贯彻和执行，有助于组织规范、秩序的形成，有助于维护权威和制度，使组织内秩序稳定，维护其正常运转。

第三节　服从

如果一个人被命令做违背自己良心的行为，他会怎么办？如果权威的命令是违反伦理道德的，人们还会不会服从？为了探讨这一问题，米尔格拉姆进行了一项关于服从权威的经典实验，取得了令人震惊的结果，并引起了广泛的讨论。在实验中，米尔格拉姆在报刊上刊登广告，公开招聘受试者，结果有 40 名不同年龄、不同职业的男性市民应招入选。

实验者告诉他们将参加一项研究惩罚对学习效果影响的实验，两人一组，抽签决定一人当老师、一人当学生。老师的任务是朗读配对的关联词，学生则需记住这些词，然后在给定的 4 个词中选择一个正确的，如果选错了，老师就按电钮电击学生以示惩罚。实际上，每组被试中只有一个是真被试，另外一个是实验助手。抽签时，实验者总是巧妙地让真被试抽到做老师，而助手则当学生。老师被带到一台巨大的控制台前，那上面有 30 个按钮，每个按钮都标有电压强度，从 15 伏依次增强到 450 伏。按钮 4 个一组，共分为 7 组，另外 2 个是单独的。各组下面分别写着：弱、中、强、特强、剧烈、极剧烈、危险等字样，最后两个按钮用×××表示。学生被安排在另一间屋的椅子上，让真被试看到学生被用带子固定到椅子上，并在其手腕上绑上电极。学生的手旁边有一个键盘，上面有四个按键，供学生在学习过程中回答问题使用。在老师的房间中，老师可以通过操作电极的机器及时看到学生的相应回答。老师看不到学生，相互之间通过电讯保持联系。实验开始之前，学生说他患有轻微的心脏衰弱。实验者让老师放心电击并表示不会有危险。之后，实验者让老师接受了一次 45 伏的示范电击，目的是让其了解他将要给学生施加的电击是什么样的感觉。虽然实验者说这个电击很轻微，但实际上被试已经感到很难受了。实验开始后，学生故意频频出错。老师从 15 伏开始，按照实验者的指示，每错一次就增强一次电击。从 15 伏到 75 伏，学生没有表示反应。从 90 伏开始就自言自语地埋怨，到 120 伏就发出苦闷的尖叫，到 315 伏时发出极度痛苦的悲鸣，已经不能回答问题。实验者要求老师在 10 秒钟以内不见回答就视作误答并施行电击。330 伏以后，学生就没有任何反应了。在整个实验过程中，实验者一直督促老师继续进行实验："请继续""实验必须进行下去""你必须继续进行下去"，并说所有的责任都是实验者的，与老师无关，让其放心。在这种情况下，会不会有被试把电压升至 450 伏呢？米尔格拉姆原先预测，在上述实验情境中，极少被试会服从实验者对学生施加 240 伏以上的"强电击"。但研究的结果却令人震惊。虽然实验在电压加强到 300 伏时，特别设定了受电击者挣扎、蹬踢墙壁的声音，但在 40 名被试中，只有 5 人到 300 伏时拒绝再提高电压，有 4 人到 315 伏时开始不服从实验者的指示，在 330 伏停下的有 2 人，345、360、375 伏停下的各 1 人。总共有 14 名被试，最终拒绝实验者继续增加电压的命令。但是，更多的被试服从了实验者的指示，将电压加至最高的 450 伏。这类被试的人数达 26 人，占总数的 65%。

人们为什么会如此服从呢？

(1) 命令者的权威性。命令者的权威性越大，越容易导致服从。职位高、权力较大、知识丰富、年龄较大、能力突出等，都是构成权威影响的因素。另外，命令者手中如果掌握着奖惩的权力也会使服从行为大大增加。在米尔格拉姆的实验中，发出命令的是耶鲁大学一位很有名望的心理学家，并且宣称该实验研究的是一个重要的科学问题，这种权威身份增加了服从的可能性。如果主持实验的不是一位专家，服从率有可能降低。

(2) 他人支持与服从。米尔格拉姆在原有实验的基础上，让三名被试（其中有两名假被试，都是实验助手）在一起进行这个实验，其中依次安排两个假被试在不同电压的时候拒绝服从继续增加电压施加电击。在 150 伏时，第一名假被试拒绝服从，并且坐在旁边观看其他人，当电压达到 210 伏时第二名假被试也拒绝继续进行。实验结果表明，他人的支持极大地降低了权威者的命令效力，大大提高了被试的反抗程度。当有他人的反抗支持时，90％的被试都变得对抗实验者，拒绝服从。

（3）服从者的道德水平和人格特征。在涉及道德、政治等问题时，人们是否服从权威，并不单独取决于服从心理，还与他的世界观、价值观密切相关。米尔格拉姆采用科尔伯格的道德判断问卷测试了被试，发现处于道德发展水平第五、第六阶段的被试有75％的人拒绝服从；处于道德发展水平第三、第四阶段的被试只有12.5％的人拒绝服从。可见，道德发展水平直接与人们的服从行为有关。米尔格拉姆对参加实验的被试进行人格测验，发现服从的被试具有明显的权威主义人格特征。有这种权威主义人格特征或倾向的人，往往十分重视社会规范和社会价值，主张对于违反社会规范的行为进行严厉惩罚；他们往往追求权力和使用强硬手段，毫不怀疑地接受权威人物的命令，表现出个人迷信和盲目崇拜。同时他们会压抑个人内在的情绪体验，不敢流露出真实的情绪感受。

（4）权威的邻近程度。米尔格拉姆在进一步的实验中，把主试和被试的关系分为3种：第一种，主试与被试面对面地在一起；第二种，主试向被试交代任务后离开现场，通过电话与其联系；第三种，主试不在场，实验要求的指导语全部由录音机播放。结果表明，权威越靠近，完全服从的比例越高；反之，服从率越低。权威的压力由于距离的扩大而减小。

（5）行为后果的反馈。米尔格拉姆的研究的另一个变式是用不同方式来提供行为后果的反馈。结果发现，不同的反馈形式会显著影响服从行为的比例。在实验中，研究者比较了四种反馈情景：

第一，间接反馈。在这种情况下，真被试“老师”与充当学生的实验助手不在一间屋子里，因而看不到被电击者的痛苦状态，也听不到声音，只是在电压加到300伏之后，有撞墙壁的声音（录音）。最初的原型实验，使用的就是这种反馈方式。间接反馈中，由于被试并未有真切的感受，所以对对方的共情性减少。

第二，声音反馈。这种反馈由事先准备好的录音机播放，让被试听到受害者的喊叫、抱怨、愤慨和挣扎。对应于不同的电压水平，声音的痛苦程度也不同。如从75伏到105伏，发出不同声响的“啊！”的声音。120伏时说：“啊！真疼！”150伏时，声音变为“啊！实验员！够了。我要出去……”再后来是痛苦的尖叫，声明心脏不好，拒绝再作回答，要求退出实验等。330伏时，强烈的喊叫变得缓慢，内容为：“让我离开，我要走，我的心脏难受……”最后变为歇斯底里式的重复“我要离开！让我走！”声音反馈可以让被试听到对方的反应，使得被试在心理上出现对服从的逃避倾向。

第三，身体接近。受害者的反应由专门的实验助手做规范化的逼真表演，显示各种痛苦表现和声音反馈，受害者与被试相隔仅约40厘米。越多的身体接近，被试越增加自我行为的焦虑性。

第四，身体接触。这种情况与身体接近情况相似，但作为老师的被试会将受害者的手压放在电击台上，实施电击。结果，行为后果的反馈越直接、越充分，被试服从权威、做出伤害别人行动的可能性就越小；相反，被试对自己行为后果了解越少，服从权威而对别人施加伤害性电击的可能性就越大。

第四节 众从

一、众从的概念

莫斯科维奇观察到，社会影响不仅仅局限于少数人听从多数人意见这一方面，还存在着多数人听从少数人意见的另一方面。以此为起点，莫斯科维奇及其同事在20世纪60年代开始了对众从行为的研究，并取得一系列新的研究成果，从而将“众从”这一概念纳入社会心理学研究的重要领域之中。

众从，即少数派影响，是指多数人因受到少数人的影响而改变其信念或行为。当群体中有少数人意见保持一致，并坚持自己的观点时，多数人可能会怀疑自己的立场是否正确，在思想上摇摆不定，一部分人首先转变态度，倾向于少数人的意见，然后多数派内部思想瓦解，越来越多的人转变立场，开始听从少数派的意见，使少数派在群体中起到了举足轻重的作用。如果说，从众是一个群体中的多数人对少数人的社会影响，那么，众从就是一个群体中的少数人对多数人的社会影响。

二、影响众从的因素

在一个少数派和多数派同时并存而且相互抗衡的群体中，少数派能够顶住多数人的压力，非但自身不表现出从众行为，而且还设法使多数人转变态度，依从于少数人的意见或行为，这显然与少数派（有时可能只有一个人）的坚定信念和多数派的摇摆不定相关联。

大量的实验结果揭示出产生众从行为的少数派成员内部的特征是：一致性、独立性和权威性。这些特征是影响多数派成员，使其发生众从行为的必要条件。

（1）一致性。有关实验表明，少数派群体成员的态度和行为只有保持一致性才具有影响力，如果摇摆不定的话，就不会对多数派产生任何影响。这里的一致性，不但指少数派成员意见的一致，而且还包含少数派成员的行为在时间上的前后一致性，即“坚持到底”。群体的一致性能够体现出成员内部的坚定性和自信心，具有足够的力量促使多数派转变态度，并使其采取与少数派相同的行为。莫斯科维奇发现，一个人的少数派没有两个人组成的少数派影响力大，这是因为当少数派只有一个人时，他的不同意见可能被认为是偏离者的特殊原因，如对工作不熟悉、视觉有问题、观点的狭隘性等，有两个或两个以上人员组成的少数派就不能认为是个人的特殊性，而是一种普遍的原因，形成了一致性的力量，对多数派产生了压力。

（2）独立性。少数派对多数派成员产生影响力，还必须具备行为上的独立性，表现出与众不同，使多数派成员感到压力，促使多数派依从少数派。但这种独立性必须符合时代精神的发展。

（3）权威性。当少数派由权威人物组成，或少数派中有权威人物参与时，其影响力大大增强，因为权威人物地位高、威望大，是整个群体中的核心人物。人们一般都乐意接受权威人物的指导，听从权威人物的命令。权威人物具有很大的地位优势，可以左右其他人的行为，群体中的权威人物比其他人更具有力量。当权威人物站在少数派立场上时，由于

“名片效应”的作用，增加了少数派意见的可信度，对多数派产生了更大的心理压力，迫使多数派放弃原有的观点，表现出众从行为。

从多数派的角度来看，在以下情况下容易发生众从行为：

第一，多数派成员内部矛盾重重，意见分歧很大，缺乏统一的指挥，则极易受少数派的影响，导致众从行为的产生。在少数派行为的压力下，多数派成员对事物的信念容易发生动摇，对自己所持立场的正确性产生怀疑。由于失去了行为的参照准则，多数派成员对于自己应该如何行动举棋不定，于是不得不采取现实主义态度，转而倾向于少数派的立场。

第二，多数派内部缺乏群体凝聚力，容易产生众从行为。缺乏凝聚力或凝聚力不强的群体，其人际关系不佳，群体成员各行其是，群体本身处于一种动荡的危机状态，一旦其成员受到外界压力影响，就会立即转向少数派一边。松散型群体受外界压力影响发生态度转变，从而接受他人意见的可能性比凝聚型群体要大得多。

第三，在多数派成员对所遭遇问题的真实情况缺乏了解、把握不大的情况下，他们的态度常处于模棱两可的状态，众从行为亦时有发生。人们的思维都具有认同作用，在需要对不明确的事物表明态度的时候，常常以其他人的意见作为自己观点的参照系统，如果群体中少数派的立场坚定，那么多数派成员就会认为少数派的观点肯定是正确的，在少数派的影响下发生众从行为。

第五节　去个性化

团体对个人行为影响的另一种例证是去个性化现象，它是指个体丧失了抵制从事与自己内在准则相矛盾行为的自我认同，从而做出了一些平常自己不会做出的反社会行为。去个性化现象是个体的自我认同被团体认同所取代的直接结果。生活中常见的去个性化现象并不多，但它的危害却十分严重。

对此现象的研究最早源于法国社会学家勒庞，他发现激动的群体倾向于有相同的感受和行为，因为个体的情绪可以传染给群体。在这种情况下，即使一个成员做了一件大部分人反对的事情，其他人也会倾向于仿效。勒庞把这种现象称为“社会感染”。社会心理学家费斯廷格、津巴多将这种现象命名为“去个性化”。

费斯廷格等于1952年对此进行了研究。他们以23组男大学生为被试，让他们以小组为单位进行讨论，讨论的内容是让每个人说说是憎恨自己的父亲还是憎恨自己的母亲。这是一个敏感的问题，平常大家很少谈及它。一部分小组的讨论在明亮的教室里进行，每个成员都具有高辨认性；另一部分小组的讨论在昏暗的教室里进行，每个成员还穿上布袋装，只露出鼻孔和眼睛，具有低辨认性。研究人员预期具有低辨认性的被试，即去个性化的被试将会更猛烈地抨击自己的父母。实验结果证实了这种预测。研究人员还发现，去个性化的群体对成员具有更大的吸引力。

津巴多试图研究去个性化在诸如敌视、盗窃等极端行为中的作用。他以女大学生为研究对象，把她们分为4人一组，告诉她们将进行一项关于人类移情的实验，要求她们对隔壁房间的女生实施电击。她们可以从单向镜里看到女生被电击的情形。一些小组的被试被安排在昏暗的房间里，身着布袋装，不佩戴名签，具有低辨认性。结果证实，和没有去个性化的被试相比，那些去个性化的被试电击受害者的时间延长了一倍。当然，受害者并未真的被电击，她的哭喊挣扎是假装的。津巴多还把受害者的形象作为自变量加以改变，一个受害者看起来是个举止文雅、乐于助人的妇女，另一个受害者看起来是个十分爱挑剔、以自我为中心的妇女。实验表明，在没有去个性化的情况下，被试对那个文雅的妇女电击的时间短，对那个尖刻的妇女电击的时间长；而在去个性化的条件下，对这两个妇女都进行了更长时间的电击。正如津巴多所说：在这种条件下，那些平时温顺可爱的女学生尽情地电击别人，几乎每个机会都不放过。

一般认为，去个性化的原因主要来自以下几个方面：

（1）匿名性。匿名性是引起去个性化现象的关键，群体成员身份越隐匿，他们就越会觉得不需要对自我认同与行为负责。在津巴多的实验中，那些女大学生身着布袋装，不戴名签，在昏暗中电击受害者，她们会觉得自己是一个匿名者。有学者对儿童偷窃行为的研究也证明了这一点。在研究开始的时候，他们询问了一些儿童的名字并记下，对另一些儿童则没有这样的处理。研究的情境是当大人不在场时，儿童有机会偷拿额外的糖果。结果支持了匿名的效果，即那些被问及姓名的儿童不太会去多拿，即使他们知道自己不会被抓住，他们也不会去做。

（2）责任分散。津巴多认为一个人单独活动，往往会考虑这种活动是否合乎道义，是否会遭到谴责，而个人和群体其他成员共同活动时，责任会分散在每个人的身上，个体不必承担这一活动所招致的谴责，因此会更加为所欲为。

（3）自我意识下降。引发去个性化行为的最主要的认知因素是缺乏自我意识。人们的行为通常受道德意识、价值系统及所习得的社会规范的控制，但在某些情境中，个体的自我意识会失去这些控制功能。比如在群体中，个体认为自己的行为是群体的一部分，这使得个体觉得没有必要对自己的行为负责，也不顾及行为的严重后果，从而做出不道德与反社会的行为。人们大多数的去个性化都是因为自我意识的能动作用丧失而引起的。

在线自测

扫一扫 练一练

第十五章　群体心理

本章提要

群体是由个体组成的，存在持续的互动，有规范和目标，不是个体的简单聚集。社会心理学研究群体问题由来已久。群体是两个或者两个以上的个体通过一定的社会关系结合在一起，遵循共同的行为规范，有共同的奋斗目标，在情感上互相依赖，在思想上相互影响。不同个体在社会地位、能力等方面存在差异。群体的一个显著标志是群体内成员在心理上是否有一定的联系，是否有共同的需要和共同的目标。群体关系是复杂的，它既包括群体与个体的关系，又包括群体之间的关系。对于个体来说，群体是其直接的社会现实和联系宏观社会的中介，社会对于个体的作用往往需要通过群体实现。而个体对社会的影响，也需要借助群体来实现。

引导案例

群体决策的陷阱

群体决策是群体成员的主张对群体行为发生作用的过程，是大家在一起解决问题时汇总的策略和途径。相比较个体决策，群体决策的确有不可比拟的优点，比如减少偏见、加强沟通、获取更多的知识和信息等。但是不能否认的是，群体策略也常常存在绕不开的陷阱。比如，群体决策可能造成少数人服从多数人，也可能造成多数人受到少数人影响，或者群体决策中更具冒险性，走极端路线、偏向冒险、侥幸心理蔓延等。因此，在生活中，人们常常发现，个人做决策时会十分谨慎地进行各种考虑，以实现利益最大化，但是个体身处群体之中会大胆激进。古人讲，“三个臭皮匠顶一个诸葛亮”。然而心理学发现，群体决策并非智慧与智慧的简单相加，有时未必会提升决策的成功率，反而是将错误无限放大，陷入群体盲思。

案例思考：

1. 如何避免群体决策的陷阱？
2. 如何避免群体盲思？
3. 为什么会出现群体盲思的现象？

自人类社会出现以来，人们为了生存和发展，共同参加劳动，组成生产群体。随着社会的发展，人们组成了各种各样、形形色色的群体。群体及其活动成为最普遍的社会现象，人是不能离开社会群体而存在的。个体在群体中可以获得安全感、责任感、亲情和友谊、关心和支持。群体是个体的价值、态度及生活方式的主要来源。个体在群体中互动，维持了群体的活力，发展了群体的规范，巩固了群体的结构。群体虽由个体集合而产生，但群体心理并非个体心理的简单累加，而是动态的有机构成，它是社会心理学研究的又一层次。

第一节 群体心理的本质

一、群体的概念与分类

社会心理学研究群体，首先要对群体的含义进行探讨，并对各种群体分类做出规定。

（一）群体的含义

在社会心理学中，群体作为一个专门的学术性范畴有其特定的含义，是指为了实现特定目标，两个或更多的人互相影响、互相依赖而形成的人群结合体。在这样的一群人中，每个成员之间相互依赖，在心理上彼此意识到对方的存在，彼此间有共同的目标或需求；各成员间存在面对面的直接接触，在行为上相互作用，彼此影响。

许多学科都对群体进行研究，在社会心理学的研究意义上，简单的统计集合体不能归为群体之列，因为其成员不存在依附关系，不发生互动，在多数情况下，彼此间无丝毫影响。社会心理学家认为，只有满足一定标准的人群才能称为群体：

第一，构成群体的人之间必须有频繁的互动，即成员之间有生活、学习和工作上的交往，有信息、思想、感情上的交流。也就是说，群体成员之间存在一定的沟通，这种沟通可以是无限的，也可以是有限的。有某种形式的沟通，是构成群体的必要条件。

第二，构成群体的个体之间以某种方式相互依赖，形成有结构的人群联系。在任何一个群体中，每个成员都占有一定的地位，扮演着一定的角色，并由此构成一定的等级体系和人际关系网络。

第三，成员间的关系必须是相对稳定的，持续一段较长的时间。尽管有时由于某种特殊的原因在很短的时间内几个不相识的人组成一个人群，如在街上追逐抢劫犯的一群人，但这只是一个松散的群体，不能算作真正意义上的群体。

第四，具有共同的目标。任何群体都有一定的目标，这种目标是群体进行活动的方向和目的。没有目标，群体就没有动力，更谈不上存在和发展。正是因为群体成员有着共同追求的目标，并且彼此互相依赖各自的绩效来取得群体的成功，才使得群体得以存在。通常，群体的目标是单个个体无法达到的。

第五，群体成员要明确意识到自己是属于某一群体的，要能在心理上产生共鸣，形成一定的情感和相互依赖的关系，建立起共同的心理意识。

第六，群体成员具有共同的价值和规范。群体价值就是群体成员对社会现象的一致的看法和评价，它是在一致的态度的基础上形成的，并由群体在社会关系中的地位和环境所决定。群体价值和规范使群体成员的共同活动得以协调进行，群体成员如果违反了它，就会受到惩罚，被其他成员孤立，甚至还有可能被驱逐出群体。

规模是群体的一个重要方面。夫妻两人组成的家庭是最小规模的群体，数百人组成的车间也可归为群体之列。社会心理学研究所关心的主要是 2～50 人组成的群体。数百人集合在一起而形成的大规模群体，其成员不可能熟知每一个人，不可能发生充分的互动，也很难产生群体归属感。

群体是介于个体与组织之间的人群集合体。个体在群体中的活动，巩固了群体的关系，增强了群体的凝聚力，鼓舞了群体的士气。群体精神造就了群体成员，促进了其能力的发展和发挥。群体和个体的关系是互相促进、互相增强的。组织是一种社会内部关系的结构或体系，是权力的表示，是社会秩序的基础。群体和个体是社会组织下同层次的组成部分。

（二）群体心理效应

在现实生活中，一个人单独表现的行为与在群体中表现的行为是不一致的。人们在群体中相互作用、相互影响，就产生了群体心理。群体需要、群体规范、群体价值、群体情感，都对个人的行为发生制约作用，每个群体都有这种心理特征。群体成员用“我们”的共同心理构成区别于其他群体的心理构成，这反映的是群体成员对共同心理的意识。每个成员参加群体，首先都感到自己与共同心理的从属关系，只有接受了这种共同心理，才能取得群体成员的资格。

群体心理虽然由每个成员的心理构成，但不等同于个体心理，也不是个体心理特征的简单相加，而是每一个成员个体心理特征的综合和概括，是成员间不断相互作用的结果。整体不等于个体之和，但却要由个体表现出来。群体心理源于个体心理，它是群体成员所共有的东西。

归纳起来，群体心理对个体的作用，主要表现在三个方面：

第一，群体归属感。这是个体自觉地归属于所参加群体的一种情感。有了这种情感，个体就会以这个群体为准则，进行活动、认知和评价，自觉地维护这个群体的利益，并与群体内的其他成员在情感上发生共鸣，表现出相同的情感、一致的行为以及所属群体的特点和准则。群体归属感因群体凝聚力的高低不同，其表现的程度也不同。群体凝聚力越高，取得的成绩越大，其成员的归属感就越强烈，并以自己是这个群体的成员而自豪。所以，先进群体成员的归属感比落后群体成员的归属感要强。一个人在一生中可以同时或先后参加几个不同的群体，他对这些群体都产生归属感，而最强烈的归属感来自对他生活、工作和其他方面影响最大的那个群体。一般来说，人们对家庭的归属感要比对工作群体的归属感强烈得多。

第二，群体认同感。即群体中的成员在认知和评价上保持一致的情感。由于群体中的各个成员有着共同的兴趣和目的，有着共同的利益，同属于一个群体，于是在对群体外部的一些重大事件和原则上，都自觉保持一致的看法和情感，自觉地使群体成员的意见统一起来。一般而言，群体中会发生两种情况的认同：一种认同是自觉的，是由于群体内人际关系密切，群体对个人的吸引力大，在群体中能实现个人的价值，使各种需要得到满足，于是成员主动地对群体产生认同；另一种认同是被动的，是在群体压力下，为了避免被群体抛弃或受到冷遇而产生的从众行为。这种认同是模仿他人，受到他人的暗示影响而产生的，尤其是在外界情况不明确、是非标准模糊不清又缺乏必要的信息时，个人对群体的认同会更加容易。

第三，社会支持与抑制。在现实生活中人们常常可以看到，个人不敢单独表现但在群体中则敢于表现的行为，一个人在独处时很少做的事情在群体中却做了。这是因为归属感和认同感使个体将群体看作强大的后盾，在群体中无形地得到了一种支持力量，从而鼓舞了个人的信心和勇气，唤醒了个人的潜力，做了独处时不敢做的事情。当群体成员表现出与群体规范的一致行为，做出符合群体期待的事件时，就会受到群体的赞扬，从而使个体感到其行为受到群体的支持。

但是，群体的鼓励作用并非等同地发生在每个成员身上，有的成员受到的支持力量较大，有的则较小，还有的根本感受不到支持，甚至会产生干扰作用。因此，一个群体是否能够对其成员产生促进作用，要受到一定条件的制约：一是群体成员是否服从本群体的规则；二是个人是否对群体认同，并希望得到群体的保护和支持。如果缺乏这两个条件，促进作用就不会发生，有时反而会产生阻碍作用，使个体在群体中降低活动效率。

（三）群体的分类

群体是各种各样的，每一种群体的性质、结构、作用和活动方式都各不相同。为了研究的方便和进一步认识群体的这些现象及其规律性，需要根据一定的标准，把群体分为若干种类。

1. 正式群体与非正式群体

人的社会活动主要通过两个途径进行，一个是正式的，另一个是非正式的。正式的社会活动是指人们在群体中按照计划完成公开的、特定的、有目标的活动。非正式的活动主要指人与人之间自发的思想感情交流活动。与此相应，根据构成群体的原则和方式的不同，可以把群体划分为正式群体与非正式群体。这种划分最早是由美国心理学家梅约（E. Mayo）在霍桑实验中提出的。

正式群体是指由正式文件明文规定的群体，群体成员具有稳定、正式的编制，有明确的规章制度，成员的地位和角色、权利和义务都很清楚。工厂的车间、班组，机关的科室，学校的班级、教研室和党团组织，行政组织等都是正式群体。正式群体按其存在时间的长短又可分为永久性正式群体和暂时性正式群体。永久性正式群体前面已提到，科室、班组都属此列。暂时性群体是指新产品设计组、毕业生分配组等临时组织。

非正式群体是没有正式规定的群体。非正式群体是自发产生的，群体成员的人际交往并不是十分有结构或有规则；群体的任务通常没有明确规定，有时甚至不存在特定的任务；无明确规章，成员的地位与角色、权利与义务都不确定。非正式群体成员常常以感情为纽带，以爱好为基础，具体表现为同乡会、集邮爱好者协会、诗社、绘画小组等形式。特别是在正式群体的目标与其成员的需求与愿望不一致，正式群体不能发挥正常的功能，缺乏合理的领导机构时，非正式群体更容易产生。在大学中，由于班级不能充分发挥其功效，同乡会、各种形式的联谊会便可以吸引大量学生。正是基于此，非正式群体往往带有较强的内聚力和较高的行为一致性，对群体成员的吸引力也很强。

非正式群体普遍存在于正式群体中，这是一个客观存在的事实。非正式群体之所以会存在，就在于它满足了正式群体中成员的一定需求。首先，它可以使个体获得心理和精神上的满足；其次，它增强了个体的集体意识，若非正式群体具有集体主义倾向，则有助于正式群体的巩固；最后，有利于群体成员之间相互学习、相互促进，促使个性得到和谐发展与完善。但是如果非正式群体的目标与正式群体的目标不一致，尤其是当正式群体的领导人失去在非正式群体成员中的威信时，就不会产生积极的作用，有时甚至会起到相反的破坏作用。例如，一个具有反社会倾向的非正式群体会对正式群体完成任务起破坏作用。非正式群体的极端情况是派别主义，它是与正式群体或其他群体目的相冲突的、在小团体目标基础上产生的非正式的联合，在社会里起着破坏作用。

2. 成员群体与参照群体

按照成员对群体的心理向往程度，可以将群体分为成员群体与参照群体。成员群体是指个体为其正式成员的群体。但是在现实生活中，常常有人抛弃自己所属群体的观念，而向往其他群体的观念。

参照群体也可被称为标准群体或榜样群体，是指这种群体的标准、目标和规范会成为人们行动的指南，成为人们要努力达到的标准。个人会把自己的行为与这种群体的标准进行对照，如果不符合这些标准，就改正自己的行为。用美国社会心理学家米德的话来说，这种群体的标准、目标会成为个人的“内在中心”。通常而言，参照群体包括以下三种情况：第一种是作为比较的标准；第二种是指望晋升其间的群体；第三种是指个体以其他群体的价值和观念为行为准则。总之，参照群体是令其他群体成员向往的一类群体。参照群体对于群体成员既可能有积极影响，也可能有消极影响。由于参照群体是成员心目中的榜样群体，如果参照群体是积极的、正面的，会对成员起到良好的示范作用；但如果参照群体是消极的、负面的，则对成员起相反的作用，产生不利的影响，甚至有时会起到带头破坏社会规范的作用。

3. 大群体与小群体

根据群体规模的大小，可以把群体划分为大群体与小群体。但是，大与小是相对的。在社会心理学看来，群体的成员之间是否存在直接的、面对面的接触是划分的标准。如果群体成员能知觉到其他成员的存在，但是不能直接地面对面沟通，只能通过间接方式进行沟通，如通过群体的共同目标、通过各层组织机构等建立间接的联系等，这样的群体就属于大群体。凡是相对稳定，人数不多，为共同目的而结合起来的，成员直接接触的联合体就是小群体。

小群体是社会心理学家十分关注的一个课题。在群体心理学研究中，许多心理学家如奥尔波特、勒温、谢里夫和梅约等的研究都是以小群体研究为起点。谢里夫指出：小群体是一种社会舞台，它由一定数量的人组成，他们彼此之间处于相互作用之中，站在角度不同的某种立场上，扮演着各种角色，并且有一定的价值观和规范系统，而且这种价值观和规范系统至少在对该群体很重要的方面调节着各个成员的行为。库兹明把小群体的独特性确定为人际关系和责任依从关系的统一，其目的在于解决有社会意义的课题，因此，他侧重作为群体形成的主导因素的社会公益活动，而不是个人间交往的特点。

4. 假设群体与实际群体

按照群体是否真实存在，可以把群体划分为假设群体和实际群体。假设群体是指实际上并不存在，只是为了研究和分析的需要，把具有某种特征的人在想象中组织起来的群体。假设群体常出现在统计学中，如老年群体、青年群体等。实际群体是实际存在的群体，是成员间有着实实在在的联系和相互关系，有目的、有任务的联合体。实际群体可以短期存在或长期存在，人数可多可少。

二、群体的形成

群体的发展要经历一段相当长的时间，才能达到比较成熟的阶段，较好地发挥其功能。一般来说，群体形成需要经过以下几个阶段：

(1) 形成阶段。形成阶段也被称为检测和依赖阶段。所谓检测，是指群体成员试图从其他群体成员的反应中探索出什么样的人际行为是能为群体所接受的。依赖是指群体成员要弄懂和谁在一起才能完成任务。在这个阶段，群体的目的、结构、领导都不确定。群体成员各自探索群体可以接受的行为规范，所以这是一个建立群体规则的阶段。当群体成员开始把自己看作群体的一员时，这个阶段就结束了。

(2) 震荡阶段。群体成员之间由于立场、观念、方法、行为等方面的差异而产生各种冲突。一方面，群体成员为争取在群体内有一个良好的位置和所希望的角色而进行竞争；另一方面，群体成员彼此产生意见分歧和仇视，或者对领导者产生意见和不满，领导者所设定的规则很容易受到忽略，群体成员对任务要求的抵抗也经常出现。

(3) 规范阶段。一旦震荡阶段的矛盾和冲突得到顺利解决，群体初步稳定下来，就进入了下一个阶段，即规范阶段。在这个阶段中，群体内部成员之间开始形成亲密的关系，接受不同的观点，彼此之间保持积极的态度。这时会产生强烈的群体身份感和友谊关系，群体结构稳定，群体成员之间达成了被彼此承诺的一些规范，而且这些规范不断巩固和发展。

(4) 执行阶段。群体结构已经开始充分发挥作用，并已被群休成员完全接受。群体成员的注意力已经从试图相互认识和理解转移到完成任务。这时，群体中的人际结构成为完成任务的工具。群体成员的资源也汇集在一起，致力于任务的完成和目标的实现。

(5) 终止阶段。在这个阶段中，群体目标已经实现，群体成员已经没有理由再待在群体之中。群体成员开始放松情绪，群体趋于解散。终止和瓦解特别可能发生在为了特定的目的而建立起来的群体中，例如，暂时性的委员会、团队、任务小组等。如果关键性的成员离开，或者剧烈的又无法解决的冲突发生了，或者长期以来在群体的目标方面不能达成一致，群体也可能瓦解。

五阶段模型的许多解释者都带有这样的假设：随着群体从第一个阶段发展到第四个阶段，群体会变得越来越有效。虽然这种假设在一般意义上可能是成立的，但使群体有效的因素远比这个模型所涉及的因素复杂。所以，常常会发生这样的情况：群体在第二个阶段的绩效超过第三个和第四个阶段。同样，群体也并不总是明确地从一个阶段发展到下一个阶段。例如，当完成任务有较强的时间压力或发生巨大变故时，群体发展过程会出现跳跃现象，也可能当群体进行修整时，会出现回归到前一个阶段的现象。群体在发展过程中还会出现各个阶段的交融，如在群体发展的前期和后期都可能产生震荡，前期震荡的原因通常是成员的思想混乱，表现出对调整和规范的需要；而后期则可能是因为对规范约束的抗争。

三、群体的结构性特征

群体作为一个人群集合体，并非是个体的简单叠加。群体具有其特有的结构性特征，即一个群体内成员之间关系的相对稳定的形式。群体结构有许多维度，如群体的规模、规范、地位、角色、界限等。

（一）群体规模

群体规模即群体内成员的数目。对群体规模的研究主要集中在对大、小群体划分标准的确定上，即大、小群体最少和最多应为几个人。美国心理学家詹姆斯曾对小群体特征进行了分析。他指出，在多数情况下，小群体的人数应该为 2～7 人，并认为这是小群体规模的最佳人数。

还有一些心理学家认为，小群体的下限应为 3 人。社会学家斯麦尔（G. Simmel）比较了 2 人群体和 3 人群体。他指出在 2 人群体中，任何一人的退出都可导致群体的解体，这一事实迫使 2 人群体成员的不断参与、相互依存。2 人群体成员间因此产生了特殊的亲密感、责任感、压力感。在 3 人群体中，即使一人退出，群体仍然存在，彼此间的亲密感、责任感都没有那么强烈；同时，成员间关系不像 2 人群体那样面对面和公开，有了一定的匿名性和隐私性。2 人群体的另一个特点是，任何人都无法扮演中间人的角色，不存在多数派、少数派问题；而 3 人群体不仅可以居间调停，还会出现少数服从多数的局面。

在群体中，群体成员的多少直接决定着群体内人际关系的数量。2 人群体成员之间的关系是简单的面对面的接触，3 人群体成员之间的关系就不再是简单的面对面的接触了。群体每增加一个成员，彼此之间的关系复杂很多倍，不仅有两个人关系，还有个人与群内群之间的关系、群内群与群内群之间的关系。沙波特曾提出一个公式，用以计算群体内人际关系的数目：

$$X=(N^2-N)/2$$

X 表示群体内人际关系的数目，N 表示群体成员的数目。

（二）群体规范

1. *群体规范的定义*

群体一旦形成，就需要有一定的行为准则来统一其成员的信念、价值观和行为，以保障群体目标的实现和群体活动的一致性。这种群体所确立的一套规定成员如何做的行为准则和标准就是群体规范。研究者认为，群体规范包括以下四方面内容：看待有关目标对象的参考框架；规定对于这些目标对象的正确态度或行为；有关上述这些态度和有关对容忍偏离规范的情感；积极和消极的约束，凭借这些约束对正当的行为进行奖励和对不正当的行为进行惩罚。可见，群体规范规定了群体成员的行为方式，是一种约束性力量，使得群体目标能够得以实现。从个体的角度看，群体规范意味着在某种情境下群体对一个人的行为方式的期望。当群体规范被群体成员认可并接受后，就成为以最少的外部控制影响群体成员行为的手段。

群体规范作为一种标准化的观念，所涉及的对象是非常广泛的，内容也是多种多样的。群体规范从广义上讲，包括制度、法律、道德、文化、语言、风俗等；从狭义上讲，包括厂规、公约、守则、纪律等，涉及的内容非常广泛，其中既有明确规定的准则条文，也有自发形成、无明文规定的行为模式。群体规范作为联结社会和个人行为的媒介因素之一，像棱镜一样折射着社会对个人的一切影响，直接引导和限制着个人的态度和行为。

2. 群体规范的形成

群体规范的形成有一定的心理机制。人们在共同的生活中，对于外界事物的经验，具有一种将经验格式化、规范化的自然倾向。这种规范化的经验被称为定型，它有助于人们在重新遇到此类事物时尽快做出反应。群体规范就其形成过程来说，属于定型。此外，群体规范的形成还受暗示、模仿、从众、服从等因素的影响，是群体成员为实现目标而发生相互作用的结果。群体规范是在这两种因素的基础上产生的。

美国社会心理学家谢里夫认为，群体中人与人相互作用的结果逐渐形成了成员共同的判断标准或依据原则，从而使各成员的判断趋于稳定，这个过程就是群体规范形成的基本过程。

谢里夫设计了一项实验，用以说明群体规范的形成过程。他让被试单独坐在暗室里，观察在他们面前的一段距离内出现的一个固定光点，光点出现几分钟后就熄灭了，这时让被试判断光点移动的方向。实际上光点并没有动，但在暗室中由于视错觉，人们都觉得光点在移动。这样的实验重复几次后，每个人都建立了个人的反应模式，有人觉得光点向右上方移动，有人觉得向右下方移动，还有人觉得向左下方移动，各不相同。主试问被试，在他们看来，光点移动了多远。问过几次之后，被试的判断也基本固定了，有人说 2 英寸，有人说 3 英寸。然后，被试被重新分组，再做一次实验，这次允许他们听别人的判断并相互讨论。结果发现，经过几次实验后，被试对光点移动方向和移动距离的判断开始向一个新的群体平均数集中。最后，对每个被试又单独施测一次，但他们的估计仍是整个群体的估计数。谢里夫认为，这一结果说明了群体对个人在社会知觉水平上的影响，个人逐渐形成了以群体的眼光来看光点移动的态度。这一实验结果与人类学资料结合起来，说明个人的知觉习惯是对社会文化习惯的适应。从群体规范的角度来看，当一个群体面临模糊不清的事态时，会出现可供了解和把握事态、采取适当方式予以处理的共同判断标准——群体规范，而且各个成员会依据这一规范采取相应的行动。谢里夫的其他实验还表明，在形成群体的初期，成员之间的差异性是明显的，但是随着时间的推移，成员之间的差异性就会逐渐消失，一致性会明显表现出来。

谢里夫的研究结果具有重要意义。后来又有许多人将这一观点应用于群体研究。在对霍桑电厂接线车间的研究中发现，群体工作时，会产生一种关于群体忠诚的非正式的、非书面的规章。根据这种规章，一个好工人，既不能干活干得太快，使管理部门增加定额，也不能偷懒耍滑，完不成自己的任务；一起干活的工人违反了厂规，不应告密；不能势利眼，对同伴们表现出高高在上的样子。大家希望群体成员都遵守这些规范，如果一个成员违反其中一条规范，就会受到其他成员的排斥和打击。

群体规范通常在以下三种情况下产生：第一，群体成员在共同的工作生活中，由于对某些问题确实具有共同的认识、判断和标准，因而发生类化过程，大家彼此接近、趋于一致，从而形成某种模式和标准，这样在遇到同类问题时就可以尽快做出反应。第二，群体在运作过程中，尽管开始对某些问题有不同的看法和做法，但在长期的相互作用和交往过程中，发生相互之间模仿、暗示和顺从等心理行为过程，从而使群体成员的意见趋于同化和统一。第三，群体规范也可以由群体领导人根据该群体的情况制定。

3. 群体规范的功能

群体规范一旦形成，就要对群体发生作用，这种作用小到每个人的一言一行，大到成千上万人的一致行为。不仅如此，这种作用还是持久的、深入的，它使成员在社会生活中遵守共同的行为准则，沟通思想，交流感情，共同生活和生产。没有群体规范，共同活动就不可能进行。

一般来说，群体规范有以下功能：

（1）群体支柱的功能。群体的存在形式是它的整体性，而这种整体性就表现在群体成员的行为、感情和认知的一致上。群体规范就是这样一种一致性的标准，它规范群体成员的意见和看法，调节他们的行为。群体规范是一切社会群体得以维持、巩固和发展的支柱。一个群体的规范越标准化，群体规范越能被群体成员所一致接受，成员的活动就越协调，成员之间的关系就越密切，群体也就越整合、越集中、越团结。

（2）评价准则的功能。群体规范是群体成员的认知、评价的标准和行动准则，个体一旦成为群体的一员，就会在判断和评价上产生一致的意见。

（3）对群体成员的约束功能。群体规范的约束功能主要表现在群体舆论中。这种群体舆论是大多数成员对某种行为的共同评论意见。当某些成员的行为与群体规范相矛盾时，多数成员会根据群体规范对这种行为做出一致的判断或结论。这种带有情绪性的共同意见，对个人行为具有约束作用，使其不至于违反群体规范。

（4）行为矫正功能。群体成员如果违反了群体规范，就会受到群体舆论的压力，被迫改变行为，与群体成员保持一致，因而群体规范具有行为矫正功能。

4. 群体规范的分类

群体规范涉及各个领域，内容和形式很多，大致可分为如下几类：

群体规范可以分为正式规范与非正式规范。正式规范指在正式群体中明文规定的行为准则，如认真学习、工作，服从上级，尊敬师长等。正式规范存在于正式群体中，并且往往用文字形式固定下来。非正式规范是群体成员间相互约定、自发形成、大家一致同意却没有明文规定的规范。这种规范虽然没有被正式规定下来，但却能被每个人意识到，并自觉地遵守。成员如果违反了这种规范，往往会受到舆论的指责或众人的冷眼，这就使成员在心理上形成一种压力。

群体规范还可分为一般的社会规范和反社会的规范。群体内部大多数规范是与社会主体文化规范相一致的，但也有一些是不被社会所承认的反社会规范，例如犯罪团伙的内部规则等，大多与主体社会文化规范相抵触。

群体规范是群体成员的行为准则，可以依据它对群体成员的言行做出肯定或否定的判断；同时使群体成员明确自身的言行，知道在群体内应该怎样行事。群体规范明确了群体成员行为的奖惩标准，保障了群体成员行为的一致性，从而维护了群体的稳定，发挥了群体的正常功能。群体规范对一个有效的群体而言，是不可缺少的。

（三）群体中的地位和角色

1. 地位

任何处于社会中的个体都要属于特定的社会地位，而这一社会地位则赋予了占据这一地位的个体一定的权利和义务，从而规范个体的行动以及他与占据着社会系统中其他地位的人们之间的互动。在群体中，地位代表了群体对于某一个体所估计的价值，它具体包括弥散身份特征和特定身份特征。弥散身份特征指诸如年龄、性别、种族、民族、受教育水平等间接显示成员完成群体任务能力水平的身份属性。特定身份特征指那些更直接、更精确显示成员完成群体任务能力水平的身份属性。例如身高就是篮球队的明确身份特征。很多情况下，特定身份特征提供了比弥散身份特征更为可靠的推论特征。

在新形成的群体中，身份特征深深地影响着成员间的互动。特别是那些在更广阔的社会大环境中具有较高身份的人更容易在群体中获得高地位。较高地位身份特征的成员会比其他成员获得更多的尊重、具有较高的自尊水平，更有可能被选为群体领导，群体对他们关于群体问题解决的贡献，评价更为积极；他们被赋予更多的机会参与群体协商，并对群体决策施加更多的影响。即使个体原来并不具备较高的地位，但是由于他具备行使某一重要职责的能力，并在群体中很成功地行使了该职能，为群体做出了贡献，也会在群体中获得相对较高的地位。

2. 角色

角色指的是人们对在某一社会环境中拥有特殊位置的人所期待的一系列的行为模式。每个人在所处情境中都要扮演各种不同的角色。一个女性，在家里她是女儿、妻子、母亲，在公司的领导面前她是下属，在购物时她又是消费者，等等。群体同样对处于群体中的成员具有各种各样的角色期待。随着时间的推移，会出现这样的现象，有些成员比另一些成员对群体目标的贡献多一些，有些成员在心理上更忠诚于群体，有些成员在执行群体功能上表现出能力上的优势，这样，群体角色便形成和发展起来。

在绝大多数群体中，首先出现的角色是任务专家或任务领导者。某一成员在完成群体任务方面比其他成员更有优势，人们往往听从他的指导和建议，由于他的独特贡献，他在群体中的地位就上升了。他因此会获得更多的尊重和利益。另外一种领导随着群体的形成也会产生，他被称为人际关系领导或维持士气的专家，擅长缓和人际矛盾，调节群体气氛，关心成员的情感。同时，其他成员也在分化，扮演着不同的角色，为群体做出不同类型的努力。

角色是人们对处于某一地位的人的潜在绩效与贡献的期待，它实际上也可以被称为心理契约。在正式群体中，每个成员相互之间存在的没有明文规定的一整套期望就是契约。这些期望可以是人们对物质利益的要求，而对精神上、心理上的期望就构成群体内部的心理契约。心理契约不仅对群体内部成员之间的发展有影响，同时还影响着群体之间的关系。各种期望总是存在于群体间的合作与竞争之中。如果竞争违反了规则，就可能产生相互不信任感，导致不良竞争的出现。

（四）群体界限

群体界限是群体结构的重要特征之一，没有界限就无所谓群体，就无法辨别成员与非成员。许多特征都可以成为划分群体的界限，校服、共同居住的宿舍楼、共同上班的车间和办公室等。只有以群体界限为标准，才能区分内、外、我们、你们、他们，群体规范才能有效地发挥其行为准则的功能，群体凝聚力才有可能形成和发展。

正式群体一般都有明确的界限，其成员资格往往由组织确认的形式固定下来。非正式群体在多数情况下也得到组织的确认，但有时仅依赖于其成员的心理认同。

一些研究认为，与外界的冲突是群体产生与维持其界限的最好方法。此外，群体内部的冲突有时也有助于明确群体的界限。例如，某成员不按群体规范行事，最终受到其他成员的一致排斥，被驱逐出群体，实际上这就是再次明确群体界限的举动。

第二节　群体的动力性特征

一、群体压力

处于群体中的个体由于受群体规范，尤其是群体中其他成员的影响，往往会表现出不同于个体在单独情境下的行为反应。大量事实表明，群体能够给予其成员巨大压力，使他们改变自己的态度和行为，从而与群体规范保持一致。群体对个体的影响主要是通过群体压力形成的，它是个体借以适应环境的方式。

（一）群体压力的形成过程

群体压力是群体规范对群体成员的行为的约束力，迫使群体成员按照群体目标和准则调节自己的行为。它直接影响着群体成员行为的一致程度，影响着群体效力的发挥。当一个人在群体中与多数人的意见有分歧的时候，会感到群体压力。这种在群体情境下，个体受到群体压力，从而在知觉、判断与行为上和群体多数人趋于一致的倾向称为从众。

群体规范形成后，群体成员会自动地、不加思考地与群体行为保持一致。自动和不加思考实际上是群体规范内化的结果。群体借助规范的力量形成了一种对其成员心理上的强迫力量，以达到对其行为的约束作用，这种力量就是群体压力。群体压力与权威命令不同，后者是上级发出的，具有强制性，而前者作为多数人的一致意见，虽不具备强制性，但个体在心理上感到难以违抗。个体一旦偏离群体规范，就会受到群体的惩罚，这种惩罚不仅有明文规定的措施，更令人心理上难以忍受的是群体大多数成员对个体的疏远和孤立。这种无所归属、无所依附的失落感是群体压力对偏离群体规范的个体施加的最直接、最强悍的威胁，因此群体规范形成的压力对改变个体行为的作用，有时比权威命令更具效力。

社会心理学者分析了群体压力的形成过程，主要包括以下四个阶段：

（1）辩论阶段。群体成员充分发表自己的意见，并尽量耐心地听取别人的意见，经过讨论，意见逐渐分为两派：一派为多数派，另一派为少数派。这时，少数派已感到某种压力，但群体还允许他们据理力争，同时他们也抱有争取大多数的期望。

（2）劝解说服阶段。多数派力劝少数派放弃他们的主张，接受多数派的意见，以利于群体的团结。此时，多数派已由听取意见转为劝解说服，少数派感受到越来越大的群体压力，有些人因此而放弃原来的观点，顺从多数人的意见。

(3) 攻击阶段。劝解说服的结果是有相当一部分人归属于多数派，但个别少数派仍然坚持己见，不肯妥协，多数人开始攻击其固执己见，个别少数派已感到压力极大。

(4) 心理隔离阶段。对于少数不顾多方劝解和攻击，仍然固执己见的人，大家采取断绝沟通的方法，使其陷于孤立。此时个体会感到已被群体抛弃，处于孤立无援的境地。除非脱离群体，否则将处于一种极为难堪的境地。

(二) 群体压力的意义

群体压力约束了群体成员的异端行为，促使群体成员采取一致的行动。群体成员的一致行为有助于群体任务的完成及群体组织的存在和发展。群体压力促使群体成员以合作的方式在群体内互动，协调了群体内不同意见及矛盾冲突，增强了群体团结，维护了群体秩序，提高了群体效率。反之，如果群体内部毫无约束力可言，成员各行其是，必将降低群体效率，妨碍群体任务的完成，甚至会引起群体内部的不和与分裂，直至威胁群体的生存。

群体成员的一致行为有助于增加个体的安全感，个体只有在社会生活中才能摆脱孤独感和恐惧感，保持安定和平衡的心态。群体压力使个体与他人行为一致，促使个体妥协和退让，增加了个体被群体接受的可能。个体发现自己的观点和意见得到了多数人的赞同与支持，感觉得到了多数人的欢迎和接纳，内心才有安全感。

群体压力维护了群体的团结，有助于群体任务的完成，对多数成员内心安全感形成起很大作用，但对群体内固执己见的少数人而言，却是一种威胁，一种强大的心理压力，一种迫使他们选择归顺或独立的力量。个体为了从群体中获得精神上的支持，免于陷入孤立的境地，充分展示自己的才能，就不得不接受群体压力对其行为的约束而在一定程度上抹杀其个性。人既然加入群体，就意味着服从和限制。群体只有在不影响其目标实现的前提下，才帮助成员充分表现其个性。既要依靠易于从众合作的群体成员来推进群体任务的完成，也要允许具有独到见解的人来发挥其创造性，才能最大限度地发挥群体功效。

二、群体凝聚力

(一) 群体凝聚力的概念

群体凝聚力是群体在其规范的基础上，使全体成员情感共鸣、价值定向相同或行为保持一致的内在聚合力量。群体之所以能够存在和发展，关键就在于群体对所有的成员有一种吸引力。群体凝聚力是维系群体存在、增强群体功能、实现群体目标的前提条件。

群体凝聚力的定义主要有两类：一是指群体对成员的吸引力。费斯廷格据此将凝聚力定义为，所有使成员留在群体内的力量的总和。二是指群体成员彼此间的吸引力。有学者将凝聚力定义为，一种群体属性，可以由群体成员之间积极态度的数量和强度引申出来。因此，群体凝聚力既包括群体成员与整个群体的内在聚合力，也包括群体成员间的内在聚合力。

群体凝聚力形成过程由三个基本层次组成，三个层次体现了三种不同的发展水平。第一层次是以群体成员彼此感情依恋为特征的低层或表层。成员间没有密切的交往和更多方面的一致。成员对群体规范的遵守还是不自觉的、被迫的。这个层次凝聚力最低，群体对每个成员的吸引力也非常低，大家对群体规范的态度还只是表面的顺从，被迫接受并约束自己，远没有达到对它的理解和认同，此时的群体虽然是一个群体，但却是一个凝聚力很弱的松散群体。第二层次是以价值取向的统一为特征的中层。成员间关系较密切、互动频繁，成员比较自觉地接受群体规范，并用它来衡量一切。这个层次凝聚力较强，个体已经被群体规范所同化，自觉地接受它并用它来衡量一切事物。第三层次是以群体活动的目标统一为特征的深层。所有成员自愿为实现群体活动的共同目标而自觉地协调一致、统一行动。群体规范和群体活动的目标已内化为全体成员的行动准则和活动目标。这个层次凝聚力最高。

群体凝聚力是保证群体存在、发展的必要条件。凝聚力强的群体，其群体成员之间交往频繁，沟通自由，传递的积极信息多，内部人际关系融洽和谐，具有旺盛的生命力；凝聚力强的群体，其群体成员为自己在群体中工作而感到骄傲；凝聚力强的群体，其群体成员对群体的归属感较强，积极参加群体活动，而且他们不愿意离开自己的群体；凝聚力强的群体，其群体成员有较强的责任感和义务感，他们积极关心群体，努力维护群体的荣誉；凝聚力强的群体，其群体成员团结一致，同仇敌忾。一个群体失去了凝聚力，也就失去了力量和生命，这个群体也就名存实亡了。一个群体凝聚力的高低强弱，决定着群体发展的快慢，决定着群体能否较好地发挥自己的功能、顺利地实现群体的目标。

（二）影响群体凝聚力的因素

群体凝聚力的高低受到许多因素的影响，其中主要的有以下几种：

（1）群体的目标。群体成员对群体目标是否赞同，即个人目标与群体目标是否一致，直接影响着群体的凝聚力。成员赞同群体目标，才会对群体产生认同感，为实现群体目标而共同奋斗，才会大大提高群体凝聚力。反之，成员不赞同群体目标，各行其是，必然大大减弱、降低群体凝聚力。

（2）群体成员的同质性或互补性。同质性是指群体成员在兴趣、爱好、动机、价值观等方面的相似或类同。一般情况下，同质会使成员感到彼此接近，增加人际吸引，相互产生好感，因而能增强凝聚力。互补性是指具有异质性的成员在某些方面的互相补充、渗透、交融。多数情况下，群体成员是异质的，如果具有异质性的群体成员感到彼此在某个或若干方面能够取长补短、互相补充，也会增进成员间的感情，增强群体凝聚力。

（3）满足成员需要的程度。群体成员在物质、精神方面都有各种各样的需要。一般说来，群体对成员各种合理需要的满足度越高，群体凝聚力越强。

（4）群体规模的大小。群体之所以存在，其必然条件之一就是群体成员要相互交往和相互作用。群体规模小，则彼此作用与交往的机会多，容易凝聚。一个非常大的群体，成员之间彼此若不了解，这个群体就不可能有很强的凝聚力。因此，在通常情况下，群体的大小与凝聚力成反比。

（5）群体的成熟程度。群体自身要经历一个发展周期，从不成熟向成熟发展。群体，特别是正式群体，其自身成熟程度如何，将直接影响群体成员完成任务的成功率。在群体成熟过程中，出现了失败，必然会影响士气，影响群体的凝聚力。随着群体的成熟，群体不断获得成功，群体的凝聚力也会不断提高。

(6) 群体与外部环境的关系。与外界相对比较隔离的群体，由于所有沟通都指向内部，较容易建立起一种稳定的、成员都赞同的活动规则；同时，由于环境上的孤立，对于群体成员区分内外的心理有加强作用。当外界对群体具有威胁，或群体与其他的群体出现竞争时，也会出现群体凝聚力的加强。这是因为成员对群体的忠诚和向心力增强了，对群体目标的承诺程度也增强了。

除了上述因素之外，领导方式、信息沟通的方式、成员对群体的依赖程度等也对群体凝聚力具有影响作用。

（三）群体凝聚力的维持

1. 群体内的社会交换

在社会交换理论看来，群体成员之间的互动就是社会交换。蒂博特（J. W. Thibaut）和凯利对群体中的社会交换行为进行了研究。他们发现，在只有两个人的相互关系中，社会交换可以是一种相互依赖的关系，交换者不再去认真计算每次交换的代价与报酬，这样的情况在正式群体中也容易出现。在三人或三人以上的群体中，社会交换的关系就变得复杂起来，因为在群体中有人会试图操纵群体成员之间的互动或变换交换规则从而使自己合法地获得最大利益。

群体中获取不公平利益的常见方法是一些成员结成联盟。群体中联盟现象的出现依赖于三个因素：

第一，联盟者想要获得的结果之间一定要有最低限度的一致性或相容性，即他们想要达到的目标起码不是相互对立和排斥的，因此，具有相容或一致目标的人最容易结成联盟。

第二，某些资源对于目标的实现会产生重要作用，因此，特殊资源是极具吸引力的，拥有某些特殊资源的人最容易与他人结成联盟。

第三，拥有特殊资源的人要尽可能地获得最大比例的利益，因此，在保证能获得成功的结果的前提下，他更可能与群体中最弱的人结成联盟。

2. 竞争与合作

在群体中，成员可以彼此以合作的方式互动，他们可以互相帮助、互相沟通，为群体成员的共同利益而协调行动。有些群体，成员间以互相竞争的方式互动，他们将个人的利益放在首位，努力表现自己的超人之处。竞争行为在体育比赛中最为常见，在日常生活中也可见到。研究发现，虽然合作似乎给人们带来了更大的收获，但在社会互动中有些人宁愿竞争不愿合作。

运输竞赛是一项说明竞争与合作之间关系的经典研究。这项研究是道奇（M. Deutsch）和克劳斯（R. M. Krauss）于1960年进行的。研究者要求两个被试想象他们正在经营一家运输公司（A公司和B公司），并要求每人驾驶一辆货车尽快由一个地点到达另一个地点。两辆货车并非彼此竞争，它们有不同的起点和终点。但两辆货车的捷径是一条单行道，且两辆车是以相反方向行进的。两人走捷径的唯一方式是等一辆车通过后另一辆车再走，每个人在捷径的起点都有一扇控制门，可按按钮使之关闭，以防止对方通过。此外，每辆货车还有一条备用路线，不会与另一辆车发生冲突，但路线要远得多。研究者告诉被试，他们的目标是尽快到达终点，越快得分越高，但并没有提到要比另一被试得分更多。

两名被试无疑都十分清楚，最佳方案是相互合作，轮流使用单行道，两个人都走捷径，但其中一人需稍候片刻，等另一人通过。而研究结果是：两名被试不肯合作，都想抢先通过单行道。在单行道中间碰头后，彼此拒绝让步，最终一辆车退回，关闭控制门，走另一条路。双方都得不到高分。多次实验结果只是偶尔出现合作行为，大部分行为是在竞争。

囚徒困境研究也揭示了竞争与合作的关系问题。囚徒困境用以研究在利益冲突情况下人们的选择。研究者假定了如下情境：警察局抓住了两个犯罪嫌疑人，地方检察官认为他们二人共同制造了一起重大刑事案件，但苦于没有证据，警察只能把他们分别关押，并告诉他们有两种选择，即认罪或不认罪。如果他们二人均不认罪，法官无法判他们重刑，但因为他们有前科，所以法官依然可以判他们较轻的徒刑（1 年）；如果他们两人都认罪，他们会被处以重刑，但检察官会要求法官从宽量刑（10 年）；如果两人中的一人认罪，另一人不认罪，认罪者将被释放，而不认罪者将被处以严刑（15 年）。

在这个模型中，如果某个犯罪嫌疑人认为他的同伙会认罪，则他自己也必须认罪；最好的结果是他们都不要认罪，从而双方都被判较轻的徒刑。因此，如果这两个犯罪嫌疑人彼此信任，他们应该不认罪。但是如果其中一名犯罪嫌疑人推测其同伙不会认罪，那么对他自己来说最好的结果就是认罪以求得释放。以此模型为基础的实验表明，在囚徒两难情境中，双方合作的结果最好，但这种合作必须以信任为基础，如果缺乏信任，双方之间的合作不可能发生。

后来，研究者将犯罪嫌疑人所获得的自由换成了分数和金钱，进行了一系列实验。测验时，两个被试在一起，但不能互相谈话。每个被试对战略都有两种选择，同时，每个被试根据自己的选择和他的同伴的选择得到偿付，确切的报酬方法很多。如果 A 选择了 X，他可以比选择 Y 赢得更多的分数，不管 B 选择了什么。如果 B 也选择 X，A 得 4 分。如果 B 选择了 Y，A 得 1 分。这样，根据 B 的选择，A 要么得 4 分，要么得 1 分。相反，如果 A 选择 Y，他所赢得的分数不是 3 分就是 0 分。根据各种情况来看，双方都必须选择合作的策略，那样他们都可以赢得更多的分数。得到的结果是：每次在实验中，被试还是大多宁可积极地投入竞争，而不愿选择合作的策略，从而稳稳地得上 4 分。选择竞争的唯一优点，是一个被试能比竞争者赢得较多的分数，即使他得到的分数要比两人合作时得到的分数少，也在所不惜。被试被问到这样做的理由时，他们中多数人说，是希望战胜竞赛者。很显然，被试并不重视竞赛的刺激是要多挣分，他们宁可去竞争，即使这意味着按实验者的观点来看得分很低。

在社会互动中，人们不愿合作，宁愿竞争，那么在群体内部是展开竞争有利，还是合作有利呢？道奇做了一个简单的实验用以说明合作与竞争如何影响群体凝聚力。研究者对某一班级的一半学生说，他将以合作为基础给学生打分，全班学生都是同一分数，关键在于大家在辩论时如何成功地击败其他班级。对另一半学生，研究者告诉他们谁对所辩论的问题贡献大，谁的得分就高。研究结果表明，合作解决问题的群体要比竞争解决问题的群体协调，合作群体成员比竞争群体成员更能采纳别人的意见，更能友好相处。而竞争群体成员彼此很少沟通，观点重复，容易产生误解，成员间互相侵犯，心情压抑。研究说明，在一般情况下，竞争影响群体内人际关系的协调，破坏群体凝聚力。

有许多因素影响群体成员的竞争与合作，成员之间的沟通程度是最重要的因素之一。一般而言，沟通的机会越多，合作的可能性越大。在道奇等的运输竞赛研究中，曾设计了3种不同的沟通情况：第一组被试要求彼此沟通信息，第二组被试只是提供一些谈话的机会，第三组被试不允许彼此沟通。结果发现彼此沟通的组产生了一些合作行为，不允许沟通的组极少合作。沟通起到促进群体成员合作的作用，他们有了相互讨论计划、相互信赖、相互学习的机会，有了合作的前提和可能。

群体规模也能影响群体内的竞争与合作。研究发现，随着群体人数的增加，合作行为会减少。群体成员的增加，使成员对群体的责任心降低，自利行为更具隐蔽性，合作也因此而减少。

最后一个因素是相互性，这是人际关系的一个基本要素。人们行为的基本准则之一是以德报德，以怨报怨。在社会互动中，如果以竞争为开端，将引起更多的竞争行为。增强合作最好的办法是相互妥协，彼此让步。这是人与人之间合作的基础，也是群体成员协调的前提。

三、群体有效性和群体绩效

（一）群体有效性

群体有效性，也即群体效力，任何一个群体若能同时实现执行任务与满足个人需求两种目标，该群体就是高效力的群体。所以群体的有效性可以从两个方面加以衡量：一是群体任务的完成情况，二是群体成员欲望满足的多寡程度。

一个有效的群体往往具有以下特征：

第一，清晰的目标。高效的群体对所要达到的目标有清楚的了解，并坚信这个目标包含着重大的意义和价值。群体成员愿意为群体目标做出承诺，清楚地知道希望他们做什么，以及他们怎样通过共同工作来实现目标。

第二，相关的技能。高效的群体由一群有能力的成员组成，他们具备实现群体目标所必需的技术和能力，而且还具有很强的相互合作能力，从而能够保证任务的有效完成。

第三，相互的信任。成员之间的信任是高效群体的显著特征。

第四，一致的承诺。在高效群体中，成员对群体表现出高度的忠诚和承诺。成员对群体具有认同感，他们很看重自己属于该群体的身份。群体成员对群体目标具有奉献精神，愿意为实现目标而发挥自己最大的潜能。

第五，良好的沟通。群体成员之间具有畅通的交流渠道，保证迅速而准确地了解彼此的想法和情感。

第六，人际技能。高效群体中，成员的角色具有灵活性，总处于动态变化和调整过程中，这需要成员具有良好的人际技能，保证高度的相互作用和影响。

第七，恰当的领导。有效的领导者能为群体建立愿景，指明前途，鼓舞群体成员的信心，帮助他们更充分地挖掘自己的潜能。

通过一系列研究，社会心理学家发现，群体有效性与三类变量有关：第一类为独立存在的变量——自变量，主要指群体结构因素、工作环境因素；第二类为中间变量，这些变量既受到自变量的影响，又影响群体有效性的发挥，这类变量是指人与群体的种种心理过程；第三类为因变量，即群体效力。

群体效率是表明群体有效性的重要指标，但非唯一指标。群体的功能不仅在于完成任务，还在于满足成员的心理需求。一个车间有很高的生产率，如果它是通过强制手段迫使工人工作的，则群体虽然有足够的生产量，但是其成员心理需要满足程度降低了。这样的群体并不是有效的，对于一个群体而言，效率和士气是衡量群体成就或功效的最主要指标。

以上提到的群体内效率与士气的矛盾，在莱维特的群体网络结构研究中也曾出现。研究发现，集中化群体信息传递快，处理信息有效，群体效率高。但集中化群体，由于成员间沟通渠道不畅通，彼此缺乏充分互动，多数成员对自己的地位怀有不满情绪。一般情况下，成员对所在群体不满时，群体凝聚力也将减弱，这样的群体肯定存在降低效率的倾向。那么，群体的士气与效率究竟是一种什么样的关系呢？

士气，原意指士兵作战时整个群体的精神状态。在社会心理学中，士气被用来说明成员对群体的满足感及对群体目标的态度。它代表了成员在群体内需求满足的状态及为群体目标而奋斗的自愿程度。群体士气反映的是一个群体的战斗力，直接影响着群体绩效。

美国心理学家克雷奇（D. Krech）研究发现，具有高昂士气的群体往往表现出以下特征：群体成员之间的团结主要是因为群体的内聚力，而不是来自外部的压力；群体内部没有分化出相互敌对的小团体的倾向；群体本身能适应外部变化并有能力处理内部的冲突；群体成员对群体有着强烈的认同感和归属感；群体成员清楚地知道群体的目标；群体成员认同群体的目标，肯定并支持群体的领导；群体成员承认群体的存在价值并努力维护群体的存在与发展。

一个成功的群体，不但应该有高水平的工作效率或生产效率，还应有高昂的士气。但这种状态很难达到，因为高昂的士气只是提高效率的必要条件，而非充分条件。提高效率还需具备许多其他条件，如群体结构是否合乎达到目标的要求，工作方法是否适合实现目标，环境条件是否有利于群体工作，等等。

（二）群体绩效

群体绩效是通过群体的活动，群体所能达到目标的成就或最终状态，通常会使用群体生产率来表示群体绩效。群体生产率是群体在单位时间内的产出能力，如产品的数量、质量、产品上市速度快慢等。

影响群体绩效的因素主要有群体的规模、凝聚力、奖励制度和沟通网络等，但是在谈论这些因素之前，必须要先对群体的任务属性有所了解。因为群体所面临的任务会通过限制群体成员完成任务的方式和限制成员人际交往的方式，直接影响群体绩效。任务还与其他的群体特点发生交互作用而间接地影响群体绩效。

1. 群体任务的性质

群体任务具有一些特征，这些特征包括难度、规则度、执行的方法等。其中，具有特殊重要性的特征是任务的可分工性和联合性程序。

根据任务的可分工性，可以将群体任务分为单一任务和分工性任务。单一任务是指不能继续细分的任务，它要求所有的成员担负相同的活动。分工性任务是指可以由不同的群体成员去完成的但相互补充的任务。无论什么样的任务，都给群体提出了很多问题，比如成员的能力、动力、工具及相应的信息。对于分工性任务，群体必须要针对不同成员的能力安排不同的任务，使任务与其能力相匹配。

分工性任务要求比单一性任务要复杂，群体成员要分享信息、具有某些特定的能力和一定的动机。也就是说，群体必须使其成员与工作的要求相匹配，将特定的成员安排到特定的工作岗位上。例如，在医院的手术室里，一个外科手术的成功取决于整个专业团队的技能，外科医生、麻醉师、护士等任何一方出现错误，都会导致患者面临巨大的危险。群体的绩效不但依赖于最好的和最差的成员，也依赖于群体成员之间良好的协调能力。一旦手术室人员不相互配合，即使每个成员都具有很强的能力，也不能形成合力，无法顺利完成任务。因此，协调对于群体完成分工性任务是极为重要的，并随着任务复杂程度的增加，其重要性也越来越突出。

根据联合性程序，可以将单一性任务分成三种不同任务形式：附加性任务、联合性任务和非联合性任务。附加性任务是指所有的成员担负相同的任务，群体的绩效是各成员绩效之和。如几个人一起将一辆在道路上抛锚的汽车推到安全地带，每个人都要竭尽全力地推车，群体的绩效以这几个人最终把车推到安全地带为标准。群体的努力是每个人努力的总和，其中关键性的因素是群体成员是否能有效地协调他们的努力。在这个例子中，每个人在同一时间往相同的方向用力是很重要的因素。在联合性任务中，群体的能力大小取决于群体内部最弱或者能力最差的成员。在 4×100 米接力比赛中，即使每个队员都有一定的经验和能力，但是他们在速度和爆发力上仍存在着差异。比赛的成绩，也即他们的绩效要决定于跑得最慢的队员。还有一种任务就是非联合性任务，群体能力的大小取决于群体成员中能力最强的成员，那个成员的成就相当于整个群体的成就。比如，在知识竞赛中每个成员都在努力思考，但很显然，群体中只要有一个成员想出答案，该群体就在这一问题上获得了胜利。

2. 影响群体绩效的群体特征

（1）群体规模。

群体的潜在绩效随着群体规模的扩大而增加。潜在绩效指的是群体在其成员的技术、能力、经验相结合的理想情况下所能达到的最好绩效水平。很显然，随着群体人数的增加，群体成员解决问题的潜在能力应该越来越强。但是实际上，对于群体规模与绩效的关系进行考察必须同时关注两方面的问题，即群体的规模与所面临的任务的特征。

当群体所面临的任务是非联合性任务时，群体的规模越大，群体绩效越有可能增加。因为，当面临非联合性任务时，群体绩效取决于最有能力的那个成员。假定这个群体的组成是随机的，群体的规模越大，与小规模的群体相比，其内部具有较高能力的成员的概率就越大。因此，群体的规模越大，越有可能具备完成任务所需要的技能，群体技能也越有可能得到增进。

当群体面临联合性任务时，群体的绩效要决定于群体中能力最弱的成员。如果我们仍假定群体的组成是随机的，那么，相对于规模较小的群体，群体规模越大，越有可能包含更多能力弱的成员。这些成员由于能力不强，往往会导致较大规模的群体完成联合性任务的绩效比小规模群体差。

当群体所面临的是附加性任务时，随着群体规模的扩大，成员解决问题的潜在能力应该变大，群体的潜在绩效也应该随着群体规模的扩大而提高。但是由于群体成员内部的协调变得越来越复杂，小群体意识、人际冲突和成员的离职等影响群体达到其潜在绩效的各种障碍性因素，即过程损失的影响作用使得每个成员的绩效减少了，最后所导致的结果是随着群体规模的扩大，潜在绩效与实际绩效之间的差距越来越大。

之所以会出现过程损失，可以解释为随着群体规模的增加而产生社会惰性。在群体中，每一个成员的努力很难被分离出来并加以辨认，因此，当人们确信自己会迷失在群体中时，就会导致放松努力。当人们确信自己的贡献被群体中的他人所评定，社会惰性就会减少。

（2）群体凝聚力。

群体凝聚力对群体绩效具有重要影响。一般来说，凝聚力强的群体比凝聚力弱的群体更有效率，但是凝聚力与群体绩效之间的关系还受群体目标的影响作用。设置群体目标之所以能够提高群体的生产率水平，主要是因为：第一，设置目标能够加强成员的工作努力程度。有了明确的目标，成员就有了努力的方向，这能提高他们的工作表现，产生较高的生产率。第二，设置明确的目标能够提高群体对计划的需求，群体计划的设定能够引起较高的生产率，从而提高整个群体生产率。第三，明确的目标能够提高群体成员的合作水平。这能够使得他们进行心灵上的沟通，沟通结果是提高他们的工作热情和积极性。第四，群体目标的设定能够减少群体成员对与群体目标无关任务的关注，能够减少无效消耗，导致生产率的提高。

（3）报酬与奖励。

对群体成员的报酬和奖励能够影响他们的生产积极性和工作的努力程度。在群体中，当群体成员为实现群体目标做出一定的贡献后，群体将给予他一定的报酬，但是有时群体成员往往不会得到相等数量的报酬。在许多群体中，一部分人由于一些因素比其他人获得更多的报酬，这些因素包括对群体贡献的差异、成员在群体中的重要程度、任务依赖水平等。

四、群体决策

（一）群体决策的特点

决策是人们寻求并实现某种优化的预定目标的活动。决策可以由个人来实现，也可以由群体来实现。由个人实现的决策称为个人决策，由群体成员共同实现的决策称为群体决策。

群体决策是群体成员的主张和意志对群体行为的作用过程。当群体面临问题时，大家出主意，想办法，寻找解决问题的策略与途径，这就是群体决策过程。在当前社会中，越来越多的重要问题正在采用群体决策的方式来解决，个人决策所占的比重在减小。群体决策一般包括六个步骤：问题觉察、确定决策目标、分析备选的行动方案和可能结果、选择行动方案、实施决策和提供反馈。每一个环节都由群体成员集体开动脑筋，积极思考，共同讨论。

群体决策同个体决策相比，有许多优点，而且在大多数情况下比个人决策有效。

（1）群体决策的准确性高。群体决策可以通过综合多个个体的资源，汇集更多的信息和更为广泛的知识、经验和创造性，增加观点的多样性，可以对问题进行更精确的诊断并提出更丰富的备选方案，从而使决策更周到、更全面，减少个人独断专行所造成的片面性和偏差，使决策质量更高。

（2）群体决策可以满足成员的自尊心并增强责任感，提高决策效率。由于各个成员加入决策的讨论中，拥有发言权和决策权，群体成员的自尊需要在决策过程中得到满足，同时也增强了执行群体决策的责任感，提高了执行决策的效率。

（3）群体决策可以加强成员间信息的沟通，改善群体内人际关系，增进了解和信任，有助于对问题的全面了解，从而有利于群体目标的达到和任务的完成。

（4）群体决策解决复杂问题比个人决策效果好，准确性高。在群体中，每个人可分工去解决复杂问题的某一部分，然后统一结果，交换意见。个人决策则不具备这种能力。

当然，群体决策也存在一些缺陷。比如，由于群体压力的约束，群体成员往往压制自己的意见，在决策中力求统一；群体决策权由少数人控制；决策所用时间会有所增加；群体决策结果的责任不明确；等等。但从整体效果而言，解决复杂的问题时，群体决策效果常高于个人决策。在具体情况下，决策效果将依赖于任务的性质、群体成员的品质、某些人的才能甚至时间等因素。因此，更好地了解群体决策的优缺点，在具体情况下选择适当的决策方式，才能保证决策的有效性和正确性。

（二）群体决策的意义

在第二次世界大战期间，由于战争所造成的经济困难，美国减少了对商业网点的食品供应量，同时为了补充食品的不足，又开始向居民提供大量由屠宰副产品制作的罐头，但却遭到家庭主妇的抵制。为了找到说服家庭主妇的办法，勒温进行了一个实验。他把参加红十字会的妇女组成六个小组，每组13～17人。他对其中的某些小组采用传统的宣传形式，请人开展讲座向她们宣传购买罐头的好处，并希望她们去购买；而对另外一些小组则采用让她们自己讨论的方式，认识到购买罐头的重要性，并在此基础上做出群体的决定。一周后，勒温进行了访问，调查她们对购买罐头的态度有多大转变，结果是听讲座的那些小组里有3%的人改变了态度，同意购买罐头；而群体进行讨论的那些小组则有32%的人改变了态度，去购买罐头。

参加讨论的群体，对执行购买屠宰副产品罐头的要求之所以高于听宣传的那些群体，是因为前者的成员经过自由讨论，彼此进行了信息沟通，对购买罐头提出了种种看法，这就增加了成员对新办法的全面了解，同时也使每个成员觉得自己是决策的参加者，从而减弱了对罐头的抵制；而听宣传的群体成员，由于被动地单向听取宣传，不能发表自己的意见，所以不易改变个人的偏见。同时，参加讨论的群体所作的决策是大多数人的意见。这种意见是全体成员通过的，具有规范性，所以对它的执行是每一个成员的责任。相反，听宣传的群体没有做出任何决定，没有形成群体规范，购买罐头只是宣传者的愿望，目的在于劝说听众，效果自然不同于讨论的群体。

从该研究中可以看出，群体决策具有一定的积极意义。首先，减少偏见。许多研究表明，群体决策要经过成员的相互讨论，会出现各种不同观点的碰撞和交锋，从而使群体决策的参加人员看到问题的各个方面，减少偏见，从心理上削弱了对新信息的抵制。其次，获得大多数人的支持。群体所做出的决定，是群体讨论的结果，它会得到所有参加者的支持，并变成一种规范力量，对它的遵守变成了每个人的责任，使人们自觉地去执行。再次，增强了成员的责任感。如果在强制命令下改变观点会损伤群体成员的自尊心，而通过讨论和群体决策，让群体成员自发地发表意见，并进行自我转变，个体的自尊心就得到满足，行为的自觉性也得到提高。最后，提高了执行决策的效率。通过群体决策所形成的最终意见，尽管群体成员对其态度不可能完全一致，但都会比执行一个与他们不相干的决定更自觉，这保证了群体成员执行决策的效率。

（三）影响群体决策的因素

有两种现象影响着群体客观评价各种方案的正确性，一种是群体极化，另一种是群体思维。

1. 群体极化

群体极化是群体讨论导致更为极端的决策的现象，是群体决策中一个极为重要的方面。对于引起群体极化的原因，有以下几种解释：

第一，说服性论证。在群体讨论中，人们通常并不是检查所有可能的争论，也不会把所有的观点都拿出来讨论。大多数的论题倾向于支持每一个成员最初的观点，因此，人们常听到更多支持他们观点的声音，并逐渐确信他们最初观点的正确性。当大多数成员略微倾向于某一个方向时，绝大多数证据都用于论证该观点的正确性，从而使这一观点获得越来越多的支持并导致更为极端的观点。作为群体讨论的一部分，个体也会重复地表达自己的观点，这一重复的过程实际上也助推了向极端观点的转移。

第二，社会比较和自我展示过程。群体成员关注自己的观点并与群体中其他人的观点进行比较。在讨论过程中，个体会逐渐了解到谁和自己具有相似的观点，谁具有更极端的观点。由于群体成员具有希望自己的观点在群体中处于主导地位的观念，因此，会在讨论过程中不断使自己的观点越来越极端。

第三，社会认同过程。群体讨论会导致个体关注群体成员的资格并努力保持对群体的认同。这就使个体感受到一种压力，促使其转变自己的观点以便与群体的标准保持一致。但是，群体成员可能是以刻板和极端性的方式知觉群体标准，其所知觉到的并非是群体的真正观点。结果，他们通过将自己的态度向更极端的方向转移的方式遵从于所知觉到的观点。

但是，并非在所有情况下群体讨论都会以极化方式告终，当群体成员之间存在或多或少的分裂性时，讨论常会出现在群体成员之间的不同观点的折中，这是去极化现象。

2. 群体思维

群体思维是群体的一种特定思维方式，指的是为了维护群体表面上的一致，而阻碍了对问题的所有可能的解决办法和行动方案做出实事求是和准确的评价，从而导致了错误的决策的现象。群体思维是由美国心理学家杰尼斯（I. Janis）于 1982 年发现的。他通过研究美国政府在珍珠港事件、越南战争时的决策资料发现，在处理这些事件的群体决策中，都犯了群体思维的错误。他认为群体往往会在做出决策时不考虑成员对此决策的怀疑，而且处于群体中的个体往往出于遵从群体规范的原因，不会提出自己的不同看法。在群体凝聚力较高，并伴有其他的条件，如有影响力的领导者、复杂的或困难的任务、有时间压力的紧急事件等，群体思维现象更容易产生。

群体思维主要有以下特点：

第一，当群体的这种意识形成并发展起来后，群体成员会出现盲目乐观，把自己的群体看作无所不能、不可战胜、根本不会犯错误的。

第二，对与当前群体的观点不一致的意见忽视或不予理睬，将反对意见进行合理化。

第三，那些持有怀疑或不同看法的人往往保持沉默，以示顺从，从而避免受到孤立、嘲笑和排斥。

第四，群体会认为自己的群体不仅是正确的，而且在道义上也是优于其他群体或其他人的。

群体思维比较容易发生在由强有力的领导者带领的群体和凝聚力较强的群体中。群体凝聚力使得群体成员对外界的意见保持沉默，领导者经常会提出某些问题的解决方案，并且极力主张推行。群体成员不会提出异议，一方面是他们害怕被群体拒绝，另一方面则是他们不想因此打击群体的士气。在这些分析的基础上，杰尼斯进一步提出了群体思维产生的先决条件，包括五个方面：决策群体是高凝聚力群体；群体与外界的影响隔离；群体的领导是指导式的；没有一个有效的程序保证群体对所有选择从正反两方面加以考虑；外界压力太大，要找出一个比领导者所偏好的选择更好的解决方案的机会很小。正是因为这些因素，使得群体成员强烈地希望群体内部保持一致性，而不管是否有群体思维产生。

群体思维的后果令人担忧，它对于群体决策的不良影响主要有：对行为的其他可能原因调查不完全，使人们不再关注问题的真正原因；对群体目标的调查不完全，一部分人的利益代替了群体的目标；对所偏好的方案的危险性缺乏检查，认为它已很完美，不需要深入分析；对已经否决的可能选择未加以重新评估，它里面所包含的合理因素也被抛弃了；未详细探讨有关信息，一部分人所提供的信息不受重视；处理信息时有选择性的偏差；个体因为与处于控制地位的大部分群体成员的观点不一致，而出现从众、退缩或掩盖自己真实的观点和情感。上述这些群体思维的弊端对于群体决策是极为不利的。因此，应该采取措施尽量减少群体思维的出现，提高群体决策的有效性。具体措施有以下几种：

第一，领导者应该鼓励群体成员公开质询和提出怀疑，领导者应该乐于接受对他的批评。

第二，领导者在讨论的最初阶段应该保持公平，避免表现出对某种方案的偏爱，因为这样会限制群体成员对这个问题提出批评性意见，使群体很可能把折中方案作为最终的选择方案。

第三，群体应该被分成小组来独立进行讨论，而后将观点合并以做出决定。

第四，群体讨论中应该邀请群体外的专家参与，并邀请专家对群体成员的观点提出挑战性意见。

第五，在每次讨论中，至少应该有一个人被分配作持反对意见者；一旦达成某种决策，应该作第二次讨论，要求成员表达任何对决策的意见。

在线自测

扫一扫　练一练

后　记

经全国高等教育自学考试指导委员会同意，由公共管理类专业委员会负责高等教育自学考试《社会心理学》教材的审稿工作。

《社会心理学》自学考试教材由南开大学社会学院管健教授担任主编，程婕婷副教授、郭倩琳博士、荣杨博士参与编写工作。参加本教材审稿讨论会并提出修改意见的专家有：福州大学汪新建教授、南京大学彭华民教授、中山大学佐斌教授、南开大学吕小康教授、南开大学陈浩教授。对付出辛勤劳动的编审人员，特此表示感谢。

公共管理类专业委员会最后审定通过了本教材。

全国高等教育自学考试指导委员会
公共管理类专业委员会
2023 年 12 月

图书在版编目（CIP）数据

社会心理学/管健主编．-- 北京：中国人民大学出版社，2024.8. --（全国高等教育自学考试指定教材）．
ISBN 978-7-300-33128-7

Ⅰ．C912.6-0
中国国家版本馆 CIP 数据核字第 2024L3C369 号

全国高等教育自学考试指定教材
社会心理学
（含：社会心理学自学考试大纲）
（2024 年版）
全国高等教育自学考试指导委员会　组编
主编　管健
Shehui Xinlixue

出版发行	中国人民大学出版社		
社　　址	北京中关村大街 31 号	**邮政编码**	100080
电　　话	010－62511242（总编室）		010－62511770（质管部）
	010－82501766（邮购部）		010－62514148（门市部）
	010－62515195（发行公司）		010－62515275（盗版举报）
网　　址	http://www.crup.com.cn		
经　　销	新华书店		
印　　刷	北京市鑫霸印务有限公司		
开　　本	787 mm×1092 mm　1/16	**版　　次**	2024 年 8 月第 1 版
印　　张	15.5 插页 1	**印　　次**	2024 年 8 月第 1 次印刷
字　　数	358 000	**定　　价**	52.00 元